AGATHE ET CÉCILE

DU MÊME AUTEUR

RAOUL DESLOGES.	1 vol.
LES FEMMES.	1 »
LES SOIRÉES DE SAINTE-ADRESSE.	1 »

Sous presse

LETTRES ÉCRITES DE MON JARDIN.	1 »
AU BORD DE LA MER.	1 »
VOYAGE EN DEHORS DE MON JARDIN. . . .	1 »

AGATHE

ET

CÉCILE

PAR

ALPHONSE KARR

PARIS
MICHEL LÉVY FRÈRES, LIBRAIRES-ÉDITEURS
RUE VIVIENNE, 2 *bis*.
1853

L'auteur et les éditeurs se réservent le droit de traduction et de reproduction à l'étranger.

AGATHE ET CÉCILE

I

Il était sept heures du matin ; le père Dauphin venait d'ouvrir son échoppe ; il avait adapté ses fausses manches de toile par-dessus sa redingote, et, en attendant la clientèle, il taillait des plumes, lorsqu'un jeune homme, simplement mais élégamment vêtu, entra en saluant familièrement :

— Bonjour, père Dauphin. Avez-vous de bonnes plumes et de l'encre de première qualité? Prenez-moi aussi de ce petit papier avec une pensée enluminée à la marge, vous savez. Il s'agit d'une lettre d'amour, du plus beau style. Avez-vous encore celle que vous m'avez écrite pour la fleuriste de la rue Saint-Denis? elle sera excellente; c'était un de vos plus jolis morceaux.

— Ce n'est donc pas pour elle?

— Pour qui me prenez-vous, père Dauphin? Vous savez bien, vous, qui êtes mon confident, que j'en ai oublié six depuis que je ne pense plus à celle-là. Donnez-moi le brouillon de l'autre fois; je vais vous dicter; ça ira plus vite. Y êtes-vous?

Le père Dauphin écrivit sur un chiffon de papier cinq ou six fois *Mademoiselle* pour essayer sa plume, puis il répondit:
— J'y suis.

« Mademoiselle,

» Je ne puis supporter plus longtemps votre absence. Vous vous êtes éloignée des lieux où ma vue aurait été capable de vous toucher de pitié, et vous vous absentez de moi pendant mon supplice, comme un roi s'éloigne de la place où l'on exécute les criminels, de crainte d'être importuné pour leur grâce. Quand je songe aux larmes que vous me faites répandre, je suis persuadé que vous ne tirez ces larmes de mon cœur que pour le rendre plus combustible, ôtant l'eau d'une maison où vous voulez mettre le feu. Vous n'avez pas besoin de deux cœurs pour vivre : rendez-moi le mien ou envoyez-moi le vôtre pour qu'on ne puisse pas dire que vous êtes aimée d'un homme sans cœur. »

— Ah! père Dauphin, la belle lettre!

— Il y paraît, car voilà quatre fois que vous me la faites écrire.

— Et toujours elle décide la victoire, père Dauphin. A qui donc l'avons-nous envoyée la première fois?... Ah! c'est à la femme de mon propriétaire. — Combien vous dois-je, père Dauphin?

— Vous savez, mon cher ami, que ce petit papier glacé, satiné, gaufré, avec une pensée enluminée, est du dernier bon genre, et que je le paie fort cher. Il vous faut aussi une enveloppe, n'est-ce pas? une enveloppe gaufrée et parfumée? tout cela ne se donne pas.

— Vous savez que je ne marchande pas avec vous, père Dauphin, parce que vous avez un style à vous et dont aucun autre écrivain n'approche. Il n'y a pas dans le quartier un cœur dont je ne vienne à bout en trois de vos lettres, — les trois sommations légales, — comme disent les avocats.

— C'est dix sous pour le papier et l'enveloppe, et vingt sous pour la rédaction et la transcription. C'est un sou de plus s'il vous faut encore un de ces pains à cacheter en camée, représentant un cœur percé d'une flèche.

— Oui, certes, père Dauphin, ce sont tous ces petits détails-là qui séduisent les femmes.

— Quelle adresse?

— Ah! vieux scélérat, vous voulez tout savoir! Mettez : A Mademoiselle, mademoiselle Paméla. Maintenant, faites-m'en une autre : tenez, celle que nous avions faite dans le temps pour cette Anglaise qui avait les cheveux d'un si beau blond, vous savez : celle où vous disiez qu'elle avait des cheveux d'or, des yeux de saphir, des lèvres de corail, un col d'ivoire, des épaules d'albâtre, des dents de perle. Une fameuse lettre encore, celle-là! une lettre irrésistible!

— Quoi! deux lettres à la fois?

— Trois, père Dauphin, trois, s'il vous plaît. Vous me ferez deux copies de la seconde. Seulement, il faudra changer quelque chose, parce qu'il y en a une qui est brune.

— C'est facile : des cheveux d'ébène, des yeux... de velours noir.

— Très-bien ! et puis vous m'ajouterez une lettre de provocation pour un rival.

— Comment, malheureux, vous voulez vous battre ?

— Ça dépendra de votre lettre, père Dauphin ; si elle est assez méchante pour que mon rival ait peur, il ne se battra pas et je remporterai la victoire sans danger.

— Mais quelle existence vous menez ! à quels désordres vous vous livrez !

— C'est votre faute, père Dauphin. Je vous l'avais bien dit, que le chagrin me jetterait dans toutes sortes de folies.

— Pourquoi n'avez-vous pas voulu attendre deux ou trois ans ?

— Deux ou trois siècles, vous voulez dire ? Du tout, je m'étourdis.

— Mais, misérable enfant, ça aurait été moins long peut-être, car les affaires vont mieux et plus vite que je ne le pensais.

— Il est encore temps.

— Non vraiment, après la conduite que vous menez depuis trois mois !

— Vous abusez de la confiance que j'ai en vous, père Dauphin. Me refusez-vous donc le secours de votre plume éloquente ?

— Non, c'est mon état ; vous me payez bien, rien de mieux ; mais j'aimerais mieux voir ma fille morte, que de vous la donner. D'ailleurs, je vous déclare qu'elle ne voudrait plus de vous.

— Merci. Voyons la lettre au rival. Ça, père Dauphin, faites-moi-la du style terrible.

Le père Dauphin feuilleta quelque temps un recueil dont il avait copié les fragments en cent endroits divers, puis il s'arrêta sur un morceau qui commençait ainsi : « Par la mort ! je vous trouve bien hardi de demeurer en vie après m'avoir offensé, vous qui n'avez été créé que pour donner la preuve que l'homme a été fait de boue. Mon épée vengeresse ! etc. »

— Très-bien, père Dauphin ! Mon homme n'osera jamais se battre, et ma vengeance se satisfera de sa peur. A cette lettre-là, une enveloppe ordinaire et un pain à cacheter... rouge. Ça fait en tout ?...

— Trois lettres à 31 sous et une à 20 sous : 113 sous.

— Les voici. Mettez sur cette lettre : A mademoiselle Polyxène, et sur cette autre : A madame Amanda trois étoiles. Il y a un mari là, et il faut de la prudence. Adieu, père Dauphin.

— Adieu, mauvais sujet.

Le soir, quand le père Dauphin jugea sa journée terminée, il ferma ses volets, gravit les marches raides d'un escalier tournant, et se trouva dans une petite pièce formant entresol qui était l'appartement de sa fille Agathe, — et qui, servant à la fois de cuisine et de salle à manger, n'en était pas moins d'une minutieuse propreté. Une alcôve fermée cachait le lit d'Agathe, qui chaque soir, dans le bureau en-bas, faisait le lit de son père, car ce lit pendant le jour était renfermé dans une armoire. Le dîner était servi sur une petite table couverte d'une serviette bien blanche. La soupe, le bœuf bouilli et un peu de fromage composaient le festin auquel le père Dauphin et sa fille firent tout l'honneur qu'il méritait. Puis le père Dauphin redescendit et alluma sa lampe. — Agathe rangea tout dans sa chambre, puis descendit auprès de son père, et se mit à tricoter.

Agathe était une grande jeune fille, — svelte, élancée, sans maigreur ; — son visage était calme et sérieux ; cependant un sourire malicieux venait quelquefois se jouer sur ses lèvres fraîches et roses ; — ses cheveux bruns se séparaient en bandeaux sur un front uni ; — de longs cils soyeux s'abaissaient sur des yeux verts de mer ; — son col nu était blanc et flexible, et tout dans ses mouvements avait de la grâce et de la souplesse. — Ce soir-là, elle paraissait suffisamment attentionnée à son tricot, — et ne parlait que quand son père l'interrogeait directement. — A voir la sérénité de son beau visage, elle semblait donner audience à une foule de pensées riantes. — Il était évident que le père Dauphin, qui repassait ses comptes, ne parlait haut que pour être entendu d'elle et jouait comme une scène de comédie.

— La journée n'a pas été mauvaise, — disait l'écrivain, — et au train dont vont les choses, je ne tarderai pas à avoir réuni les 1,500 francs en question ; — et alors vienne un brave garçon qui consente à se charger de cette laide fille que voici, et peut-être ne le jettera-t-on pas à la porte.

A ce point de son monologue à la cantonade, le père Dauphin regarda sa fille de côté et en dessous ; — mais les doigts d'Agathe n'avaient ni ralenti ni précipité leur mouvement, et elle semblait ne faire aucune attention à ce sujet, qui, à tout prendre, paraissait devoir l'intéresser.

— ... Si toutefois, ajouta Dauphin, le jeune homme a le bonheur de plaire à mademoiselle, car mademoiselle est difficile.

— C'est-à-dire, mon père, que si vous ne réussissiez pas à amasser ces 1,500 francs, je devrais mourir fille ?

— Ou épouser celui qu'on vous destinait, mademoiselle. Vous n'en trouverez jamais un plus épris de ce qu'on appelle vos charmes.

Agathe ne répondit à ceci que par une petite moue et un léger mouvement de tête qui signifiait qu'elle ne serait pas bien embarrassée.

— Je n'aurais pas eu besoin alors de rendre les 1,500 francs qu'il m'a prêtés pour acheter cet établissement ; tandis que je ne puis honnêtement vous permettre de donner votre foi à un autre tant que je n'ai pas remboursé cet excellent M. Raymond, qui, outre l'honnête fortune qu'il vous donnerait, déchirerait mon billet en signant le contrat.

— Oh! mon père, M. Raymond !

— Je sais qu'il n'est ni beau ni jeune ; aussi, ma chère enfant, n'ai-je jamais insisté auprès de toi. Mais tu comprends aussi que je veux l'avoir payé avant qu'il soit question de mariage pour toi.

— Mais ces malheureux 1,500 francs, pourquoi ne les avez-vous pas pris quand on voulait vous les donner?

— Non, non, cent fois non ; cela aurait eu l'air de faire payer la rançon de ma fille.

— C'est un peu cela, mon père.

— Oui, mais c'est moi qui la payerai, et du fruit de mon travail et de mon économie laborieuse. Du reste, nous y voici bientôt. J'ai deux ou trois clients qui vont grand train : ce mauvais sujet de Reynold en a encore aujourd'hui pour une bonne petite somme :

1° Lettre à mademoiselle Paméla, papier à vignettes, une pensée enluminée, enveloppe gaufrée, parfumée, et pain à cacheter camée, représentant un cœur percé d'une flèche, 31 sous.

2° Lettre à mademoiselle Polyxène, enveloppe, papier et pain à cacheter semblables, 31 sous.

3° Lettre à madame Amanda *** (une femme mariée!) de même, 31 sous.

Trois lettres d'amour !

4° Une lettre de provocation en duel à un rival, papier et enveloppe ordinaires, 20 sous. Total, cinq francs soixante-cinq centimes.

Ici, le père Dauphin attendit une réflexion de sa fille, mais comme elle ne cessa pas de tricoter, il lui dit :

— Es-tu heureuse que j'aie refusé les offres de M. Reynold! Si j'avais accepté ses 1,500 francs pour dégager ma parole, tu serais sa femme, et tu peux voir, par ce que je viens de lire devant toi, sans le faire exprès, une partie de la jolie conduite qu'il mène ! Trois intrigues et un duel, sans compter qu'à chaque instant, c'est quelque chose de nouveau. Tiens, je n'ai qu'à feuilleter mon livre de recette, cette semaine seulement. Mardi, M. Reynold, lettre à ses parents; il est malade et ne peut écrire lui-même ; il demande de l'argent (le gaillard ne se porte que trop bien). Mercredi, lettre à..

je ne veux pas dire à qui... c'est une voisine, pour l'inviter à passer la journée à Montmorency. Le même mercredi, lettre à mademoiselle Eugénie, pour lui faire savoir qu'il est obligé de repasser son code et qu'il ne pourra pas aller la chercher. Jeudi, réponse à un créancier qui lui demande de l'argent ; il n'a pas un sou, et le remet à deux mois. Du même jour, lettre à mademoiselle Rosalie, en lui proposant un souper et une partie de spectacle à la Porte-Saint-Martin. Vendredi, trois lettres. Samedi, deux. Aujourd'hui, quatre... Ah ! ma pauvre enfant, tu l'as échappée belle ! tu serais aujourd'hui bien malheureuse, et moi j'en mourrais de chagrin !

Faisons maintenant mon compte de la journée : prélevons pour le loyer, l'entretien de la maison et tous les menus frais... Il reste à mettre dans la cassette, pour ce que nous avons à rendre à Raymond... — Tiens, c'est curieux ! juste ce que ce malheureux Reynold m'a payé aujourd'hui, 5 francs 65 centimes, pas un sou de plus, pas un sou de moins. Ce qui fait, en comptant le tout, que tu as en caisse 1,382 francs 65 centimes. Sommes-nous d'accord ?

— Oui, mon père, avec les 5 francs 65 centimes d'aujourd'hui.

— Allons, ce pauvre Raymond aura toujours son argent, et il ne tardera pas à le recevoir, après deux mois comme celui-ci.

Un mois après, Reynold, qui avait souvent effrayé le père Dauphin par les détestables mœurs qu'annonçait sa correspondance, et aussi par la rare prudence qu'il mettait à ne rien écrire de sa main, Reynold entra mystérieusement dans le

1.

bureau de l'écrivain. Il semblait agité et presque hagard.

— Dépêchons-nous, père Dauphin, dit-il; d'abord une lettre à mon père; je suis encore bien malade, et obligé de me servir d'une main étrangère pour lui écrire; j'ai à payer les mémoires du médecin et du pharmacien. Cependant, comme mon père pourrait s'inquiéter et venir, ajoutez que, quoique bien faible, je suis sauvé et vais mieux, et qu'on m'ordonne la campagne et le lait d'ânesse. Très-bien! Maintenant, père Dauphin, il ne s'agit plus ici d'une lettre ordinaire, il faut que je puisse compter sur votre discrétion; les conséquences d'une parole imprudente pourraient être terribles. Il faut écrire à madame Amanda ***; dites-lui que tout sera prêt samedi, qu'une chaise de poste l'attendra au lieu ordinaire de nos rendez-vous, et... (Nous sommes bien seuls, père Dauphin? personne ne peut-il nous entendre?) Je vous l'ai dit : une indiscrétion amènerait les plus horribles malheurs. Cette fois, vous allez écrire sous ma dictée... Mais avant tout, prenez ceci, et donnez-moi votre parole d'honneur que le secret que vous allez apprendre sera enseveli dans votre cœur.

En disant ces mots, Reynold mit cinq louis sur la vieille table de l'écrivain.

— Mais... monsieur Reynold, ça n'a pas le sens commun!
— Écrivez :
« Ame de ma vie, qu'as-tu fait! je sais que ton misérable
» époux était déjà digne de tous les supplices pour l'audace
» qu'il avait d'être possesseur légal de tant de charmes, mais
» la fuite ne suffisait-elle pas pour lui dérober notre bon-
» heur? Ne crains-tu pas que cette mort subite n'amène des
» investigations et la découverte de ton crime héroïque,

» ô femme forte, ô toi qui renfermes un cœur d'homme et de
» héros dans une poitrine de faible femme ! Fuyons, car d'un
» moment à l'autre... » Mais vous n'écrivez plus, père Dauphin !

Dauphin était pâle et tremblant, et il regardait Reynold d'un air égaré.

— Non, je n'écris plus ! s'écria-t-il ; — non, scélérat ! je ne prête pas ma plume à un pareil forfait ! Oh ! reprends ton or et sors de chez moi, si tu ne veux pas que je te fasse arrêter, toi et ton infâme complice !

En disant ces paroles, Dauphin se leva, jeta les cinq louis aux pieds de Reynold, et, le prenant lui-même par les épaules, il le poussa dehors et referma sa porte.

Tout le reste du jour, il fut ému et agité au dernier point ; il ramassa les cinq louis, les enferma dans un papier sur lequel il écrivit : « Cet argent appartient à l'infâme Reynold. » Puis il l'enferma dans un tiroir.

Quelques jours s'écoulèrent encore pendant lesquels on ne revit plus Reynold. Dauphin ne dit rien à sa fille de ce qui s'était passé, mais il l'embrassait parfois avec une effusion inusitée ; puis il ne pensa plus guère à l'aventure qui l'avait tant ému.

Un soir, il refit ses comptes. La cassette d'Agathe contenait un peu plus de 1,500 francs.

— Nous voici dégagés envers Raymond, dit-il ; demain matin je lui porterai mes 1,500 francs, et je retirerai mon billet. Le pauvre diable espérait bien ne jamais revoir son argent. Il en est temps encore, ma chère Agathe ; réfléchis bien. Raymond est riche, il t'aime à la folie. Avec ces

1,500 francs que nous avons là, tu aurais un joli trousseau.

— N'en parlons plus, mon cher père, et ne manquez pas demain matin de lui porter son argent. Il n'y a pas de corbeille de mariée, fût-elle remplie de tous les joyaux et de tous les atours de la reine de Saba, qui me réjouirait autant la vue que d'allumer demain votre pipe avec votre billet à M. Raymond.

Elle embrassa son père de son air le plus câlin et alla se coucher.

Le lendemain, dès la pointe du jour, Dauphin partit emportant dans un sac et cachant sous sa redingote les 1,500 francs qu'il devait à Raymond. Celui-ci se plaignit amèrement de recevoir cet argent qui lui annonçait clairement qu'il devait renoncer à Agathe. Néanmoins, il compta avec soin, ouvrit sa caisse, y plaça la somme et referma la caisse très-ponctuellement.

— Mon vieux Dauphin, dit-il, il faut que quelque godelureau se soit emparé du cœur d'Agathe. Comment n'avez-vous pas mieux veillé autour de votre enfant? Quel est l'heureux mortel qui me l'enlève?

— Personne, mon cher monsieur Raymond, personne. Seulement elle ne veut pas se marier... elle veut rester avec moi... elle est trop jeune, et cætera.

— Et cætera, et cætera! C'est ce que répondent les filles quand on leur propose un mari qui ne leur convient pas. Mais, voyez-vous, Dauphin, je vous accusais tout à l'heure d'avoir la vue basse à l'endroit des séducteurs, mais il faut que je vous dise à présent que chez vous les yeux de l'esprit ne valent pas mieux que ceux du corps, et que pour ceux-là on n'est pas encore arrivé à faire des lunettes. Eh quoi ! vous prenez au sérieux de pareilles billevesées : « Je suis trop jeune, je ne veux pas quitter mon père ! » Allons donc !

— Je ne dis pas, mon cher monsieur Raymond, que personne n'a rôdé autour d'Agathe; mais, grâce à Dieu, je sais voir les choses d'un peu loin. D'ailleurs, je connais ma fille, et je n'ai qu'un mot à lui dire pour qu'elle prenne en horreur ce galant expulsé; mais je ne dis pas ce mot parce qu'elle ne pense même pas à lui. Ne désespérons donc de rien. Rendez-moi mon billet. Ma fille ne veut pas se marier quant à présent. Si je peux la décider en votre faveur, je m'y prêterai volontiers; mais, à part les conseils, je n'emploierai aucune influence, je la laisserai libre de son choix.

Le soir, après le dîner, Agathe demanda le billet à son père; elle bourra elle-même sa pipe, et, en frissonnant de joie, elle enflamma le billet à la lampe et en alluma la pipe de l'écrivain.

— Ah ! mon père, mon bon père ! dit-elle. Et elle l'embrassa tendrement.

A ce moment, on frappa à la porte. Le père et la fille se regardèrent. Agathe alla ouvrir.

— Attends un peu, disait Dauphin; demande qui c'est à travers la porte. A cette heure-ci, il faut être prudent.

Mais Agathe ne l'entendit pas ou ne l'écouta pas. Elle ouvrit et l'on vit entrer Reynold, qui, d'un air libre et dégagé, dit en saluant :

— Bonjour, père Dauphin; mademoiselle Agathe, je vous présente mes respects.

Dauphin se leva pâle et tremblant.

— Monsieur, dit-il, mon échoppe est fermée, elle sera ouverte demain matin à huit heures; nous ne recevons personne à cette heure, et d'ailleurs nous n'avons pas l'honneur d'être de vos amis. Vous ne pouvez avoir affaire à moi que relativement à mon métier d'écrivain, et je vous dirai demain s'il me plaît de l'exercer pour vous.

— Calmons-nous, père Dauphin, dit Reynold; je ne vous demande que cinq minutes de conversation, après quoi je m'en irai. Mais vous ne pouvez refuser cinq minutes à un homme auquel vous avez avez autrefois serré la main.

— Autrefois, c'est possible. Eh bien, Monsieur, parlez, mais pas plus de cinq minutes. Agathe, montez à votre chambre, mon enfant.

— Au contraire, père Dauphin, la présence de mademoiselle Agathe est parfaitement indispensable ; car j'ai appris que vous avez remboursé ce que vous deviez à M. Raymond. Votre parole envers lui est dégagée, et je viens vous demander la main de votre fille.

— Vous ! la main de ma fille ! Êtes-vous fou, M. Reynold, après ce que je sais de vous !...

— Quoi ! pour quelques lettres que j'ai écrites par-ci par-là à quelques beautés indulgentes ! mais, je vous l'ai dit, c'était le désespoir qui me jetait dans le désordre, je voulais m'étourdir... D'ailleurs, j'abjurerai mes erreurs aux genoux d'Agathe, et si elle me pardonne une vie aussi dissolue, ce sera un heureux pronostic pour notre bonheur à venir !

— Mais vous savez bien, Monsieur, qu'il est des choses

qui passent même les bornes les plus reculées. Êtes-vous déjà, ajouta-t-il avec amertume, revenu de ce beau voyage en chaise de poste ?

— Ah ! avec Amanda ? Oui, c'est fini.

— Mais il y a quelque chose qui n'est pas fini, Monsieur. Et d'abord obligez-moi de reprendre cet argent qui a trop longtemps souillé ma maison.

Ce disant, le père Dauphin prit le papier dans lequel il avait enfermé les cinq louis.

— Tenez, Monsieur, dit-il, vous voyez que cet argent vous serait toujours revenu. Quand j'eus jeté à vos pieds un or que vous m'offriez pour acheter ma complicité dans un crime, le ressentiment m'emporta et je vous poussai dehors sans vous laisser le temps de ramasser votre argent. Et vous osez aujourd'hui me demander la main de ma douce, de mon innocente Agathe !

— Mais enfin si elle me pardonne ?

— Si elle vous pardonne ! Mais, misérable, si vous me poussez à bout, je vais tout lui dire, et elle aura horreur de vous comme d'un monstre vomi par l'enfer !

— Dites-lui donc tout, père Dauphin, je vous y autorise.

— Eh bien, oui ! Apprends, malheureuse enfant, que l'homme qui ose venir ici me demander ta main, m'avait offert 100 francs pour acheter mon silence sur un crime. Une horrible femme qu'il avait séduite... avec mon style... a empoisonné son mari pour s'enfuir avec lui : et il voulait que ma plume ne taxât ce crime épouvantable que d'imprudence ! et il avait l'audace de me dicter des éloges pour cette furie ! Frémis, ma pauvre enfant, frémis d'épouvante en entendant le récit de ce forfait que ta jeune et naïve imagination comprendra à peine. Je n'ai peut-être pas assez ménagé ta sensibilité, mais il fallait bien te dévoiler cet homme !... Eh quoi ! c'est par un sourire que tu réponds à ton père ? As-tu bien compris ?

— Oui, mon père; mais si Reynold promettait de ne plus recommencer ?

— Grand Dieu ! mais c'est de la folie ! c'est du délire ! Sortez, Monsieur, sortez ! ou je vais appeler à l'aide.

— Ecoutez-moi, mon père : d'abord vous reprochez à Reynold ses lettres à mesdemoiselles Polyxène, Amanda, Evelina, Paméla, etc.; ce sont des infidélités qui n'offenseraient que moi, et je les lui pardonne ; car ces lettres que vous écriviez à tant d'amantes diverses, c'était toujours à moi qu'elles étaient adressées sous différents noms. Jamais elles ne sortaient d'ici, et les voici toutes dans cette cassette. Reynold les jetait sous l'escalier, où je les prenais soigneusement et où je trouvais avec la nouvelle assurance de son amour quelque phrase intelligible seulement pour moi, qui me disait à quelle heure il passerait sous ma fenêtre le lendemain.

— Mais...

—Mais, mon bon petit père, cette correspondance avait un autre but. Vous considériez votre parole comme engagée avec M. Raymond jusqu'à ce que vous lui eussiez remboursé ses 1,500 francs. Reynold, qui, sans être bien riche, a un petit avoir, vous les avait offerts, vous les aviez magnifiquement refusés. Qu'a-t-il fait ? il s'est mis à vous les faire gagner.

— Ah ! mon Dieu !

— Le billet est brûlé, il n'y a plus moyen de revenir là-dessus.

— Mais...

— Je sais ce que vous allez encore dire, mon cher père : le mari de madame Amanda vous inspire de la pitié. Mais écoutez bien ; Reynold avait beau multiplier le nombre de ses infidélités, il trouvait que l'affaire des 1,500 francs n'allait guère vite, et je m'étais laissé persuader qu'il avait raison : il fallait trouver un moyen de vous faire accepter une somme de quelque importance. Reynold imagina un secret dangereux, un crime. Il ne me dit rien, sinon qu'il avait trouvé un moyen ; s'il m'avait confié ce moyen, j'aurais pu lui annoncer d'avance que vous le jetteriez à la porte, ce que vous avez fait.

— Eh quoi ! c'étaient autant de mensonges !

— Hélas ! oui, père Dauphin, et vous voyez en moi le plus fidèle des amants, dont vous pouvez faire le plus heureux comme le plus fidèle des maris. Amanda n'a pas empoisonné son mari, et je ne connais pas Amanda.

— Mais comme vous m'avez joué !

— Il le fallait bien, mon cher père ; vous auriez mis quatre ans à rassembler les 1,500 francs. Reynold prétendait que c'était trop long, et moi je craignais qu'il ne me trouvât trop vieille ; pardonnez-nous, mon cher père.

Elle embrassa son père. Reynold lui prit la main, dans les deux siennes. Le vieux Dauphin n'y put tenir plus longtemps ; il confondit ses deux enfants dans un seul embrassement, et il se prit à fondre en larmes.

La soirée se passa bien rapidement, quoiqu'on la prolongeât jusqu'à minuit.

— Faut-il encore que je vous mette à la porte? dit le père Dauphin.

Enfin Reynold s'en alla. Puis il resta longtemps dans la rue jusqu'à ce qu'il vît la lumière s'éteindre dans la chambre d'Agathe.

Dès le lendemain il s'occupa de la publication des bans. Le soir, Dauphin dit : — C'est égal, j'ai perdu une bien bonne pratique !

— Mais vous avez un bon fils, dit Reynold.

Dauphin lui fit quelques questions sur sa position. Il répondit assez vaguement : — J'ai de quoi vivre ; nous demeurerons à la campagne ; laissez-moi arranger tout cela ; ne vous tourmentez de rien ; tâchez de vendre votre établissement ; si vous ne trouvez pas à le vendre, vous le donnerez.

— Toujours étourdi ! répondit Dauphin.

Il vint un jour où Reynold dit : — Demain, nous signerons le contrat. Je viendrai vous prendre le soir à six heures et nous irons chez le notaire.

— Mais ce contrat...

— S'il y a quelque chose qui ne vous convienne pas, on le changera ; tout sera fait comme vous l'entendrez. Soyez prêts tous deux demain à six heures.

Le lendemain matin on apporta une corbeille.

— C'est mille fois trop beau ! disait Agathe. Mais où a-t-il deviné tout ce qui me plaît au monde, excepté que c'est beaucoup trop riche ?

— Il est fou, disait Dauphin, il s'est ruiné en babioles ! Je m'en vas le gronder d'importance.

A cinq heures et demie, une voiture de remise s'arrêta devant la porte de Reynold, qui ne tarda pas à monter dedans et qui donna au cocher l'adresse du père Dauphin. Deux ou trois fois, en route, Reynold cria au cocher : Allons donc, vous ne marchez pas ! — On arriva dans une rue obstruée par un embarras de voitures; il fallut forcément s'arrêter. Un homme, qui depuis quelque temps courait après le carrosse de Reynold, le rejoignit alors et lui parla vivement à travers la portière. Au bout de quelques minutes la circulation se rétablit. Le cocher cingla à ses chevaux un vigoureux coup de fouet, et la voiture partit au grand trot. La voiture ne tarda pas à s'arrêter devant la maison de l'écrivain public. Le père Dauphin fumait sur le seuil de sa porte ; Agathe tenait sa fenêtre fermée, mais regardait à travers le rideau. Le père Dauphin l'appela du bas de l'escalier tournant :

— Allons, Agathe, est-ce que tu n'es pas encore prête? Voici Reynold.

Agathe descendit l'escalier, et tous deux allèrent au-devant du promis.

Mais le cocher avait ouvert la portière et n'avait trouvé personne dans la voiture.

II

— C'est bien singulier! dit le cocher au père Dauphin ; j'ai pris un bourgeois chez lui, j'ai refermé la portière moi-même ; tout le long du chemin il n'a cessé de s'impatienter et de me crier d'aller vite ; j'arrive, plus personne ! Il faut que le diable l'ait emporté !

Le cocher retourna chez Reynold : il n'était pas rentré. Le père Dauphin y alla à son tour : pas de nouvelles. On l'attendit toute la journée : il ne vint pas.

Mais il nous faut reprendre l'histoire de Reynold d'un peu plus haut, car nous ne savons ni ce que c'est que Reynold ni d'où il vient. Il est convenable de vous le présenter, ma belle lectrice, avec toutes les formes usitées.

Reynold, le père de celui que nous connaissons déjà, était

d'une famille distinguée ; sa naissance, ses talents pouvaient lui permettre d'aspirer à tout ; il n'était pas ambitieux, il ne voulut qu'être honnête et heureux : il épousa une fille vertueuse et charmante, mais qui était la fille d'un agriculteur. De toute la famille de Reynold il ne restait qu'une sœur qui était son aînée et qui, elle, avait fait un *beau mariage*, c'est-à-dire que, jeune et belle, elle avait épousé un vieillard riche et titré qui n'avait pas tardé à la laisser veuve. Reynold, au fond de son cœur, appelait le mariage de sa sœur une prostitution, mais la baronne de Vorlieu appelait tout haut le mariage de son frère une mésalliance et une folie. Les charmes de sa belle-sœur auraient suffi pour la faire haïr. Ils ne contribuèrent pas peu à envenimer la colère de la baronne.

Le frère et la sœur cessèrent même de se voir ; Reynold et sa femme se retirèrent à la campagne, où ils s'occupèrent d'élever deux enfants que le ciel leur avait donnés ; mais bientôt cessa leur bonheur. Un procès injuste, suscité à Reynold, mit en péril sa fortune, qui était considérable. Il perdit ce procès et fut ruiné. Il s'adressa à sa sœur pour qu'elle l'aidât, par un prêt, à soutenir l'appel de son jugement. Elle refusa durement. Reynold et sa femme vendirent successivement tout ce dont ils pouvaient disposer pour ne pas abandonner la partie : mais une cruelle maladie, qui enleva Marthe Reynold, ne laissa pas longtemps son mari la regretter. Il mourut aussi en laissant deux pauvres orphelins ruinés. Après sa mort, on remit à sa sœur une lettre ainsi conçue :

« Ma sœur, je vais rejoindre ma chère femme dans le sein de Dieu. Je laisse deux pauvres petits enfants qui n'ont plus que toi au monde. Leur patrimoine est tout entier dans ce procès déjà jugé une fois contre moi et dont j'ai appelé. Si tu veux soutenir ce procès, tout porte à croire qu'il sera gagné, car le hasard ou la Providence a donné à mon avoué des preuves en ma faveur, dont l'absence a trompé les premiers juges. Quand tu me sauras mort, peut-être trouveras-tu que tu n'as pas été pour moi et pour ma pauvre femme tout ce qu'une sœur devait être. Rends de ton cœur à ces deux pauvres enfants ce que tu m'en as ôté pendant ma vie. Ne méprise pas les vœux d'un frère qui sera mort quand tu liras cette lettre. »

Madame de Vorlieu essuya ses yeux pour que la personne qui lui remettait la lettre ne vît pas qu'ils n'étaient pas mouillés ; elle demanda à l'ami que Reynold avait chargé de cette dernière commission si son frère était réellement mort ruiné, tout à fait sans ressources. — Si complétement, reprit l'ami, que si madame la baronne ne se chargeait pas des deux enfants, moi, qui suis aussi pauvre que Reynold, je serais obligé de les mettre en apprentissage chez un menuisier.

Madame Isabelle de Vorlieu fit examiner les pièces du procès. Reynold n'avait pas eu le moyen d'avoir raison; avec de l'argent l'affaire était parfaitement sûre. Madame de Vorlieu prit chez elle les deux frères et leur donna un professeur. Albert avait douze ans. Rodolphe n'en avait que onze : c'est celui que nous connaissons. Le procès ne tarda pas à se juger; les enfants de Reynold le gagnèrent et se trouvèrent recouvrer à la fois la fortune de leurs parents et d'énormes dommages-intérêts qui la doublèrent.

Madame Isabelle de Vorlieu fit beaucoup valoir qu'elle

avait recueilli ses neveux quand ils étaient ruinés. Elle prit l'administration de leur fortune et ne s'occupa pas beaucoup d'eux. Elle aimait le monde, elle avait été belle et croyait l'être encore. Elle exigeait des enfants une obéissance aveugle et des marques du respect le plus profond ; mais elle ne demandait pas d'affection, parce que l'affection ne se donne qu'en retour de la tendresse. Elle était pour eux d'une sévérité excessive, et ces pauvres enfants, qui se rappelaient encore la majestueuse bonté de leur père et les bons baisers de leur mère, s'embrassaient quelquefois en pleurant et se promettaient de s'aimer toujours et de ne se séparer jamais.

Quand le professeur formulait une plainte contre l'un d'eux, madame de Vorlieu rappelait avec amertume qu'elle les avait recueillis quand ils étaient sans pain, par suite des folies de leur père, qui avait déshonoré sa famille par une mésalliance en épousant une fille de rien.

— Pardon, ma tante, dit un jour Albert ; est-ce que c'est notre mère que vous appelez ainsi ?

— Oui, c'était votre mère, la fille d'un laboureur.

— Notre mère, dit Albert, était la meilleure et la plus noble des femmes. Mon père nous l'a dit en mourant, et tous ceux qui l'ont connue le disent encore.

— Et je ne veux pas que vous parliez comme cela de maman, dit Rodolphe.

Madame Isabelle donna un soufflet à Rodolphe, et comme elle voulait redoubler, Albert se jeta devant son frère d'un air menaçant.

— Ma tante, dit-il, mon père et ma mère ne nous ont jamais frappés.

— Eh quoi! s'écria madame de Vorlieu, vous osez prendre avec moi un ton menaçant! Moi, la sœur de votre père, moi qui vous ai recueillis quand votre sort était d'aller mendier votre pain par la ville!

Elle sonna et dit à un domestique :

— Emmenez ces deux bamboches et dites de ma part à leur professeur qu'il ait à les mettre au pain sec pendant trois jours.

Quand les deux enfants furent seuls, ils commencèrent par pleurer amèrement. Albert baisa à plusieurs reprises la joue encore rouge du petit Rodolphe. Puis ils s'échappèrent et s'en allèrent tous deux au cimetière où leur père et leur mère reposaient à côté l'un de l'autre. Là ils se mirent à genoux, prièrent Dieu pour leurs chers morts, prièrent leurs parents de les protéger auprès de Dieu, et se promirent encore, en s'embrassant, de s'aimer toujours et de ne se séparer jamais.

Malheureusement la tante Isabelle n'en avait pas décidé ainsi. Elle annonça un jour que Rodolphe allait entrer dans une école militaire, et qu'Albert finirait ses études au collége. Malgré leurs larmes et leur désespoir il fallut obéir. Ils revenaient à la maison le dimanche. Là, après avoir salué leur tante, ils se réfugiaient dans quelque grenier et s'entretenaient de leurs chagrins. — Je n'ai pas pu manger pendant les trois premiers jours, disait Rodolphe, en ne te voyant pas à table. Et jouer donc! mes nouveaux camarades avaient beau m'inviter à tous les jeux; moi, qui n'avais jamais joué qu'avec toi, e ne pouvais me décider à prendre un plaisir que tu ne partageais pas.

— Pour moi, disait Albert, je ne joue pas parce que je travaille. Aussi, lorsque je serai grand et que je pourrai gagner de l'argent, nous nous sauverons tous les deux et nous vivrons ensemble dans quelque coin où ma tante ne pourra pas nous trouver.

— Écoute, disait Rodolphe, tous mes nouveaux camarades se tutoient; moi j'ai dit que je ne voulais tutoyer que mon frère.

— Tu as raison, Rodolphe, nous ne tutoierons jamais que nous.

Les études d'Albert finies, il avait à peu près dix-neuf ans. On était aux vacances, et les deux frères étaient réunis dans une très-belle maison de campagne qui leur appartenait sans qu'ils en sussent rien, car si madame de Vorlieu ne manquait pas une occasion de parler de la détresse où ils se trouvaient quand elle les avait recueillis, elle ne faisait jamais aucune mention de la fortune qui leur était revenue et dont elle jouissait. Ils savaient bien que les soins, les dépenses, le dévouement, les démarches de madame de Vorlieu avaient fait reviser le jugement qui ruinait leur père, mais elle ne leur en avait jamais dit davantage.

— Albert, dit-elle à l'aîné, je vous ai pris orphelin, sans ressource, sans appui, destiné, selon toutes les apparences, à apprendre et à exercer un métier. Aujourd'hui, grâce à ma sollicitude pour vous, grâce à ma tendresse pour un frère dont j'avais cependant à me plaindre, vous voici aussi instruit qu'il convient à un homme de votre naissance, — par votre père s'entend. — J'ai réussi à rétablir vos affaires, que mon frère avait laissées ruinées. Il s'agit pour vous de prendre un état, de faire quelque chose. J'ai des vues pour vous : je compte, grâce à mes amis haut placés, vous faire entrer dans la diplomatie.

— Et pourquoi faire, ma tante? demanda Albert.

— Pourquoi faire ? parce qu'il faut faire son chemin dan le monde et s'élever autant que possible.

— Pardon, ma tante, ne prenez pas mal une question que je vais vous faire : Mon frère et moi, avons-nous de la fortune ?

— Qu'est-ce à dire? s'écria madame de Vorlieu ; est-ce déjà que voulez me demander des comptes? Voulez-vous savoir si cette maison est à vous, pour m'en chasser? Je sais bien que l'ingratitude est depuis longtemps un apanage de votre famille, et la conduite du père à mon égard doit me dire d'avance quelle sera celle des fils.

— Si vous m'aviez écouté jusqu'au bout, ma tante, vous ne nous accuseriez pas de mauvais sentiments qui, grâce à Dieu, ne sont jamais entrés dans notre cœur. Voici tout simplement ce que c'est. Ce matin, mon frère et moi, nous nous promenions dans la prairie qui est au bas du jardin et qui descend jusqu'à la rivière. Il nous prit envie de la traverser et de nous aller reposer dans le bois qui est de l'autre côté. Là, nous nous assîmes sous un châtaignier, et je demandai à Rodolphe : — Est-ce que tu as bien envie d'être militaire ? — Pourquoi cela? me demanda-t-il. — C'est que, puisque ma tante m'a refusé de me laisser entrer aussi dans une école militaire, je m'engagerais en t'attendant, car tu sais bien que nous ne devons pas nous quitter.

— Vous m'avez déjà rompu la tête de cet enfantillage.

— Ce n'est pas du tout un enfantillage, ma tante, c'est un serment que nous nous sommes fait réciproquement sur la tombe de nos parents. Rodolphe me dit qu'il n'avait aucune envie d'être soldat. — Regarde, me dit-il, en me montrant la prairie, la rivière et les arbres; est-ce que tu n'aimerais pas à rester toujours ici? est-ce que la vie ne serait pas assez occupée à lire, à étudier, à cultiver la terre, à faire du bien autour de nous?

— Mais, lui dis-je, avons-nous de quoi vivre sans faire un état? — On m'a dit, répondit Rodolphe, que ce bois, cette prairie, cette rivière, ainsi que la ferme que tu vois là-bas, appartiennent à la grande maison, et que la grande maison est à nous. Si cela est vrai, je ne sais pas si nous serons riches, mais nous pourrons vivre et rester ensemble. Là-dessus, nous nous sommes embrassés, et nous venons vous demander si nous pouvons vivre sans gagner d'argent, et alors, puisque Rodolphe n'aime pas l'état militaire, je ne vois pas bien pourquoi nous ne commencerions pas dès aujourd'hui à être heureux à notre guise.

— Voici bien une nouvelle folie, dit la tante. Je sais que le joug de la raison et d'une affection désintéressée vous pèse, mes beaux messieurs; je vois bien, à vos goûts, que ce n'est pas impunément qu'un sang abject s'est mêlé au sang de notre famille. Quand vous serez majeurs, vous agirez à votre guise, et nous en verrons de belles! Je ne veux réclamer ni affection ni reconnaissance, mais légalement je suis votre tutrice;

j'ai pris la lourde responsabilité de votre éducation, vous n'avez pas autant d'impatience que moi de la voir terminée. Mais jusque-là vous voudrez bien m'obéir. Rodolphe retournera dès demain à son école militaire, et vous, d'ici à trois jours, j'aurai occupé vos loisirs assez pour ne plus laisser tant de place dans votre étroit cerveau aux ridicules imaginations que j'ai peut-être eu tort de vous laisser dérouler devant moi.

Les deux frères firent quelques observations ; la tante fut inflexible. Ils se retirèrent alors sans rien dire, mais le lendemain on ne les put trouver, ni dans la maison ni ailleurs. Seulement, quelques jours après, la tante reçut une lettre qui lui apprenait que ses deux neveux, décidés à ne plus se séparer et à n'être ni soldats ni diplomates, allaient attendre dans une retraite cachée qu'Albert fût majeur, parce qu'alors ils s'arrangeraient pour suivre ensemble le plan de vie qu'ils avaient concerté.

Malgré toutes les démarches que fit la tante, il lui fut impossible de découvrir les deux frères.

Rodolphe et Albert furent tous deux bien embarrassés quand ils se trouvèrent seuls au milieu de Paris, où ils ne connaissaient presque personne, et où ils avaient à éviter le peu de gens qu'ils connaissaient et qui auraient pu les dénoncer à la terrible tante. — Rodolphe cependant, le plus jeune, d'un caractère gai et résolu, eut bientôt pris un parti : il loua deux petites chambres dans un quartier isolé, puis ils calculèrent qu'avec ce qu'ils avaient d'argent et ce qu'ils s'en procureraient par la vente de leurs montres, ils avaient de quoi vivre passablement pendant à peu près six mois. — Mais dans six mois Albert ne serait pas encore majeur. — Il fut décidé que d'ici là tous deux chercheraient à donner quelques leçons, Albert de latin et de français, Rodolphe de dessin et de mathématiques. A voir ces deux jeunes gens faire eux-mêmes leur cuisine et se servir l'un à l'autre de domestique, on n'aurait pas supposé qu'ils avaient quelque part une fort belle fortune à partager. Deux années se passèrent ainsi sans que madame de Vorlieu reçût de leurs nouvelles. Ils avaient trouvé des leçons; eux-mêmes étudiaient, se promenaient, allaient quelquefois au spectacle, et surtout étaient heureux d'être ensemble.

Albert allait bientôt avoir vingt et un ans.

— Ce jour-là, disait-il, je demanderai mes comptes. Il faudra bien que ma tante me les rende; nous serons riches, car ma part nous fera bien de quoi vivre à l'aise pour nous deux, et nous attendrons patiemment ta majorité, époque où nous rentrerons triomphalement chez nous pour vivre à notre fantaisie sans jamais nous quitter.

Ce fut Rodolphe qui dut conduire cette affaire; Albert était peu résolu, et malgré sa nouvelle indépendance, redoutait sa tante. Ce fut Rodolphe qui trouva un homme d'affaires qui se chargea de demander et d'examiner les comptes de tutelle. A ce moment, les deux frères auraient pu retourner chez eux, mais tous deux se trouvaient alors retenus à Paris : tous deux étaient amoureux. Ils n'avaient jamais songé à se rien cacher l'un à l'autre, et ils se disaient tout ce que d'ordinaire on roule dans sa tête quand on est seul. Ce n'était même pas une confidence; ils pensaient et rêvaient tout haut ensemble.

— Quel bonheur, disaient-ils, d'emmener avec nous dans

notre retraite les femmes que nous aimons! Quel nouveau charme cela ajoutera à notre vie! Il faudra qu'elles s'aiment aussi. Quel dommage que ce ne soient pas les deux sœurs!

Albert était devenu amoureux de la sœur d'un de ses élèves; aussi, quoique sa majorité eût apporté aux deux frères le moyen de supprimer leurs leçons, il avait précieusement conservé celle-là. Il était reçu avec amitié par toute la famille; il y passait souvent une partie des journées. Pendant bien longtemps il n'osa faire parler que ses yeux, mais enfin, grâce aux encouragements et aux railleries de Rodolphe, il se détermina un jour à donner une lettre. Cette lettre demeura sans réponse, Cécile même évita le professeur de son frère. Le désespoir d'Albert fut au comble, si bien qu'il en tomba malade. Rodolphe lui offrit de le remplacer dans ses leçons pendant quelques jours; il fit une visite aux parents, parla de la maladie de son frère, et demanda la permission de le suppléer jusqu'à son rétablissement. Le premier jour, Cécile traversa plusieurs fois la salle où se donnaient les leçons, mais sans oser adresser la parole à Rodolphe. Le lendemain elle lui demanda des nouvelles de son frère; le jour d'après elle insista en lui disant :

— Ne me cachez rien, Monsieur, nous avons tous beaucoup d'amitié pour M. Reynold; est-il réellement, est-il dangereusement malade, et voit-il un bon médecin?

— Mademoiselle, répondit hardiment Rodolphe en mettant la main sur son cœur, sa maladie n'est pas de celles que guérissent les médecins.

Cécile se retira en rougissant. Le lendemain, elle donna à Rodolphe un livre enveloppé dans un papier cacheté.

— M. Rodolphe, lui dit-elle, car je sais votre nom : nous avons souvent parlé de vous avec votre frère; voulez-vous remettre ce livre à M. Reynold? Je le lui avais promis il y a déjà quelque temps; il a le temps de lire en ce moment.

— Bonne nouvelle ! dit Rodolphe en rentrant auprès de son frère; je tiens la panacée universelle, la thériaque, l'orviétan et le dictame. Voici de quoi guérir toutes les maladies et faire revivre les morts !

— Qu'y a-t-il de nouveau ? demanda Albert.

— Et ce baume merveilleux, cet antidote, cette thériaque, cette panacée, cet orviétan, ce dictame, combien le vends-tu? Je ne le vends pas, messieurs, je le donne !

— Donne-le donc, bourreau ! s'écria Albert.

Et en même temps il déchira l'enveloppe du livre que lui donna Rodolphe.

— Qu'est-ce que veut dire ce livre?

— *On* me l'a remis pour toi.

Il le secoua, le feuilleta; il espérait naturellement y trouver une réponse à sa lettre. Rien !

— Qu'est-ce que cela veut dire ?

Rodolphe était aussi embarrassé qu'il avait été d'abord triomphant : il prit le livre à son tour, le secoua, le feuilleta et n'y trouva rien.

— Ah çà ! est-ce seulement pour que tu le lises qu'on t'envoie ce livre? J'espérais mieux, je l'avoue; car on t'aime, mon frère, on t'aime! Dans l'accent avec lequel on a prononcé *M. Reynold*, dans la rougeur, dans la voix, dans le regard, il y avait plus d'amour qu'il n'en pourrait tenir dans tout ce livre, quand il n'y serait pas question d'autre chose. Mais t'envoyer un livre *à lire !* C'est le *Faust* de Goëthe.

Pendant ce temps, Albert, qui avait encore parcouru le livre, se mit à le couvrir de baisers; de grosses larmes coulaient de ses yeux.

— O mon frère! mon frère! s'écriait-il, elle m'aime, elle m'aime, mon frère ! O mon Dieu, merci!

Et il montra à Rodolphe une page du livre où, de son ongle rose et effilé, Cécile avait souligné ces quelques mots:

« MARGUERITE : O le meilleur des hommes, je t'aime de tout mon cœur! »

— O Cécile! ma belle, ma chaste, mon adorée Cécile! murmurait Albert. Rodolphe, donne-moi mes habits; je veux me lever, je veux aller la voir.

— Eh! quoi! dit Rodolphe, ma merveilleuse panacée rendrait-elle les gens fous! Aller la voir! aujourd'hui! Et, sans doute, tu proposes de te jeter à ses genoux devant le père et la mère et le petit frère? Je viens de donner ta leçon, tu n'as aucun prétexte pour y aller aujourd'hui. Demain... tout au plus, car je t'ai dit fort malade.

— Demain n'arrivera jamais.

(*L'auteur aparté.*)

« Hélas! il y a deux ou trois de ces jours qui ne devaient jamais arriver et qui sont passés il y a un peu plus de vingt ans.

» La première moitié de la vie se passe à désirer la seconde, la seconde à regretter la première. »

Le lendemain arriva, Albert alla donner la leçon, mais il ne vit que son élève. Chaque bruit qui se faisait dans la maison retentissait dans sa poitrine. Si on ouvrait une porte, il ne pouvait plus ni parler ni respirer. Cécile avait été obligée de sortir avec sa mère, qui n'aurait pas été très-sensible au désir qu'aurait témoigné sa fille d'assister à une leçon de géométrie de son frère. Albert, qui ne savait rien, rentra désespéré ; il passa une partie de la nuit à écrire. Le lendemain, il remit sa lettre à Cécile et il lut dans les yeux de l'aimable fille ce qu'il avait lu avec tant de ravissement dans le livre de Goëthe : « O le meilleur des hommes, je t'aime de tout mon cœur ! »

Huit jours après, Cécile laissa tomber un gant, Albert le releva, et comme il le lui rendait, il sentit les petits doigts de Cécile presser doucement les siens. Il crut qu'il allait s'évanouir.

Un autre jour, Cécile, qui ne lui avait jamais écrit, lui glissa une lettre dans la main. La leçon ne fut pas bien longue. Une fois sorti de la maison, Albert se prit à courir jusque chez lui ; là, il lut la lettre. Cécile lui disait qu'il serait bientôt temps de se déclarer, qu'on voulait la marier ; mais qu'il ne s'inquiétât de rien, qu'elle était sa femme devant Dieu et qu'elle ne l'abandonnerait pas. Il y a un obstacle qui nous nuira auprès de mes parents, disait-elle ; les occupations auxquelles vous vous livrez me font penser que vous n'êtes pas riche, et dans tous les projets que mes parents ont jamais faits pour moi, ils supposent toujours que j'épouserai un homme riche. Celui qu'on me propose l'est, il paraît, beaucoup ; je n'ai pas besoin de vous dire combien peu d'importance cela a à mes yeux, mais il faut que je trouve un moyen d'écarter cet homme : il paraît honnête, si son aspect ne me trompe pas ; la franchise le détrompera bien vite.

Albert répondit que, sans être bien riche, il avait de quoi faire vivre sa femme dans une modeste aisance. Il expliqua pourquoi il avait donné des leçons, et aussi pourquoi il avait continué à en donner. Je supprime les grandes phrases d'Albert sur son *odieux rival,* comme j'ai supprimé celles de Cécile sur *l'or, ce vil métal.*

« C'est beaucoup plus qu'il ne nous faut pour être heureux, répondit Cécile, et j'étais sûre d'être parfaitement heureuse avec vous, même quand je vous croyais pauvre. Néanmoins, ce que vous possédez n'atteint pas les prétentions de ma famille ; il ne faut donc pas que vous vous présentiez en concurrence avec un homme beaucoup plus riche que vous. Attendez que j'aie écarté M. de Noirmont. »

Albert était fort inquiet du moyen que prendrait Cécile pour écarter son rival, mais il ne tarda pas à apprendre que ce moyen n'avait pas triomphé.

Comme un jour il rentrait chez lui, il trouva qui l'attendait, un homme qui lui dit : — Je m'appelle de Noirmont. Avec l'autorisation de la famille de mademoiselle Cécile, je dois épouser cette jeune personne. Elle-même a cru devoir m'apprendre que, comme deux enfants, vous aviez échangé des promesses par lesquelles elle se croit liée. Cela n'a pas le sens commun : la disproportion des fortunes fait passer vos projets à l'état de rêve. Je ne m'inquiète pas de cette fantaisie de jeune fille. Il n'y a guère de fille de dix-sept ans qui n'ait fait un semblable rêve, ne fût-ce que pour se féliciter plus tard qu'il ne se soit pas réalisé. J'ai voulu vous voir, Monsieur pour vous engager à renoncer de bonne grâce à des prétentions sans résultats possibles.

Albert était pâle et très-ému. Il laissa M. de Noirmont aller jusqu'au bout sans l'interrompre, puis il lui dit :

— Est-ce mademoiselle Cécile, Monsieur, qui vous a chargé de m'inviter à renoncer à elle?

— Je n'ai pas dit cela, Monsieur. Mais j'ai voulu *d'abord* vous donner les conseils du bon sens et de la raison.

— Pourquoi ce mot *d'abord*, Monsieur, sur lequel vous paraissez appuyer avec intention?

— Parce qu'*ensuite*, j'en appellerai à votre prudence.

— Pour mademoiselle Cécile, Monsieur?

— Non, Monsieur, pour vous-même. Vous ne supposez pas que je me laisserai, sans me défendre, déranger dans mes projets, et que je permettrai à un *jeune homme* de me...

— Pardon, Monsieur; qu'est-ce que cela peut me faire, que vous permettiez ou que vous ne permettiez pas?

— Curiosité bien naturelle, mon cher Monsieur! Vous voulez savoir ce que cela peut vous faire? Je vais vous le dire en peu de mots. Cela peut être cause que vous soyez forcé demain matin de vous lever de meilleure heure, sans doute, que vous n'en avez l'habitude... à six heures, par exemple, pour venir faire une promenade, avec votre serviteur, à Saint-Ouen ou au bois de Boulogne, où on commence à retourner, maintenant qu'il est suffisamment établi qu'on n'y va plus.

— Et pourquoi demain, Monsieur? et pourquoi si matin, Monsieur?

— Si vous y teniez beaucoup, Monsieur, nous pourrions retarder quelque peu le jour et l'heure : après-demain, par exemple, et à sept heures.

— Ce n'est pas là ce que je voulais dire, Monsieur; je voulais vous demander pourquoi ce ne serait pas aujourd'hui et à quatre heures, c'est-à-dire dans une demi-heure.

— Je n'aurais pas osé vous en prier, Monsieur; mais cela me convient parfaitement.

— Eh bien! Monsieur, dans une demi-heure. Où? A Saint-Ouen au bois de Boulogne?

— Chez moi ou chez vous, mon cher Monsieur, s'il vous plaît, pour que nos témoins puissent régler certains petits détails. Vous aurez des témoins?

— Je n'en aurai qu'un, Monsieur.

— Eh bien, Monsieur, si vous le permettez, dans une demi-heure, je serai ici avec M. Achille de Nérault, qui voudra bien me servir de témoin comme il l'a déjà fait tant de fois.

Albert courut chez son frère. Il venait de sortir en voiture. Il courut après la voiture; il la rattrapa comme elle était arrêtée par un embarras. Il appela son frère par la portière, et lui dit :

— Je te cherchais, je me bats dans une demi-heure; viens.

A cette nouvelle inattendue, Rodolphe descendit de voiture. Mais comme Albert lui expliquait l'affaire en quelques mots, la voiture partit sans qu'ils y fissent attention ni l'un ni l'autre, et voilà pourquoi elle arriva seule à la porte de M. Dauphin et de sa fille Agathe.

Rodolphe fut frappé de terreur.

— Eh quoi! disait-il, tu vas te battre! Quel homme est-ce que ton adversaire?

— Mais, dit Albert, il a fait allusion à des duels nombreux.

— Et toi qui n'as jamais voulu prendre des leçons d'armes!

Ils arrivèrent chez Rodolphe.

— Voyons, mon bon frère, je ne me suis jamais battu non plus; c'est une impression qu'on ne peut connaître qu'après l'avoir éprouvée. Comment te trouves-tu?

— Rodolphe, dit à Albert en serrant la main de son frère, c'est pour elle que je vais me battre!

— Oui, mais quel genre d'émotion éprouves-tu au moment d'un acte aussi inusité? Toi qui n'as jamais manié un fleuret ni touché un pistolet! Je te le dis, je ne sais pas, moi, ce que j'éprouverais. Te sens-tu ferme?

— Oui, mon frère, oui; je ne sais pas quelle impression j'aurais s'il s'agissait d'un de ces duels ridicules qu'on a pour la galerie; mais ici, c'est pour elle que je me bats, et je me bats contre un homme qui a osé rêver qu'elle serait à lui, contre un homme que je hais.

— C'est bien! c'est bien! Quel malheur que ce ne soit pas moi! car j'ai appris toutes ces choses. Mais enfin...

A ce moment arriva M. de Noirmont, qui présenta M. Achille de Nérault. Les deux témoins passèrent dans une pièce voisine; les deux adversaires restèrent ensemble. M. de Noirmont tira de sa poche un étui à cigares, et, le présentant à Albert,

— Fumez-vous, Monsieur?

— Non, Monsieur.

— La fumée ne vous incommode pas?

— Nullement.

Il tira alors de sa poche tout un arsenal de fumeur et alluma un cigare.

Les deux témoins ne tardèrent pas à rentrer. M. de Nérault dit à son ami :

— Monsieur n'ayant voulu faire aucune concession, nous allons tout de suite attendre ces deux messieurs à Saint-Ouen.

— Nous y serons en même temps que vous, Messieurs, reprit Rodolphe. Il n'y a pas d'erreur possible sur le lieu : dans l'île, au passage du bac; les premiers arrivés passeront sans attendre les autres.

III

M. de Noirmont et son ami avaient une voiture à la porte ils allèrent chercher les armes et se dirigèrent vers Saint-Ouen. Les deux frères en prirent une et arrivèrent les premiers. En route, Rodolphe dit à son frère :

— Albert, cet homme-là est accoutumé aux armes, il tire bien le pistolet, il t'assassinerait : j'ai choisi l'épée. Tu ne t'amuseras pas à ferrailler, ni même à parer une seule fois; tu n'as qu'une seule chance, mais elle est certaine avec de la résolution. Tu tiendras ton épée basse et tendue ; au premier coup qu'il tirera, au lieu de parer, tu tireras en même temps que lui, mais à fond, de toute ta force ; tu recevras un coup d'épée, mais il en recevra un plus fort, parce que, à sa première attaque, pour te tâter, il ne tirera pas à fond et t'attendra à une parade. Allons, mon bon Albert, fais bien ce que je te dis; tu es sûr de recevoir un coup d'épée; mais tu es sûr aussi d'en donner un; autrement, si tu voulais faire de l'escrime, tu serais sûr à la fois et d'en recevoir un et de n'en pas donner.

M. de Noirmont et son témoin arrivèrent; ils étaient accompagnés d'un chirurgien. M. de Nérault portait deux épées sous sa redingote. On ne tarda pas à trouver un terrain convenable; on mesura les épées; chacun des adversaires ôta son habit et entr'ouvrit sa chemise pour montrer qu'il n'avait rien dessous; leurs témoins les placèrent à une distance où leurs épées n'auraient pu se toucher que de la pointe; puis, M. de Nérault dit : — Allez!

Rodolphe n'aurait pas pu parler.

M. de Noirmont se rapprocha de deux pas; les épées se croisèrent. Albert, docile aux conseils de son frère, restait immobile, l'épée tendue. M. de Noirmont, qui avait espéré faire marcher son adversaire, se décida à attaquer, et tira sur un dégagé. Albert n'essaya pas de parer et tira en même temps, mais avec une telle violence, que son épée, fichée dans la poitrine de M. de Noirmont, lui échappa de la main. Celui-ci agita la sienne, voulut faire un pas, tourna sur lui-même et tomba sur l'herbe. Rodolphe courut à son frère; il avait vu l'épée de M. de Noirmont le toucher; il déchira sa chemise qui commençait à se teindre de sang. O bonheur! la blessure n'était qu'une égratignure. Ainsi que Rodolphe l'avait prévu, l'attaque de M. de Noirmont devait être parée dans son esprit, et il n'avait pas tiré à fond; de plus, quand il avait vu Albert se fendre sur lui, il avait voulu parer, mais trop tard.

Albert restait debout, les yeux fixés sur son ennemi à terre. Rodolphe s'approcha. Le chirurgien avait bandé la blessure. M. de Nérault le releva. M. de Noirmont, quoique très-pâle, affirma qu'il pouvait marcher. Le chirurgien envoya un domestique, qui se tenait à distance, chercher la voiture. Il déclara que la blessure ne paraissait pas dangereuse, mais qu'elle demandait quelques soins et que M. de Noirmont aurait besoin d'un repos absolu pendant quelques jours; que, du reste, il ne pourrait parler positivement que le lendemain. Il voulut voir la blessure d'Albert, et dit en souriant : — Celle-ci se guérira sans moi.

Rodolphe et Albert se retirèrent et passèrent le bac en même temps que le domestique qui allait chercher la voiture. Ils montèrent dans la leur, et Rodolphe, ayant dit au cocher de retourner à Paris, prit son frère dans ses bras.

— Merci, merci, mon Dieu ! s'écria-t-il; puis, laissant alors un libre cours à ses émotions, il s'échappa en sanglots et fondit en larmes : — O mon frère, mon bon frère! disait-il, je demande à Dieu que tu ne me voies jamais me battre; que tu n'éprouves jamais les horribles angoisses qui m'ont étreint le cœur pendant quelques instants. Mais, mon brave Albert, tu as eu un sang-froid admirable; tu lui as bien vite donné son compte à ce grand pourfendeur. Voyons donc encore ta blessure. Oh! non, ce n'est rien, absolument rien. Que je voudrais être à demain ! car je veux aller raconter à ma petite sœur Cécile la victoire de son chevalier; c'est moi qui irai donner la leçon.

— Eh quoi! dit Albert, ne la verrai-je pas demain ?

— Non!... je t'en prie, j'ai mes raisons pour cela, ne me

refuse pas ce que je te demande; j'ai été si malheureux ! j'ai tant souffert aujourd'hui !

Et il embrassait encore son frère, en lui donnant les noms les plus tendres et en remerciant Dieu.

Aussitôt arrivé à Paris, il écrivit au père Dauphin, et mit dans la lettre quelques mots pour Agathe. — Un événement, fort triste d'abord, mais qui ensuite avait heureusement fini, l'avait enlevé subitement aux soins de son bonheur; il leur expliquerait tout le lendemain, en allant les prendre à l'heure où ils l'avaient attendu inutilement ; il savait d'avance que quand ils apprendraient ce qui était arrivé, non-seulement ils lui pardonneraient, mais même ils l'embrasseraient tous deux de bon cœur.

Il avait ses raisons pour ne pas aller les voir le jour même, mais il ne put s'empêcher d'aller, le soir, rôder autour de la maison. Agathe ne se mit pas à la fenêtre ; il l'espérait bien : elle ne l'attendait pas ; mais, grâce à son habitude des usages de la maison, aux mouvements de la lumière dont il voyait la lueur à travers les rideaux, il pouvait la suivre en pensée et savoir tout ce qu'elle faisait. Quand il eut vu la lumière éteinte dans sa chambre, il rentra chez lui, où il ne put dormir. Mais il avait à penser à tant de choses pour son frère et pour lui, qu'il n'en fut pas fâché. Il lui eût semblé que le sommeil lui aurait enlevé une part de sa vie, et, pour le moment, il n'en voulait rien perdre. Il allait épouser Agathe, et les inquiétudes qu'il avait éprouvées pour son frère le faisaient jouir délicieusement d'avoir un frère. Il lui semblait que Dieu venait de le lui donner. Et puis ce frère allait être heureux aussi. Que pouvait-il manquer au bonheur de Rodolphe, sinon d'acheter celui de son frère au prix de quelque sacrifice, et il avait songé déjà, en causant de Cécile et de sa famille, que cela pourrait bien ne pas être impossible. Il ne faisait pas encore jour quand il sortit; mais il n'était pas possible d'aller si matin chez Cécile. Comme il rôdait, il rencontra une jeune fille qui entrait dans Paris avec une grosse botte de roses. Il lui acheta la botte tout entière et l'envoya à Agathe. Il revint auprès d'Albert.

— Je vais aller donner la leçon, lui dit-il; je parlerai à ta Cécile, et avec ton consentement, j'irai demander un entretien à son père.

Le visage d'Albert s'assombrit.

— Voudra-t-il de moi? dit-il en soupirant.

— Ah çà, dit Rodolphe, nous vivons tous les deux sur ta fortune. Qu'as-tu en réalité?

— A peu près douze mille francs de rente.

— Bien. Et moi?

— Toi, tu en auras juste autant quand tu seras majeur, c'est-à-dire dans huit jours. Nous aurons ensuite à partager le petit château qu'habite la tante Isabelle.

— Jésabel, tu veux dire.

— Perds l'habitude de l'appeler ainsi, car nous allons bientôt nous retrouver en sa terrible présence, et tu ne manquerais pas de l'appeler ainsi quelque jour, parlant à sa personne. Je te disais que nous aurions à partager le château et la ferme qui en dépend, et que j'espère bien que nous continuerons à habiter ensemble, car, en tout cas, je ne voudrais pas vendre la maison de notre père.

— Ni moi non plus, Albert; nos affaires ne seront pas bien

difficiles à arranger. Il est huit heures, la leçon n'est qu'à neuf heures, mais c'est égal, je pars, je prendrai le plus long, je ne puis rester en place.

Cécile ne manqua pas d'assister à la leçon; elle fut désappointée en voyant arriver Rodolphe. Celui-ci lui dit :

— Mon frère est guéri, il se porte bien : c'est lui qui donnera la leçon demain.

Il s'agissait de parler du duel; mais, outre qu'il ne voulait pas donner une émotion douloureuse à la jeune fille, il fallait aussi que la chose pût être entendue avec calme, car c'est en corrigeant un devoir du frère de Cécile qu'il fallait lui apprendre ce qui s'était passé, sans qu'elle eût lieu ni de jeter un cri ni de se trahir par un trouble trop grand. Aussi procéda-t-il par ordre.

— Vous n'avez-pas vu M. de Noirmont, hier, Mademoiselle?

..... Vous arrangez bien Perse, Monsieur, et vous lui faites dire d'étranges choses!

— Non, Monsieur, est-ce que vous le connaissez?

— Je l'ai vu hier pour la première fois, mais je ne pense pas que vous le voyiez non plus aujourd'hui.

« Que le peuple, en me voyant passer, dise : Le voilà. Pre-« nez-vous cela pour rien? »

Il est malade; il a été blessé!

— Blessé?

— Oui, il s'est avisé de provoquer un jeune homme qui... lui... est sain et sauf, et qui lui a donné un bon coup d'épée. *Ecce inter pocula quæram Romulidæ saturi, quid diu pœmata narrent.* Allez donc consulter votre dictionnaire,

M. Émile, car vraiment vous n'avez pas pris la peine de chercher les mots.

Émile sortit.

— Au nom du ciel ! Mademoiselle, calmez-vous. Albert se porte bien ; il a noblement vaincu et blessé son rival qui l'avait audacieusement provoqué. Je sais tout. Vous avez déjà dans mon cœur la place d'une sœur chérie. Il faut que je parle à votre père ; m'y autorisez-vous ?

— Hélas ! mon père vous repoussera. Albert serait le plus pauvre des hommes, je serais heureuse de partager son sort ; mais mon père ne le trouvera pas assez riche.

— Qui sait !... Mais on vient... vous êtes pâle, remettez-vous ; votre frère n'est pas seul, votre père est avec lui.

Le père de Cécile entra ; il fronça légèrement le sourcil en voyant sa fille seule avec un jeune homme. Rodolphe se leva.

— Monsieur, pourrais-je obtenir de votre complaisance dix minutes d'un entretien particulier ?

— Très-volontiers, Monsieur.

— Voulez-vous que ce soit tout de suite ?

— Avec plaisir, Monsieur.

M. de Golbert fit entrer Rodolphe dans son cabinet. Ils y restèrent une heure. Cécile était en proie à d'horribles anxiétés. Elle mit tout en œuvre pour se trouver sur le passage de Rodolphe quand il sortirait ; mais M. de Golbert l'accompagnait, elle se sauva. Quand il eut reconduit Rodolphe jusqu'à la porte, il lui serra la main en lui disant adieu. Mais Cécile ne vit pas cet adieu, qui l'aurait bien rassurée. Loin de là, elle évita son père avec soin ; elle s'attendait à le voir irrité contre elle, car pouvait-on savoir ce qu'avait dit M. Rodolphe, qui lui semblait à la fois un jeune homme excellent et médiocrement circonspect? Cependant elle ne put éviter M. de Golbert à l'heure du dîner. Elle se mit à parler à sa mère avec volubilité pour prendre une contenance et retarder le moment où le ressentiment de son père se manifesterait. Mais M. de Golbert s'avançant vers elle, lui donna sur la joue deux ou trois petits coups d'amitié : puis, pendant le dîner, dit à sa femme : — J'ai écrit à M. de Noirmont que nous partions pour la campagne; j'espère qu'il fera un examen de conscience et comprendra que nous ne reviendrons pas de si-tôt pour lui.

— Comme madame de Golbert ne demanda pas d'explication, Cécile comprit que sa mère connaissait l'entrevue de Rodolphe avec son mari ; elle commença à ne plus oser lever les yeux sur sa mère. Cependant, en y réfléchissant, elle ne vit rien de menaçant dans ce qu'elle entendait ; et quand son père, après le dîner, lui dit : « Cécile, laisse-moi avec ta mère, va étudier ton piano, » il y avait dans la manière dont ces mots étaient dits et résonnaient dans son cœur quelque chose de si doux, qu'elle entendait malgré elle : « Tu épouseras Albert. »

— Mais, c'est impossible! pensait-elle. Comment mon père a-t-il pu si subitement changer d'avis? Tant de bonheur doit être un rêve, et je ne vais pas tarder à me réveiller.

A l'heure dite, la même voiture s'arrêta devant la porte du père Dauphin ; il attendait à la porte, et Agathe regardait encore par la fenêtre derrière les rideaux ; cette fois la voiture s'ouvrit et Rodolphe en descendit de l'air le plus empressé et le plus heureux du monde. Il serra les mains du père Dauphin ; mais le laissant dans l'échoppe, il monta ou plutôt franchit l'escalier, et tombant aux genoux d'Agathe, il s'empara de ses deux mains, qu'il couvrit de baisers.

— Enfin, vous voilà, Monsieur, lui dit-elle ; je n'osais pas tout à fait espérer de voir encore aujourd'hui un homme aussi affairé et aussi singulier. Nous direz-vous, Monsieur, comment il se fait que votre cocher vous ait perdu l'autre jour ? avez-vous le don de vous rendre invisible ?

— Descendons auprès de votre père, ma charmante Agathe, et je vais vous dire à tous deux ce qui m'est arrivé. Il s'assit entre le père et la fille, tenant une de leurs mains à chacun, et baisant de temps en temps celle d'Agathe, en manière de ponctuation, tout le long de son discours. Il leur conta alors le duel de son frère, leur peignit ses mortelles angoisses pendant le combat, et sécha avec ses lèvres deux larmes qu'il surprit au coin des yeux d'Agathe, et lui-même se prit à pleurer ; puis il s'étendit sur le sang-froid et sur le courage d'Albert ; il raconta sa victoire, et bientôt, dit-il, il va être aussi heureux que moi, si on peut comparer le bonheur que peut donner une autre femme à celui que j'attends de ma jolie Agathe. Là-dessus, partons, le notaire nous attend ; j'espère bien que vous me donnerez à dîner ensuite.

— Et moi, j'espère bien que vous ne vous apercevrez pas que vous ferez un mauvais dîner.

— Partons !

— Vous partez sans chapeau ?

— Bienheureux si je ne perds pas aussi la tête, tant je

suis heureux! Pensez que je vais ensuite ce soir signer le contrat de mon frère Albert. Quel charmant hasard! comme tout s'arrange bien! Vous aurez là une sœur que vous aimerez, j'en suis sûr. Ce sera un grand bonheur pour mon frère et pour moi si vous devenez deux bonnes sœurs, car jamais nous ne voulons nous séparer.

— Est-elle jolie? demanda Agathe comme eût demandé toute femme.

— Est-ce que je sais cela, moi! est-ce que je trouve une autre femme jolie! Partons, partons.

La voiture ne tarda pas à les conduire tous trois chez le notaire, où Albert les attendait.

— Vous connaissiez bien mon frère, dit Rodolphe à Agathe, seulement vous ne l'aviez pas vu. Vous saviez qu'avant que je vous eusse rencontrée, il possédait mon cœur tout entier. Je ne lui ai rien ôté; mais je vous en ai donné beaucoup. Vous avez tout tous les deux, sans nuire à la part du père Dauphin, quoiqu'il m'ait parfois bien chagriné; il y a aussi la part de la petite sœur Cécile: c'est tout ce que nous avons à aimer au monde. Il y a bien aussi quelque part une certaine tante Jésabel, que les flatteurs appellent Isabelle ; mais nous ne l'aimons guère et nous en avons fort peur, ce qui ne nous empêchera pas de nous rappeler toujours qu'elle était la sœur de notre père.

Rodolphe parlait avec une telle volubilité qu'on ne pouvait plus l'arrêter. Le notaire demanda un moment de silence pour lire le contrat que Rodolphe avait fait faire il y avait deux jours, et qu'il était venu rectifier dans la même journée où il le signait. Quand il dit: « Le futur apporte quatre mille livres de rente, » Albert regarda son frère avec étonnement ; et le père Dauphin, d'autre part, dit :

— Ah ! le coquin, qui nous faisait croire qu'il vivait de ses leçons. Pour ma fille, monsieur le notaire, elle n'apporte rien.

— Quoi ! rien, père Dauphin ! elle m'apporte la beauté, la douceur, la grâce, le bonheur : vous appelez tout cela rien Je suis honteux de ne pas, moi, lui apporter un trône. Mais enfin elle se contente d'une chaumière ; car, frère, je prends la chaumière.

— Mais... dit Rodolphe.

— Pas de mais, tu sauras pourquoi dans une heure ; outre les quatre mille livres de rente, j'ai ou plutôt nous avons une belle chaumière (ceux qui l'habitent appellent ça une maison, nous ferons comme eux) et les six arpents de terre qui l'entourent.

Le notaire continua. Les époux sont mariés sous le régime de la communauté ; tout appartiendra au dernier vivant.

— Ainsi, frère Albert, ne compte pas sur mon héritage.

— Mais...

— Pas de mais... Tu nous feras un procès si tu veux, mais ça sera comme cela.

— Tu sais bien, mauvais plaisant, que ce n'est pas cela que je veux dire.

— Oui, mais ce que tu veux dire se trouve précisément ce que je ne veux pas que tu dises.

Le contrat fut signé. Rodolphe alla dîner chez le père Dauphin. Albert offrit à la fiancée une paire de magnifiques boucles d'oreilles, et l'embrassa en l'appelant sa sœur. Il prit rendez-vous avec son frère pour le soir.

Agathe, rentrée chez elle, s'enferma dans sa chambre, et, se jetant à genoux, remercia Dieu dans une fervente prière.

Pendant le dîner, Rodolphe fit une riante description de la chaumière qu'ils habiteraient : il parla du jardin, de la rivière, du petit bois. C'était un magnifique rêve pour Agathe et pour son père : vivre à la campagne dans une maison à eux ! quatre mille francs de rente !

— Mais, dit l'écrivain, que voulait dire votre frère ? Trouvait-il mauvais que vous voulussiez laisser votre fortune entière à Agathe dans le cas où elle aurait le malheur de vous survivre ?

— Lui !... vous ne le connaissez pas. Bien au contraire, il est beaucoup plus riche que moi, et il aurait voulu augmenter notre fortune, mais il épouse une fille dont les parents ne la lui donneraient pas s'il n'avait pas la fortune qu'il a. Vous comprenez que je n'ai pas voulu qu'il nous donnât rien. D'ailleurs, n'avons-nous pas assez ? Et puis, si jamais il nous manquait quelque chose, mon frère serait là.

— Oui, certes, dit Agathe, et je ne vois pas ce que nous ferions de plus d'argent. Vous dites, Rodolphe, qu'il y a sur la maison un grand rosier qui monte jusqu'à la fenêtre ?

— Jusqu'à la fenêtre de votre chambre, madame Reynold.

L'heure arriva bien vite où Rodolphe devait aller rejoindre son frère.

Les deux frères se rendirent chez M. de Golbert, où le notaire ne tarda pas à venir. Rodolphe avait trouvé moyen de passer deux heures avec M. de Golbert. Ces deux heures s'étaient, pour Albert, écoulées bien vite auprès de Cécile, qu'il n'avait quittée qu'à l'heure du dîner. Rodolphe avait voulu se charger de faire le contrat, de concert avec le père de Cécile. Quand le notaire en vint à l'article de l'apport des deux époux, quand il dit que M. Albert Reynold apportait vingt mille francs de rente, Albert voulut l'arrêter.

— Tais-toi, lui dit Rodolphe à voix basse, ou renonce pour toujours à Cécile.

— Mais je ne veux pas de tromperie.

— Crois-tu que j'en veuille, moi? Je t'expliquerai tout, mais pas un mot.

Le contrat signé, le notaire se retira. Malgré ses ravissements auprès de la femme qu'il adorait, Albert n'oubliait que de temps en temps le mystère que son frère avait à lui expliquer.

Le mariage fut fixé à huit jours de là. Les deux frères se retirèrent.

— C'est singulier, dit madame de Golbert à son mari, que le frère de M. Reynold n'ait fait aucun présent à Cécile.

Il est vrai de dire que Rodolphe n'y avait même pas songé et qu'il s'était contenté d'abandonner à son frère huit mille francs de rente sur sa fortune, sans quoi le mariage eût été impossible. Il avait marchandé avec M. de Golbert le mieux qu'il avait pu, mais la chose n'avait pu s'arranger à moins.

Il eut beaucoup de peine à faire accepter cet arrangement à Albert.

— Voilà donc pourquoi, disait celui-ci, tu as voulu te charger du contrat?

— Précisément. Mais écoute bien : Agathe a toujours vécu dans un état voisin de la pauvreté. Quatre mille francs de rente, une maison, le produit de nos six arpents, c'est dix fois plus qu'elle n'avait jamais rêvé. Je l'ai laissée tout étourdie de sa nouvelle fortune. Que me manquera-t-il ? D'ailleurs, s'il me manque quelque chose, je te le demanderai.

— C'est égal, les deux tiers de ton bien...

— C'était nécessaire ; sans cela, tu n'aurais pas eu Cécile. Voyons, Albert : si tu avais été à ma place et moi à la tienne, aurais-tu hésité à faire ce que j'ai fait ?

— J'aurais examiné...

— Tu mens, tu n'aurais rien examiné du tout. D'ailleurs je suis meilleur que toi ; si j'avais été à ta place, si je n'avais pu obtenir ma douce Agathe qu'avec une partie de ta fortune, si cela n'avait pas dû t'empêcher d'obtenir Cécile, je te l'aurais parfaitement demandée.

Les deux frères s'embrassèrent tendrement.

Si, malgré leur impatience, facile à supposer, les frères Reynold avaient laissé fixer les mariages à quelques jours plus tard, c'est qu'ils voulaient tous deux aller préparer leurs maisons. Aussi, dès le lendemain de la signature du contrat, ils se mirent en route.

La tante Isabelle les reçut mieux qu'ils ne s'y attendaient ; elle ne se permit même aucune observation sur les mariages. Elle annonça qu'elle allait retourner chez elle.

— Albert lui offrit de garder un logement au château et de continuer à y vivre comme par le passé.

Elle accepta, sans se faire prier, une offre qu'elle attendait.

— La tante est devenue meilleure, dit Albert à son frère lorsqu'ils furent seuls.

— Cela n'empêche pas qu'elle me fasse toujours peur, reprit Rodolphe. Dieu veuille que tu n'aies pas à te repentir de ton offre généreuse !

Le château était en bon état, et Albert n'eut pas grande peine à préparer l'appartement de Cécile. Pour ce qui est de la ferme, il fallut d'abord indemniser et renvoyer ceux qui l'habitaient ; puis, si Rodolphe conserva scrupuleusement le toit de chaume et toute la simplicité extérieure, il changea entièrement le dedans et y réunit tout le confortable et toute l'élégance possibles. La tante désapprouva fort l'habitation et le toit de chaume ; elle demanda pourquoi Rodolphe ne viendrait pas demeurer au château avec sa femme. Albert insista avec tendresse, mais Rodolphe fut inébranlable.

— Mon bon frère, dit-il un jour à Albert qui revenait sur ce sujet, il faut que chacune de nos femmes soit la maîtresse dans sa maison ; il faut qu'elles s'aiment : elles y sont déjà disposées par la tendresse qu'elles nous portent; mais ce germe d'affection a besoin d'être cultivé et demande au commencement de grands ménagements. Il va falloir nous priver de trois ou quatre petits bonheurs qui nous charmeraient pour assurer le bonheur de toute notre vie. Ainsi, nous ne nous marierons pas ensemble ; nos femmes ne se connaîtront que lorsque nous serons mariés. Je ne veux pas qu'Agathe sorte de la sphère dans laquelle je compte vivre, et je ne veux pas non plus qu'elle souffre de la comparaison. Si elles se mariaient ensemble, Agathe serait encore mademoiselle Dauphin, fille d'un écrivain public ; Cécile serait encore mademoiselle de Golbert, fille d'un riche bourgeois. Elles ne se connaîtront que lorsqu'elles seront, l'une madame Albert Reynold, l'autre madame Rodolphe Reynold. Il faut les faire égales avant de les faire amies.

— Mais, mon cher Rodolphe, ta générosité qui t'a fait te priver de la plus grande partie de ta fortune ne te permettra pas de faire vivre ta femme sur le pied de l'égalité avec la mienne, — je parle de l'égalité qui touche le plus les femmes, celle de la parure.

— Ceci est moins grave que tu ne crois. Agathe, en m'épousant, fait un mariage riche ; elle va se trouver dans une situation de fortune qu'elle n'avait jamais rêvée. Cécile, au contraire, élevée dans une maison riche, mais dont la fortune doit se diviser entre son frère et elle, sans compter la plus forte part que se réservent les parents, Cécile n'en est pas moins accoutumée à la vie d'une maison où l'on dépensait 50,000 fr. par an, et ce n'est pas trop de toute la tendresse qu'elle a pour toi, pour qu'elle ne se croie pas ruinée et déchue. Ma position est donc au commencement plus facile que la tienne. D'ailleurs, si par hasard mon revenu ne me suffisait pas, qu'est-ce que cela fait que ce soit l'un ou l'autre de nous deux qui ait de l'argent ? Te croirais-tu pauvre si j'étais riche ?

Les huit jours ne tardèrent pas à s'écouler et les deux frères se retrouvèrent à Paris. Le père Dauphin avait vendu son fonds d'écrivain public ; Albert assista au mariage de Rodolphe, qui se fit le matin à huit heures ; Rodolphe fut témoin d'Albert, qui se maria à onze heures, et tous deux emmenèrent leurs femmes chez eux. Albert, accompagné de M. et de madame de Golbert, qui devaient passer huit jours chez leur gendre ; Rodolphe, du père Dauphin, qui tout naturellement, sans qu'il en eût été question une seule fois, venait finir sa vie avec ses enfants. La tante Isabelle plut singulièrement par ses grandes manières et ses airs de cour à M. et à Madame de Golbert. Elle reçut admirablement Cécile. Le château fut trouvé très-habitable ; chacun proposa des changements et des embellissements, et dès le lendemain on mit des ouvriers partout.

Agathe ne revenait pas de toutes les magnificences qu'elle trouvait dans *la maison.* En entrant dans cette chaumière qui lui avait paru *bien jolie,* elle s'attendait à des appartements et à un ameublement à l'avenant. Mais quand elle vit des tapis partout et sa chambre tendue d'étoffes de perse et meublée avec une élégance dont elle n'avait pas eu d'idée jusque-là,

— Mon Dieu, dit-elle, c'est un conte de fées, c'est un rêve! Pourvu que je ne m'éveille pas !

Le lendemain matin, Albert alla au cimetière prier sur la tombe de ses parents. Il y trouva Rodolphe : tous deux renouvelèrent le serment qu'ils y avaient fait de s'aimer toujours tendrement, et prièrent leur père et leur mère de bénir leur bonheur.

Deux jours après, Rodolphe fit avec sa femme et son beau-père une visite au château. Il était le plus jeune, c'était dans l'ordre. Agathe était mise simplement, mais avec beaucoup de goût : elle avait d'ailleurs une grâce et une élégance naturelles qui lui donnaient un grand charme. On alla d'abord voir la tante Isabelle, qui chercha sans y parvenir ce que ce pouvaient être que le père Dauphin et sa fille. Les deux jeunes femmes s'embrassèrent avec effusion. Entre M. et madame de Golbert et M. Dauphin, il n'y eut que de la politesse. On resta à dîner. La tante Isabelle mit la conversation sur divers sujets pour continuer ses investigations. Il ne fut pas difficile de voir qu'Agathe, malgré ses excellentes manières, n'avait jamais été dans le monde, et ne connaissait ni le bal ni le spectacle.

— Ma tante, interrompit Rodolphe, Agathe ne sait rien de ces belles choses; la Providence, qui la destinait à embellir la vie d'un paysan comme moi, a inspiré à ses parents de l'élever dans la retraite.

En retournant à la ferme, Agathe fit de grands éloges de la beauté de Cécile et de l'accueil qu'elle lui avait fait. Rodolphe la sonda sur l'impression qu'elle avait ressentie en voyant le luxe et le train du château.

— Mon Rodolphe, dit-elle, je ne trouve personne aussi riche que moi. Ton amour dans l'échoppe du père Dauphin ne m'aurait jamais laissé envier personne. Et cependant, tu as fait d'une pauvre fille, destinée peut-être à épouser un ouvrier, une femme riche et considérée, mais aussi la plus heureuse et la plus reconnaissante des femmes. Loin d'envier personne au monde, j'ai au contraire peur d'exciter l'envie, tant j'ai le cœur plein de bonheur et de fierté.

IV

Le lendemain, tous les habitants du château vinrent dîner à la ferme. Cécile était un peu trop parée. Albert avait risqué une observation, mais M. et madame de Golbert et la tante Isabelle avaient jeté les hauts cris. Bien plus, Cécile avait cédé tout de suite au désir de son mari, et avait montré tant d'empressement, quoique mêlé à faible dose d'un petit air résigné, qu'il finit par la supplier de remettre le châle de cachemire et le chapeau à plumes qu'elle avait ôtés, ce qui lui fut accordé.

On avait, un peu trop peut-être, apporté avec soi un parti pris d'admiration pour tout ce qu'on verrait à la ferme. Agathe, qui ne connaissait au monde rien d'aussi beau que son séjour, prit parfaitement au sérieux tous les éloges qu'on lui en fit. Rodolphe y vit de la maladresse, mais de la bienveillance, et tout se passa le mieux du monde.

Il était bien facile, du reste, à Agathe, d'accepter l'admiration qu'on témoignait pour sa maison : la nature y avait développé ses réelles magnificences ; un rosier et un jasmin, tous deux vieux et énormes, en tapissaient entièrement la façade ; le toit de chaume était en partie couvert de mousse et surmonté sur sa crête de touffes d'iris. Tout cela faisait une maison toute fleurie et toute parfumée. D'un côté, une grande prairie s'étendait jusqu'à la rivière, qu'il fallait traverser pour aller au château ; des moutons et des vaches y paissaient en liberté. De l'autre côté, la pelouse tapissait une colline que couronnait un bois de chênes. Plus loin, on voyait les granges, les étables, les écuries, tout cela animé par les animaux qui les habitent. Le bon goût que Rodolphe avait établi à l'intérieur contrastait le plus agréablement du monde avec la simplicité du bâtiment. Aussi Agathe recevait les compliments avec modestie, loin d'y voir de la complaisance et de l'affectation.

A la ferme, les domestiques n'avaient pas de livrée : c'étaient des filles et des garçons du pays, nés à la ferme, et y ayant toujours vécu employés aux travaux de la terre. Ce n'était pas sous ce rapport qu'Agathe aurait pu être envieuse ; elle comprenait qu'elle aurait bientôt pour ces braves gens des sentiments affectueux et presque de famille, que ne pourraient jamais lui inspirer les messieurs humbles et fiers, richement chamarrés, qui servaient au château.

Le dîner fut excellent. Les maîtres de la ferme reconduisirent leurs hôtes jusqu'à la rivière, et les deux frères se dirent adieu en se serrant la main avec un bonheur impossible à décrire : tous leurs projets réussissaient mieux qu'ils n'avaient pu l'espérer. Les huit jours passés, M. et madame de Golbert retournèrent à Paris et emmenèrent leur fille et leur gendre pour quelques jours. Albert revint seul ; il avait de bonnes et de mauvaises nouvelles à donner à son frère : Cécile était grosse, mais cette grossesse s'annonçait mal. Cécile, naturellement délicate, était très-souffrante. Madame de Golbert s'était alarmée, et le médecin de la famille, consulté, avait ordonné d'aller passer l'hiver en Italie. Il n'y avait rien à objecter. Les deux frères, tout tristes qu'ils étaient de cette séparation si imprévue, la première de leur vie, se résignèrent et se promirent de s'écrire souvent.

Cécile revint avec ses parents passer quelques jours au château, puis ils partirent. Rodolphe resta quelque temps sombre et triste. Agathe redoubla de soins et de tendresse. Albert écrivait souvent. Il ne supportait pas beaucoup mieux que Rodolphe leur triste séparation. La santé de Cécile était meilleure, mais madame de Golbert n'osait la laisser revenir en France avant la fin de l'hiver. L'hiver passé, la grossesse était si avancée qu'il y aurait eu une réelle imprudence à se mettre en route. Puis Cécile accoucha. On ne pouvait ni laisser l'enfant là-bas, ni l'exposer à un voyage long et fatigant dans un âge aussi tendre. Puis on approchait de nouveau de l'hiver. Il fut décidé qu'on ne reviendrait qu'au printemps suivant. On était à Florence, on y voyait beaucoup de monde et l'on y menait grand train. Cécile écrivit deux ou trois fois à Agathe ; mais les deux jeunes femmes s'étaient vues trop peu pour qu'il se fût établi entre elles une intimité suffisante pour rendre leur correspondance intéressante. Les lettres de Cécile contenaient bien quelques regrets bienveillants, mais il était facile de voir qu'au fond elle se trouvait très-heureuse.

Ce fut cependant grande fête à la ferme quand Albert et sa femme revinrent au château; les deux frères pleurèrent d'attendrissement en se revoyant. Cécile était embellie, elle rapportait un beau gros garçon. Agathe se sentit envieuse pour la première fois. Il y eut encore là un désappointement : les deux frères, dès avant leur mariage, étaient convenus qu'ils seraient réciproquement les parrains de leurs enfants ; c'était un nouveau lien entre eux, et de plus c'était donner deux pères aux enfants. Malheureusement, le petit Henri était né en pays étranger. Or, Albert avait d'abord décidé qu'on attendrait le retour en France pour le baptiser, afin que Rodolphe pût être le parrain ; mais une indisposition de l'enfant alarma les mères. Madame de Golbert, surtout, fut d'autant plus d'avis de le baptiser tout de suite, qu'un prince italien de leurs connaissances devait être parrain avec elle. Albert devait céder et céda.

Agathe ne fut plus longtemps envieuse de Cécile, elle se trouva bientôt grosse à son tour et accoucha d'une fille. Albert fut son parrain et la nomma Marguerite.

Les deux frères ne tardèrent pas à subir une nouvelle séparation. Cécile, pour la même cause, donna encore à sa mère les mêmes inquiétudes. Le même médecin ordonna encore un séjour sous un ciel plus clément. Rodolphe ne put, à cette nouvelle, dissimuler quelque impatience.

— Voilà un singulier médecin, dit-il, qui paraît bien certain que ses malades ne peuvent guérir qu'à cinq cents lieues de lui !

Il fallut cependant partir. Cécile laissa, après beaucoup d'hésitation, son petit Henri aux soins d'Agathe.

Cette fois, les choses ne se passèrent pas aussi bien pour Cécile. On retrouva à Florence les connaissances du séjour précédent ; on alla beaucoup plus dans le monde, on se livra beaucoup plus au plaisir. Soit par quelque imprudence, soit par quelque accident naturel, Cécile fit une fausse couche. Ce n'était pas le moment de voyager pour revenir, surtout de quitter le climat salutaire de l'Italie. Madame de Golbert risqua même la proposition d'acheter une propriété à Florence et de vendre le château des Aulnaies. Mais cette fois, Albert laissa à peine finir la phrase. On revint au bout d'un an ; Agathe fut presque fâchée d'avoir à rendre Henri, qui s'était mêlé dans son cœur avec sa petite Marguerite. Albert dit à son frère :

— J'ai découvert un petit secret : c'est que l'affaiblissement de la santé de Cécile et la nécessité d'un voyage en Italie, tout cela était prévu dès avant mon mariage. C'était une fantaisie de madame de Golbert que son mari n'avait pas voulu satisfaire, et elle avait dit à sa fille : « Quand tu « seras mariée, nous irons en Italie. » Cécile n'a pas su résister à sa mère ; d'ailleurs elle n'était pas fâchée de voir un nouveau pays, mais je t'assure bien que plutôt que de quitter encore une fois la France, je déclarerai Henri à tout jamais mon fils unique ; nos projets, dont la réalisation avait si bien commencé, sont tous renversés depuis trois ans, et je ne m'y résigne nullement.

— Mon cher Albert, dit Rodolphe, tu me rends bien heureux en parlant ainsi, et notre séparation, presque continuelle depuis notre mariage, a été pour moi un bien vif chagrin.

Cécile, élevée dans le monde, était loin d'en avoir perdu l'habitude depuis son mariage. Elle passa les hivers chez sa mère et l'été on reçut des amis au château, où s'installèrent régulièrement, pour la belle saison, M. et madame de Golbert. L'été des gens comme il faut, avait été décidé n'être que de quatre mois, sur lesquels on en prenait deux ou trois pour un voyage à des eaux quelconques. L'hiver, Albert quittait quelquefois Paris et venait passer une semaine avec son frère. Henri, pendant l'hiver, restait avec Agathe et surtout avec le père Dauphin, qui avait résumé toutes ses affections sur les deux enfants et avait retrouvé pour eux une seconde jeunesse et une inaltérable gaîté.

Les enfants, de leur côté, aimaient le père Dauphin à rendre les mères jalouses. Mais comment lutter avec un homme qui savait et racontait tous les contes imaginables? Il y avait, entre autres, l'histoire de Polichinelle, histoire qui, à cause de l'immense succès qu'elle obtenait auprès d'Henri et de Marguerite, dura un peu plus de deux ans, et ne fut jamais terminée, quoique le père Dauphin en narrât au moins un chapitre tous les soirs, en tenant les deux enfants chacun sur un de ses genoux. Ce récit n'était pas sans quelques rapports avec les *Mille et une Nuits*, à cause que chaque chapitre commençait et finissait inévitablement de la même façon.

Quand il se faisait tard, lorsque Agathe jugeait qu'il était temps de coucher les enfants, le vif intérêt qu'ils portaient à la continuation de l'histoire de Polichinelle les rendait d'abord rebelles au sommeil, et ce n'était qu'avec des plaintes, des larmes et des cris qu'ils accueillaient la proposition d'aller se coucher. Mais le père Dauphin imagina un expédient qui eut tout le succès désirable. Lorsque Agathe lui faisait signe que l'heure approchait où il faudrait coucher les enfants, tout en continuant son récit, il faisait entrer Polichinelle dans un café, soit que Polichinelle eût faim, soit que Polichinelle eût soif, soit que Polichinelle fût fatigué, et alors Polichinelle prenait un journal et le lisait sans pitié jusqu'à ce que les pauvres petits enfants se fussent endormis sur les genoux des narrateurs. Une fois Henri lui dit :

— Mais, père Dauphin, Polichinelle entre bien souvent au café.

— C'est vrai, mon petit Henri, je trouve comme toi qu'il y entre bien souvent ; c'est un des défauts de Polichinelle, un défaut que je ne saurais trop te recommander d'éviter quand tu seras grand. Je n'ai pas besoin d'en parler à Marguerite : les femmes ne sont pas sujettes d'ordinaire à ce défaut-là... Elles en ont d'autres.

— Mais, père Dauphin, objecta Marguerite, est-ce que tu ne pourrais pas nous dire simplement : Polichinelle entre au café et il lit le journal. Est-ce que Polichinelle ne pourrait pas lire le journal tout bas au lieu de le lire tout haut, ce qui nous endort?

— C'est vrai, dit Henri, Marguerite a raison.

— Vous trouvez, M. Henri? Eh bien, moi, je dis que Marguerite n'a pas raison, et voici pourquoi : Voulez-vous que je vous raconte toute l'histoire de Polichinelle ? Eh bien, si je passe quelque chose, je perdrai le fil de l'histoire, et un jour je ne me rappellerai plus la suite ; et quand vous me direz : — Père Dauphin, l'histoire de Polichinelle ? — je vous dirai : — Mes enfants, j'en suis désolé, mais il n'y en a plus, j'en ai perdu le fil, je ne sais plus où j'en suis, c'est une affaire terminée.

Et les enfants se résignèrent à ce qu'on ne passât rien de l'histoire de Polichinelle. Et tous les soirs ils s'endormaient de la même manière.

Rodolphe s'était tout à fait adonné à l'agriculture, et en quelques années les terres dépendant de la ferme qu'il s'était réservées dans son partage avec Albert, avaient doublé leur produit ; il se trouvait beaucoup plus riche qu'il ne l'avait supposé. Agathe, de son côté, avait pris un grand goût aux occupations de la campagne, et Marguerite occupait le reste de son temps d'une manière charmante. Leurs habitudes avaient été tout doucement influencées et modifiées par leurs occupations. Ils se couchaient à neuf heures et se levaient aux premiers rayons du jour ; aussi, même l'été, quand les habitants du château y revenaient, ne pouvaient-ils guère vivre avec eux, accoutumés aux longues veillées. Si bien que les deux frères, pour être certains de passer une soirée ensemble au moins une fois par semaine, convinrent de dîner à la ferme tous les samedis. D'abord Cécile y vint assez régulièrement, puis elle s'excusa quelquefois, puis elle n'y vint plus. Albert se montra à ce rendez-vous d'une exactitude complète ; l'hiver il venait de Paris tout exprès et couchait au château.

Sa maison, de plus en plus envahie par les amis de son beau-père et de sa belle-mère, ne tarda pas à lui devenir beaucoup moins agréable que celle de son frère. Il attendait le samedi avec impatience et quelquefois trouvait deux ou trois samedis dans la semaine. Il avait chez Rodolphe sa pipe et son fusil ; c'était là qu'il était véritablement chez lui. Agathe le traitait tout à fait comme s'il eut été son frère.

Agathe et Rodolphe allaient quelquefois dîner au château, où ils étaient toujours fort bien reçus par Cécile et par ses parents. Mais l'aspect de figures étrangères, des conversations auxquelles leur éloignement du monde les empêchait de prendre part, leur faisaient regretter la chaumière et l'histoire de Polichinelle que le père Dauphin avait promise pour le soir.

La tante Isabelle, pour une raison frivole, échangea un jour avec madame de Golbert quelques paroles aigres-douces. Elle vint trouver Rodolphe et lui dit :

— Rodolphe, je suis la sœur de ton père ; c'est moi qui vous ai élevés et ai sauvé votre fortune ; on n'a pas chez ton frère tous les égards qui me sont dus. J'ai décidé que je quitterai le château ; tu ne refuseras pas un asile à la sœur de ton père.

— Ma tante, dit Rodolphe, je suis convaincu que si vous n'êtes pas traitée chez Albert comme il est convenable que vous le soyez, c'est tout à fait à son insu et contre sa volonté ; vous l'offenseriez en quittant sa maison ; d'ailleurs, vous ne seriez pas bien ici : nos goûts et nos habitudes sont très-différents des vôtres. Je ne me suis jamais informé de votre

4.

fortune; si vous quittez la maison d'Albert et que vous n'ayez pas par vous-même assez pour vivre noblement, je vous ferai avec grand plaisir une pension convenable. Mais nous sommes si heureux ici, que je craindrais d'admettre même un plaisir de plus.

— Il n'est pas besoin de tant emmieller ton refus, Rodolphe; tu as toujours eu le cœur plus dur que ton frère; j'avais tort d'oublier par quels chagrins, encore enfant, tu savais reconnaître mes bienfaits.

La tante se raccommoda avec madame de Golbert et ne montra aucun ressentiment à Rodolphe de son refus; loin de là, elle était douce et caressante avec Agathe et avec Marguerite, par suite de quoi Rodolphe dit un jour :

— Si on était sage, ce serait peut-être le vrai moment de se défier de la tante.

Il arriva qu'Albert fut tout étonné un jour de découvrir que ses dépenses avaient depuis son mariage toujours dépassé son revenu, et chaque année ces dépenses s'étaient accrues et menaçaient de s'accroître encore. Il se trouva endetté; mais Rodolphe avait de l'argent; il paya les dettes, et Albert, d'après son conseil, déclara formellement: 1° que la belle saison aurait désormais huit mois; 2° que les voyages aux eaux seraient au moins suspendus, attendu qu'il avait remarqué qu'on était beaucoup plus chèrement et beaucoup plus mal dans des auberges encombrées d'étrangers, que dans un château à soi, au milieu de ses terres et au sein de sa famille.

Cécile pleura un peu, mais la faiblesse d'Albert ne céda pas pour cette fois: l'obligation où il s'était trouvé de prendre l'argent de Rodolphe lui avait donné une leçon sévère. M. et madame de Golbert offrirent de prendre leur fille chez eux pendant une partie de l'année; mais Albert répliqua que lui, étant décidé à passer désormais huit mois aux Aulnaies, ne pensait pas que sa femme pût être ailleurs. Il fallut donc se résigner; mais M. et madame de Golbert n'admirent pas cette révolution dans l'almanach, et ne vinrent, comme autrefois, passer que deux ou trois mois chez leur fille. De ce moment les deux familles se trouvèrent tout à fait en présence.

Madame Cécile Reynold des Aulnaies fit quelques visites dans le voisinage. Alors seulement Albert avoua à son frère que sa belle-mère et sa femme l'avaient tant tourmenté, qu'il avait fini par se laisser donner le nom de sa terre, et que tout doucement on avait fini par l'appeler M. des Aulnaies.

— Quoiqu'à vrai dire, répondit Rodolphe, j'aime mieux garder le nom de notre père, qui rappelle un honnête homme, que de prendre un nom qui ne rappelle que des arbres dont on a un stère pour 20 francs, je ne vois là rien de grave ; si ta femme et ta belle-mère y tenaient si fort, tu n'as pas acheté la paix trop cher. A ce prix, si la paix de la maison était en question, ce qu'à Dieu ne plaise, je me laisserais volontiers appeler chose, ou bien *Pst,* pour la reconquérir.

Les voisins rendirent la visite; mais on ne forma de relations qu'avec un d'eux, appelé M. Clodomir de Pontaris, qui passait la belle saison à une demi-lieue des Aulnaies, dans une maison qu'il louait déjà depuis plusieurs années. — M. de Pontaris était resté veuf avec une petite fille.

Un jour qu'à dîner Rodolphe avouait voir avec chagrin l'intimité de son frère avec M. de Pontaris, il ajouta :

— Peut-être est-ce par jalousie; l'amitié qui unit mon frère et moi a toute la tendresse, tout le charme de la passion : qu'y aurait-il d'étonnant qu'elle en eût aussi la violence et l'âpreté?

— M. de Pontaris, dit le père Dauphin, est un homme loyal, franc, brave et généreux.

— Et qui vous a appris cela, père Dauphin?

— Vous me demandez, mon fils, qui m'a appris que M. Clodomir de Pontaris est loyal, franc, brave et généreux; mais qui pourrait-ce être, si ce n'est lui-même? Vous savez bien que je ne connais personne qui le connaisse, et que je ne puis rien savoir sur lui que ce qu'il a eu l'obligeance de m'apprendre lui-même. C'est du reste ainsi, je crois, que le jugent votre frère Albert et sa femme, car je ne suppose pas qu'ils aient eu d'autres renseignements que le mien.

A ce moment, on mit Henri en pension. Le but secret des Golbert était sans doute de séparer l'oncle et le neveu.

— Que veux-tu! dit Albert, le père et la mère de ma femme lui ont mis cela dans la tête. J'ai résisté, j'ai lutté et puis un jour j'ai dit oui, et il n'y a plus moyen de revenir là-dessus. Je sais bien que c'est une sottise; mais ma femme se figure que je n'aime pas notre fils, que je veux en faire un paysan, etc.; et, comme dit Clodomir, il faut toujours finir par céder aux femmes. Une femme qui a une volonté ne s'en laisse pas distraire : elle consacre à son accomplissement tout ce qu'elle a de puissance. Quelque futile qu'en soit le sujet, elle ne pense plus à autre chose ; elle ne fait rien qui n'y tende. Il est bien plus simple de céder tout de suite ; on s'épargne ainsi la fatigue de la lutte, la bouderie et l'humiliation de la défaite. Je fais semblant d'être du même avis.

— Tant mieux, si cela te donne la paix et le bonheur chez toi, dit Rodolphe ; mais, cette fois, tu les paies un peu cher.

Madame des Aulnaies, car on n'appelait plus autrement Cécile Reynold, avait pu s'apercevoir, aussitôt qu'elle s'était vue condamnée à passer huit mois de l'année à la campagne, qu'Agathe y était adorée. Agathe, en effet, était tout naturellement ce que les autres veulent paraître ; elle aimait tout ce qui était faible, pauvre ou souffrant ; c'était un doux et divin instinct. Un oiseau malade, une fleur chétive, devenaient par cela seul ses favoris dans la volière ou dans le jardin. Aussi Rodolphe lui avait-il confié le département de la bienfaisance ; c'était elle qui visitait et secourait les pauvres. Cécile ne voulut pas lui laisser cet avantage ; seulement elle y mit plus de pompe et d'éclat. Elle avertit le curé du village qu'elle comptait s'occuper des indigents, et on la voyait porter elle-même un bouillon à une femme malade à une assez grande distance. Le vase dans lequel était le bouillon était tellement grossier et contrastait tellement avec le costume de Cécile, qu'il n'y avait pas moyen, si on la rencontrait ou si on la voyait passer, de ne pas lui demander où elle allait ainsi chargée. Alors elle s'arrêtait et répondait : « C'est un bouillon que je porte à une pauvre femme malade. » Puis elle récitait sur la bienfaisance deux ou trois jolies phrases qu'elle tenait toutes prêtes. Or, comme pour être rencontrée, elle prenait le plus long; comme elle s'arrêtait plusieurs fois sur la route, le bouillon arrivait froid, mais le but était atteint. Les pauvres gens, complétement dupes, se disaient entre eux : « Comme elle est bonne et pas fière ! Voyez, en robe de soie, elle porte un bouillon à la Mathurine dans un vieux pot de grès. »

Agathe, au contraire, s'occupait de ses pauvres avec tant de naturel, et était si heureuse de les soulager, qu'on ne pensait guère à lui en savoir gré. On l'aimait, mais on ne l'admirait pas. Ce que Cécile daignait faire, Agathe le faisait pour son plaisir. D'ailleurs, Agathe n'avait pas d'aussi belles robes, surtout pour aller chez les pauvres. Les gens la prenaient pour un être de leur espèce et ne lui savaient que le gré qu'on sait à un parent, à un ami qui accomplit un devoir en vous aidant. Cécile, au contraire, madame des Aulnaies, était une étrangère qui ne leur devait rien.

On parlait quelquefois à Agathe des bienfaits de Cécile. On lui disait : « Voyez comme madame des Aulnaies n'est pas fière ; elle est venue hier ici, elle m'a parlé comme vous me parlez, elle s'est assise là sur cette mauvaise chaise où vous êtes, pas fière du tout. »

Agathe eut un peu d'irritation ; elle sentait que Cécile ne faisait de bonnes choses que pour paraître bonne, et elle voyait que les gens lui savaient bien plus de gré qu'à elle-même. Elle trouva injustes ces gens qu'elle aimait, et elle laissa déborder l'amertume de son cœur dans le cœur de Rodolphe.

— Ma chère Agathe, dit Rodolphe, fermé bien vite ton cœur à ce mauvais sentiment qui est tout près de s'y introduire. Pourquoi t'occupes-tu des pauvres? Parce que tu souffres de les voir souffrir ; parce que tu dînerais mal si tu savais qu'un de nos voisins n'a pas de quoi donner à dîner à sa famille. Quel que soit le sentiment qui porte la femme d'Albert à soulager les malheureux, le résultat est toujours bon pour eux, tu dois donc t'en réjouir, et leur ingratitude apparente doit être, non pas un sujet de chagrin, mais au contraire un charmant triomphe. Ils te croient trop heureuse de soulager leurs misères, ils pensent que tu produis de bonnes actions comme un rosier produit des roses ; ils ne te savent pas plus de gré qu'un enfant ne sait gré à sa mère de ses soins, de ses veilles, de ses alarmes. Ils t'aiment; il me semble que c'est bien assez pour payer le bonheur que tu prends à leur faire du bien. D'ailleurs, essaie de ne plus en faire, et tu verras bientôt qui sera le plus attrapé des pauvres ou de toi.

Agathe embrassa son mari et lui dit :

— Tu as raison, j'ai tort et plus que tu ne le crois encore. Voilà plusieurs jours que j'ai cessé de faire la charité et que je ne fais plus que l'aumône. Je te promets de réparer ma faute.

— De plus, ajouta Rodolphe, ne te permets pas à toi-même d'interpréter défavorablement les actions de Cécile ; il importe beaucoup au bonheur de mon frère et au mien que vous viviez bien ensemble.

Lorsque Henri revint, aux vacances, il n'était pas depuis un quart d'heure au château qu'il avait traversé la rivière et qu'il embrassait Rodolphe, et Agathe, et Marguerite, et le père Dauphin. Albert était arrivé avec lui.

— Voici le savant, dit-il. Clodomir voulait l'interroger sur ses études, mais il s'est sauvé comme un lièvre.

— Cours-tu donc encore bien? demanda Rodolphe.

— Mais, oui, mon oncle.

— Tant mieux. Vois-tu, dit-il à part à Albert, j'avais peur qu'on ne le gâtât ; mais je me charge de lui pendant les vacances.

En effet, Rodolphe apprit à son neveu à nager et à monter à cheval.

— C'est toujours ça de sauvé, dit-il en le voyant, après les vacances, repartir pour sa pension.

Les deux belles-sœurs ne se cherchaient guère. Agathe vivait chez elle, entièrement occupée des soins de sa maison, et toute consacrée à sa petite Marguerite. Cécile recevait du monde et s'était formé tout doucement une société où Rodolphe et surtout Agathe et le père Dauphin n'avaient que faire. Albert lui-même n'était pas de la société de sa femme, si on en excepte M. et madame de Pontaris. Sa vraie famille, sa vraie maison, c'était la ferme, la maison de Rodolphe. Il voulut lier Rodolphe avec M. de Pontaris ; Rodolphe lui dit : Tes amis seront toujours les bienvenus chez moi, mais je n'aurai jamais d'autre ami que toi ; je n'ai rien de plus à faire de M. de Pontaris.

Un samedi qu'Albert tenait sur ses genoux sa petite filleule Marguerite, elle lui demanda si Henri allait bientôt venir.

— Dans un mois, reprit Albert, et il me charge, dans une lettre qu'il m'a écrite hier, de t'embrasser de sa part.

Rodolphe regarda son frère avec un sourire épanoui. En effet, la tendresse de ces deux enfants leur rappelait un projet qu'ils avaient caressé lorsque, sur le point de se marier, ils se laissaient aller à tous les rêves que leur donnait leur prochaine félicité.

Albert rougit et ne tarda pas à retourner au château, non pas qu'il eût changé d'idée au sujet de l'union de leurs enfants, s'il arrivait qu'ils s'aimassent plus tard, mais il se rappelait que, la veille, la tante Isabelle avait dit en parlant de la fille de M. de Pontaris, qui était sortie de pension pour quelques jours : « Sydonie de Pontaris sera jolie et parfaitement élevée ; ce serait un beau parti pour Henri dans l'avenir. » Et Cécile avait approuvé d'un sourire. Certes, Albert était bien décidé à donner Marguerite à Henri si les deux enfants s'aimaient ; il ne supposait pas un moment que ce projet, si charmant pour le cœur des deux frères, pût jamais trouver un obstacle dans la volonté de l'un des deux ; mais il prévoyait de loin un désaccord avec Cécile, de la lutte, de la guerre, et il avait peur.

Pour Rodolphe, il ne s'aperçut même pas de l'embarras de son frère.

— Je suis un peu observateur, dit le père Dauphin, et s'il y a quelque chose de touchant, c'est la joie d'Albert en pensant à la possibilité de l'union de nos deux enfants.

V

— En vérité, dit un jour M. de Pontaris à Albert, c'est un vrai Nemrod que votre frère? Vous m'avez gracieusement permis de chasser sur vos terres. J'avais aperçu quelques compagnies de perdreaux dont je pensais bien tuer ma part. Je fus quelques jours à me mettre en chasse; j'attendais un habillement convenable de Paris, je n'avais qu'une défroque de trois ans de date; mon tailleur m'envoie mon vêtement hier. Je me mets en route ce matin; le costume est bien: pantalon de daim, guêtres pareilles, habit vert, à deux rangs de boutons ciselés représentant des têtes d'animaux, casquette de velours noir. Je n'ai rien rencontré. Le garde m'a dit : « Vous venez trop tard, M. Rodolphe a tué tous les perdreaux, et il n'y aura rien à faire jusqu'au moment du passage. »

— Rodolphe est très-adroit, dit Albert en souriant, et tandis que vous attendiez vos beaux habits, il se mettait en route en blouse.

— Mais, mon neveu, dit la tante Isabelle, Rodolphe ne peut-il chasser chez lui? On prétend que les terres de la ferme, quoique peu étendues, sont plus giboyeuses que les vôtres.

— Il est très-fâcheux, ajouta Cécile, qu'il ne se trouve plus un perdreau à tirer, soit pour vous, soit pour ceux de vos amis qui veulent bien venir nous voir.

— Voulez-vous que je vous dise la vérité? dit Albert. — Je prie Clodomir de ne pas s'indigner. — Je suppose, ou qu'il ne veut pas mener son bel habit vert où Rodolphe porte sa blouse, — ou qu'il n'est pas aussi habile chasseur que mon frère, — ou que le garde, qui est un peu jaloux de l'adresse de Rodolphe... — Et d'ailleurs, il aura voulu reconnaître quelque générosité de M. de Pontaris, qui me gâte volontiers mes gens, — en donnant quelques consolations au chasseur malheureux. — Du reste, j'ai donné à Clodomir l'autorisation de chasser également sur la ferme.

— Je n'en profiterai pas sans l'autorisation spéciale de M. Rodolphe Reynold.

— Et vous aurez grand tort. Du reste, il vous adressera l'invitation quand vous voudrez, et je gage bien qu'il vous fera trouver quelques perdreaux encore, assez pour que vous soyez tout à fait humilié si vous rentrez le carnier vide. Je dispose de la ferme comme Rodolphe dispose du château.

La tante échangea un sourire avec M. de Pontaris.

Cécile traduisit ce sourire et dit :

— Est-ce pour donner une preuve du désintéressement de votre frère ?

— Oh ! dit Albert, je n'ai pas besoin d'en donner.

— Ni lui non plus, sans doute. C'est pour cela qu'il use de vos chevaux de selle comme vous pouvez user de ses chevaux de labour ou de ses bidets d'allure. Hier encore, votre alezan est rentré en sueur.

— Que dites-vous là ? dit Albert.

Il sonna un domestique et dit :

— Courez chez mon frère, et demandez si tout le monde se porte bien chez lui. Pourvu, ajouta-t-il, qu'il ne soit rien arrivé qui lui ait fait faire cette course rapide !

Pendant qu'il écrivait, la tante, Cécile et M. de Pontaris avaient continué de causer en baissant un peu la voix. La tante finit en disant : « C'est du fanatisme ! »

— Ma tante, dit Albert, vous savez au moins que cette religion-là ne cède pas à la persécution. Vous l'avez en son temps honorée de l'épreuve du martyre. Mais tenez, Clodomir n'est pas de trop, il est assez de nos amis pour savoir nos secrets de famille. D'ailleurs, si je n'en ai parlé à personne, c'est que Reynold m'avait dit de n'en rien faire.

Il y eut encore un sourire échangé entre les trois interlocuteurs ; mais, cette fois, Cécile n'eut pas le temps de traduire cette remarque sur l'obéissance d'Albert.

— Je serais, en effet, plus riche que mon frère, comme j'en ai l'air, dit Albert, que je partagerais avec lui, comme je le ferais sans scrupule s'il était plus riche que moi. Mais savez-vous comment j'ai eu vingt mille livres de rente et ce château ? La tante, qui connaît nos affaires, a dû au moins s'en douter. Rodolphe, voyant que M. de Golbert ne me donnerait pas sa fille si je n'avais que la moitié de la fortune que nous ont laissée nos parents...

— Votre père, interrompit madame de Vorlieu, car votre mère n'avait rien.

— Elle avait un bon cœur et toutes les douces vertus qui ont fait le bonheur et la consolation de notre père. Eh bien, Rodolphe, voyant que mon bonheur était attaché à la possession de ma belle Cécile, Rodolphe a fait deux parts de notre bien. Il a mis d'un côté le château et vingt mille francs de rente, et de l'autre quatre mille francs de revenu et la ferme; et il a choisi... Quand j'ai su cela, malgré mon adoration pour Cécile, j'ai voulu refuser; mais il m'a si bien prouvé qu'il serait très-heureux ainsi, et qu'il ne pouvait pas être heureux si je ne l'étais aussi, et que d'ailleurs j'en aurais fait autant à sa place, que je n'ai plus rien dit et que j'ai accepté. Vous voyez si je dois avoir quelque chose qui ne soit pas en même temps à mon frère!

De grosses larmes coulèrent sur les joues d'Albert. Il y eut un moment de silence. La tante reprit :

— Rodolphe a très-bien agi; le mariage de votre père avait singulièrement abaissé notre maison.

— Ma tante!

— Sous le rapport de la fortune, se hâta d'ajouter la tante. Votre frère n'a fait que rétablir ce qui avait lieu en France, il n'y a pas longtemps : il a rendu à l'aîné ce qui lui appartient, et l'a mis à même de soutenir le rang de notre famille. Lui-même, du reste, a raison, quand il dit qu'il est très-heureux ainsi; la fille qu'il a épousée, la famille à laquelle il a cru devoir s'allier, ne pouvaient guère se montrer exigeantes.

— On ne revient pas de chez Rodolphe, dit Albert ; j'y vais aller moi-même, et il sortit.

— Le frère de M. des Aulnaies a-t-il réellement fait cet abandon? demanda M. de Pontaris.

— Il n'en est pas moins vrai qu'Albert aurait alors trompé mes parents sur sa fortune, car ce n'est pas avoir en réalité les choses quand on reconnaît à quelqu'un, sur ces mêmes choses, des droits sans limites. — M. Rodolphe jouit de tout ici plus que nous ; vous avez vu par vous-même que la chasse est à lui et qu'il tue les chevaux.

— Albert saura bien reconnaître ce que son frère a fait pour lui, dit la tante ; ils ne négligent rien tous les deux pour jeter dans le cœur des deux enfants toutes sortes de germes de tendresse, et un jour...

— J'espère que non, dit Cécile ; Henri n'épousera jamais la petite-fille d'un écrivain public.

— Ne heurtez pas Albert de front, ma belle nièce, dit Isabelle. Il est brave en bataille rangée, et sur ce sujet, il ne céderait pas ; il faut le vaincre par des escarmouches et une guerre de partisans. Je suis ici tout à fait de votre parti ; j'espère bien que Henri réparera les sottises de deux générations et fera honneur à la famille par quelque alliance sortable. Le père avait épousé une paysanne, et Albert a été plus raisonnable ou peut-être seulement plus heureux. Rodolphe a suivi les traditions de mon pauvre frère en épousant une fille qui n'avait ni rang ni fortune et qui ne lui apportait qu'une beauté incontestable. Il est vrai, car je suis juste, que mademoiselle Dauphin est admirablement belle ; n'êtes-vous pas de mon avis, monsieur de Pontaris?

Comme la tante venait de donner ce dernier coup, Albert rentra, le visage tout épanoui.

— Il n'y a pas de mal, dit-il, tout va bien chez les paysans, et Rodolphe n'avait eu besoin de l'alezan que pour une promenade.

— Il se promène vite, dit Cécile.

— Ma chère Cécile, chacun, je pense, se promène de la façon qui lui fait le plus de plaisir.

— Sans doute, il ne s'agit pas de savoir celle qui ferait plaisir aux chevaux.

— Les chevaux sont des chevaux, ma chère femme, et comme le disait l'autre jour un garçon de charrue de mon frère : « Puisqu'ils n'ont pas étudié pour être prêtres, il faut qu'ils fassent leur métier de chevaux. » Mais ce n'est pas de cela qu'il s'agit : j'ai dit à Rodolphe que M. de Pontaris était furieux contre lui et contre le carnage qu'il a fait de nos perdreaux. Il nous attend tous demain à dîner à la ferme, et prendra à la pointe du jour M. de Pontaris et moi, lequel Pontaris fera prudemment d'aller chercher son beau costume et ses armes chez lui et de coucher ici. Nous attendrons ces dames à la ferme.

Comme l'avait prévu Albert, Rodolphe fit tuer quelques perdreaux à M. de Pontaris ; mais Albert et lui furent beaucoup plus *heureux*; c'est du moins ainsi que leur politesse expliqua le gonflement de leurs carniers. En les voyant revenir de loin, le père Dauphin dit :

— A la bonne heure, voici M. de Pontaris galamment

équipé ; voilà ce que j'appelle un chasseur. Je ne prétends pas être infaillible, mais je gage ce qu'on voudra qu'il aura battu ces deux messieurs.

Madame des Aulnaies, et madame de Vorlieu étaient arrivées une heure avant le retour des chasseurs. La tante Isabelle, qui ne faisait jamais rien que pour les autres, avait dit en partant :

— Allons, ma nièce, puisque vous le voulez, je vous accompagnerai à ce dîner villageois.

Elle s'était mise avec grand soin, *pour ne pas faire honte à sa famille.*

Cécile se sentait mal à l'aise ; la simplicité, le peu de luxe de la chaumière dont elle avait, au commencement de son mariage, tiré vanité, avaient quelque chose d'humiliant pour elle depuis la révélation d'Albert, et donnaient à Agathe un grand avantage sur elle et sur son luxe aux yeux des gens qui avaient eu leur part de cette confidence.

Rodolphe fut gai et lutta avec avantage contre l'embarras que devaient naturellement apporter à la réunion les dispositions de Cécile et de la tante.

Comme M. de Pontaris lui disait :

— Vous tirez admirablement bien, Monsieur.

— Oh ! Monsieur, dit Rodolphe, il ne faut pas attribuer à mon adresse le quelque peu de bonheur que j'ai eu de plus que vous à la chasse d'aujourd'hui. Votre costume vous a nui ; vous comprenez ; le gibier, de loin, en voyant Albert et moi, avec nos blouses bleues, nos chapeaux de paille, a dit : « Ah ! voilà deux bons paysans qui se promènent, ils ne se préoccupent que de regarder où en sont les betteraves et le colza, » et le gibier nous laissait approcher ; mais vous, du plus loin qu'une perdrix vous apercevait, elle disait à sa couvée : « Attention, mes enfants. Voyez d'ici ce chasseur : c'est un homme terrible ; chacun de ses boutons est le portrait d'un des pauvres animaux qu'il a assassinés. » Vous leur faisiez l'effet d'un de ces intrépides et sauvages chefs mohicans qui vont au combat portant à la ceinture les chevelures des ennemis tués à la guerre.

La gentille Marguerite vint embrasser sa tante Cécile et lui demanda si Henri allait bientôt arriver.

—Charmante enfant, dit madame de Vorlieu, qui craignait que Cécile n'eût pas fait assez d'attention à cette préoccupation de l'enfant ; comme tout en elle répond aux vœux de ses parents !

— La petite Marguerite sera jolie, dit la tante Isabelle, un matin, pendant le déjeuner, auquel assistait Rodolphe.

— Dites charmante, ma tante, répliqua Albert. Ce sera tout le portrait de notre mère, à laquelle Rodolphe ressemble tant.

— J'aime mieux Sydonie de Pontaris, dit Cécile ; elle a la bouche plus petite.

— Le nez plus fin, ajouta la tante.

— Oh ! interrompit Rodolphe, les femmes ne connaissent rien à la beauté des femmes. Ce n'est pas pour vous qu'elle est faite, et quand vous voulez prouver à un homme que telle femme est ou n'est pas belle, vous me faites l'effet d'un chat qui voudrait apprendre à un chardonneret à distinguer le

5.

chènevis et le meilleur millet, et qui, si le chardonneret répondait : « Le bon millet est celui que j'aime le mieux, » voudrait lui répliquer par des règles et des théories. Il y a deux sortes de beauté, celle qui se prouve et celle qui s'éprouve. Vous ne pouvez rien savoir de la seconde, et celle-là c'est la vraie.

Quand Rodolphe fut parti, Albert reprocha aux deux femmes d'avoir eu au moins la maladresse de faire un mauvais compliment à son frère.

— Mais maintenant que nous sommes seuls, dit Cécile, est-ce que vous trouvez réellement que Marguerite sera aussi jolie que Sydonie ?

— Non pas autant, mais beaucoup plus, ce qui n'empêchera pas Sydonie de trouver des gens qui la trouveront mieux que Marguerite.

— Je désire bien que Henri soit plus tard de ces gens-là.

— Et moi j'en serais désolé, parce que si Henri aimait réellement Sydonie et que Pontaris y consentît, je la lui ferais épouser.

— Et en quoi cela vous désolerait-il ?

— En cela, ma chère Cécile, que, s'il est un projet doucement caressé par Rodolphe et par moi, c'est celui de l'union de nos enfants.

— Et alors si Henri aimait Sydonie...

— Je vous l'ai dit, je ferais tout pour qu'il l'épousât.

— Et que dirait le redouté frère Rodolphe ?

— Le très-aimé frère Rodolphe s'en affligerait avec moi, et m'aiderait de tout son pouvoir à faire le mariage.

— Quelle foi aveugle dans M. Rodolphe, votre cadet !

— Dites une foi clairvoyante, au contraire, et sans vous dire dans combien de circonstances je me suis trouvé bien de ce qu'il faisait mes affaires, je vous rappellerai seulement, ma chère et belle Cécile, que sans lui je ne serais pas aujourd'hui votre heureux mari.

— Attendons, dit la tante ; c'est le doigt de Dieu qui conduit tout en ce monde.

— Heureusement ! dit Albert en s'en allant.

— Ma chère Cécile, dit madame de Vorlieu, si nous ne réussissons pas dans nos projets, ce sera parfaitement notre faute, et si je me mêle de cela, c'est pour vous, ma chère, et aussi pour notre famille, que je ne veux pas voir tourner dans ce cercle de filles de paysans et de mercenaires où mon pauvre frère est entré le premier.

— Que ferons-nous contre la maudite influence de ce Rodolphe ?

— Ici, c'est plus difficile ; j'y ai échoué moi-même une fois, mais ce n'est pas cependant impossible.

VI

Où l'auteur s'adresse à madame trois étoiles.

Un des meilleurs prétextes qui puissent venir au secours de ma paresse et se joindre au respect que je professe pour le papier blanc, c'est, sans contredit, la pensée que les lignes que j'écris doivent être imprimées au bas d'un journal.

Quand on faisait des livres, et, grâce à Dieu, c'est ainsi que j'ai presque toujours fait, c'est-à-dire quand on livrait au public des volumes où l'on était tout seul, il arrivait deux choses : Voici la première.

Parmi mes lecteurs, les uns étaient des gens inconnus qui avaient pris quelque amitié pour moi, et auxquels je me trouvais lié par une étroite sympathie. Ils lisaient mes livres comme on cause avec un ami, l'hiver, au coin du feu ; l'été, sous les ombrages frais et parfumés des chênes, ou au bord murmurant d'une rivière. Je savais que je leur plaisais, non pas seulement parce que je leur racontais, mais aussi par les idées et les sensations que j'éveillais en eux. L'auteur descend de la pensée à l'expression. Le lecteur, besogne plus pénible, doit remonter, gravir de l'expression à la pensée ; mais la route lui est plus facile et plus riante, lorsqu'il n'a qu'à remonter à une pensée qui lui appartient aussi bien qu'à l'auteur, il ne fait avec ledit auteur que parcourir des sentiers des bois connus et aimés.

Les autres prenaient un de mes livres par hasard. Si le livre leur convenait, ils se rangeaient au nombre de ces amis inconnus dont le hasard me fait de temps en temps connaître quelqu'un. Sinon, si le livre les ennuyait, ils le fermaient, et le pis qui pouvait m'arriver était qu'ils le rendissent au cabinet de lecture avec quelque appréciation injurieuse. Au fond, ils ne m'en voulaient pas sérieusement. Je ne les avais pas irrités. Au premier moment où je les avais ennuyés, ils avaient fermé le livre ; ils avaient été débarrassés de moi, et pourvu qu'ils prissent la peine de se rappeler mon nom, ils étaient sûrs de ne jamais relire une ligne de moi. Je n'insistais pas ; je ne leur disais pas un mot de plus qu'ils n'en voulaient entendre.

Ainsi, j'avais grand plaisir à écrire. Presque tous mes livres ont été écrits pour une seule personne, et quelquefois pour un ami avec lequel j'avais causé avec abandon la veille, d'autres fois pour une femme que j'avais aperçue à une fenêtre.

Il me semblait que, couché sur l'herbe, ou assis au coin d'un âtre, ou voguant sur la mer, je racontais mes histoires à un ami, un ami que je choisissais, auquel je savais que cette histoire plairait, dont l'esprit et le cœur avaient une place pour moi.

Car il y a des gens dont la présence, comme un doux soleil d'avril, fait éclore vos pensées; d'autres qui glacent et font périr vos idées en germe et les empêchent de se développer, et qui durcissent votre imagination, comme la gelée fait de la terre.

Il arrive à moi, comme à bien d'autres, d'avoir l'esprit semblable à un jardin dont le sol a quelque fécondité; mais certains regards amis y font germer les pensées, y font fleurir les violettes et les muguets, et épanouir quelques roses; tandis que les autres vous font éprouver un froid glacial qui cause la stérilité et a pour résultat une extinction d'esprit.

Quand, au contraire, un livre s'imprime dans un journal, c'est une tout autre affaire. Vous vous présentez le matin à un homme qui ne vous connaît pas, qui ne vous aime pas, auquel vous déplaisez; il s'est abonné à ce journal pour la politique ou pour le feuilleton des théâtres, ou pour tel écrivain qui lui est sympathique. — Qu'est ceci? dit-il en voyant votre nom au bas d'un feuilleton. Quel est cet intrus, cet importun? Que dit-il?

Le lendemain, une nouvelle tranche lui est présentée le matin.

— Eh quoi! c'est encore lui?

Au bout de quelques jours, il s'impatiente; s'il est d'un naturel très-doux, il ne sent contre vous les premières pointes de la haine qu'au bout de dix à douze jours. Quelques-uns vous haïssent dès le troisième feuilleton. Le quinzième jour, il croit que c'est vous qui lui en voulez. Si la chose dure un mois, il croit que vous l'insultez. Vous êtes un ennemi, une hydre à trente et quelques têtes, et il n'est un peu consolé que lorsqu'il voit paraître en tête du feuilleton quelque note humiliante pour vous émanant de la direction du journal:

« *Après* ce roman, qui sera *définitivement terminé* mardi prochain, nous donnerons telle et telle chose de monsieur tel ou tel. »

Au résumé, quand je fais un roman qui doit être publié en volume, je crois causer avec une personne bienveillante; quand il est destiné à un journal, j'éprouve les agréables sensations d'un orateur de la minorité à la chambre des députés, lorsqu'il traitait une question plus ou moins irritante, au milieu des interruptions, des cris, des chuchotements, des éternuments d'une majorité intolérante et enrhumée, qui se mouchait haineusement, ou l'accompagnait avec les couteaux de bois sur les pupitres. Son seul dédommagement, c'était de trouver, quand il descendait de la tribune, haletant, épuisé, trois ou quatre mains qui venaient presser la sienne, plus souvent pour *paraître* et se mêler à son succès, que pour témoigner une sympathie réelle à l'orateur.

C'est pourquoi, ayant vu hier dans la rue une femme très-belle et très-gracieuse que je ne connais pas, lui ayant offert la main pour franchir un ruisseau d'une largeur inusitée, ayant reçu pour paiement un charmant sourire, je déclare que c'est à elle que je raconte la suite de cette histoire, et que, sûr de son appui, je prends à l'égard du public un aplomb sans égal, déclarant gens sans goût, sans raison, ignorants et belîtres tous ceux qui n'approuveront pas mon livre, ou seront sur quoi que ce soit d'un avis quelque peu différent du mien.

Mais d'abord répondez-moi : êtes-vous bien assise, Madame ? vos petits pieds sont-ils chauds dans vos mules de velours, étroites mais trop larges, comme toute chaussure de femme? votre feu est-il brillant? les fleurs de votre jardinière exhalent-elles de suaves parfums dans votre chambre? Êtes-vous un peu fatiguée du bal d'hier! assez pour que votre corps souple soit dans une sorte de douce torpeur, et que votre esprit veuille s'amuser à son tour et sente les aiguillons de cet appétit qui assaisonne si bien les mets et qui donne, quand on est jeune, aux mûres et aux prunelles des haies, une saveur que les gens repus demandent en vain aux ananas et aux truffes? C'est à vous que je m'adresse, ma belle lectrice : écoutez à moitié ce qui suit.

VII

Suite de l'histoire de Rodolphe et d'Albert.

Rodolphe aimait tendrement Henri; il ne doutait pas un moment qu'il dût être un jour le mari de Marguerite, si les deux enfants s'aimaient, et il ne négligeait rien pour lui former le cœur et l'esprit, et compléter son éducation.

— L'éducation, disait-il, doit être faite pour la vie et non pour l'école. Et il citait volontiers ce mot si raisonnable que l'on prête à Agésilas, auquel on demandait ce qu'il fallait enseigner aux enfants : « Ce qu'ils doivent faire étant hommes. »

Il faisait tourner tous les jeux et toutes les promenades au profit de son élève. — Lui, habitant de la campagne, ne pouvait supporter que, sous prétexte qu'elles sont dites en vers élégants, on remplisse la tête des enfants d'idées fausses et absurdes sur l'histoire naturelle, en ne les avertissant pas que les *Géorgiques*, par exemple, fourmillent d'erreurs grossières; c'est que souvent les maîtres n'en savent pas plus long. Il y a des sots bien vêtus et des sottises bien habillées, disait-il, mais ce sont toujours néanmoins des sottises et des sots. Il corrigeait donc Virgile par Réamur.

Henri et Marguerite avaient chacun un jardin. Marguerite avait en outre une volière et faisait des cadres de papillons; ls apprirent ainsi tous deux la botanique, l'histoire des oiseaux et des insectes.

Il était difficile de raconter des histoires après celle de Polichinelle; mais cependant le soir, l'hiver au coin du feu, l'été à l'ombre, Rodolphe disait à Henri :

— Belles merveilles que tous ces contes de fées! La nature est pleine de bien plus grands miracles. Tu marches sur des prodiges. Tu as admiré le conte de fées où un prince, le prince Charmant, je crois, apporte à la princesse je ne sais qui une noix dans laquelle est une noisette, dans cette noisette une graine de chènevis, dans cette graine de chènevis une pièce de toile de cent aunes. Tu trouves peut-être cela étonnant?

— Cher oncle, disait Henri, je crois qu'il faut qu'une toile soit terriblement fine pour que cent aunes tiennent dans un grain de chènevis.

— Tu vas voir que ce n'est rien du tout. Prends ce grain de chènevis, et ouvre-le.

— C'est fait.

— Que vois-tu dedans?

— Rien.

— C'est la faute de tes yeux. Il y a dedans d'abord des pieds de chanvre de quoi faire une forêt.

— Oh!

— Ensuite d'autres grains de chènevis de quoi nourrir deux millions de chardonnerets et de bouvreuils.

— Oh! oh!

— Et mille aunes de toile.

— Ah! mon oncle!

— Tu crois que je me moque de toi. Pas le moins du monde. Tu ne peux ni voir ni faire sortir tout ce que je t'annonce, mais je vais tout à l'heure t'en donner le moyen en te prouvant que je suis bien modéré dans l'énumération de ce que contient ce grain de chènevis. Mais accorde-moi un instant que ce que je te dis est vrai, je m'engage à te le prouver, et alors tu m'avoueras que ton prince Charmant, avec ses cent aunes de toile, est un plaisant coquin, et son grain de chènevis un pauvre grain de chènevis à peu près creux et vide en proportion de celui-ci.

— Comment me ferez-vous voir cela, mon oncle?

— Rien de plus facile : mets ce grain de chènevis en terre, il lèvera un pied de chanvre; ce pied aura plusieurs milliers de graines qui, à leur tour, produiront plusieurs milliers de plantes; alors, à mesure, on en fera de la toile, des cordages, de l'huile, et même une liqueur enivrante appelée hatchich. Tout cela est cependant contenu dans cette petite graine, et tout en sort successivement comme la noisette sort de la noix, comme le chènevis sort de la noisette, etc.

Et quand je te dis mille aunes de toile, c'est pour ne pas t'épouvanter, car il en sortira toujours jusqu'à la fin monde, ainsi que des graines, et de l'huile, et des cordages. Voilà pourquoi je fais peu de cas du prince Charmant. Et sa princesse métamorphosée en chatte, est-ce donc aussi quelque chose de bien merveilleux ? Vois cette chenille qui rampe : ce sera au printemps un riche papillon qui daignera à peine se poser sur les fleurs de la luzerne.

Jette les yeux dans cette mare. Vois ces petits insectes qui ont un peu la forme du dauphin. Il fait du soleil, tu n'as qu'à attendre un peu. En voici un qui monte à la surface de l'eau, sa peau se déchire, il en sort un animal ailé, un *cousin*; il développe ses ailes, son ancienne peau lui sert de nacelle ; quand ses ailes sont bien déplissées, il s'envole. Et cette sorte de punaise grise qui sort de la vase et vient s'attacher à une pierre de la rive. Regarde aussi : voici sa vilaine peau grise qui se déchire ; il en sort une libellule, une demoiselle ; son corselet est d'émeraude, et ses ailes d'un tissu auprès duquel les plus fines dentelles paraissent de la toile à torchons. Viens donc après cela me raconter l'histoire de *Peau d'âne !* Il y a mille libellules qui viennent en ce moment étinceler et rendre au soleil ses rayons colorés et enrichis.

VIII

Les jours de congé, Henri et Marguerite s'occupaient avec ardeur de leur jardin. Henri avait le privilége des travaux fatigants : c'était lui qui bêchait, qui arrosait. Marguerite savait greffer. Tous deux s'amusaient autour de la maison, quelquefois plus loin, à découvrir quelque pied vigoureux d'églantier sauvage; ils greffaient dessus leurs plus belles espèces de roses; et se réjouissaient en pensant à la surprise du voyageur qui verrait ces buissons épineux si richement parés.

Ils ne consacraient pas seulement leurs soins aux fleurs, ils avaient des arbres à fruits et cultivaient des légumes. Quelle joie, lorsque, dans son jardin, Marguerite trouvait de quoi faire un petit plat des premiers pois, surtout si, grâce à ses soins plus assidus, il n'y en avait pas encore de mûrs dans le jardin de Henri ! Elle les cueillait, les écossait elle-même, et au premier jeudi ou au premier dimanche, avec quel orgueil elle disait à Henri en dînant :

— C'est un plat de pois de mon jardin !

Rodolphe disait quelquefois : « Je n'en veux aux Grecs et aux Latins qu'à cause de l'abus qu'on en fait et de l'exclusion que, pour eux, on donne aux connaissances plus utiles ; certains professeurs me semblent des jardiniers maniaques qui, chargés de cultiver l'esprit des enfants, n'y veulent semer que des fleurs, refusent d'y planter des fruits et des légumes, et encore, parmi les fleurs, n'admettent aucune de ces plantes du pays vigoureuses et splendides, mais consacrent tout le terrain à certaines plantes étrangères, ne soignent, n'arrosent qu'elles, et considèrent les autres comme de l'ivraie et du chiendent qu'ils arrachent sans relâche.

« Je lis les anciens, ajoutait Rodolphe, et j'en tire de bonnes choses, comme on choisit un bouquet parfumé dans une prairie couverte de foin.

» Ainsi, par exemple, Sénèque donne pour l'éducation des jeunes gens un admirable conseil, et je le donne aussi à Henri. »

En effet, il lui faisait raconter l'histoire des héros et des grands hommes des temps anciens et modernes, et lui disait :

— Quel est celui de tous ces hommes célèbres que tu aimes le mieux ?

Henri avait choisi Achille.

— Eh bien, il faut le prendre pour modèle et pour ami, il

faut lui ressembler. Quand tu es embarrassé, demande-toi : « Que ferait à ma place Achille? S'est-il trouvé dans une circonstance analogue à celle où je me trouve? Comment a-t-il agi? » Si tu ne vois rien de pareil dans ce que tu sais de lui, avec un peu d'application et d'intelligence, connaissant son caractère et ses autres actions, tu dois arriver à deviner ce qu'il aurait fait à ta place.

Bien des gens auraient ri sans doute, s'ils avaient entendu quelquefois l'oncle et le neveu s'entretenir sérieusement dans cette donnée.

— Voilà ce qu'aurait fait Achille, disait Rodolphe; tu te conduis comme Thersite.

Marguerite avait, sur le même sujet, un sentiment plus tendre et plus pieux. Son modèle était sa mère, et on ne saurait croire combien ce culte avait été profitable à Agathe d'abord, avant de l'être à sa fille.

Combien l'idée d'être un exemple incessant pour sa fille lui donnait pour elle-même de sévérité! Combien elle avait développé les germes féconds et les douces vertus qu'elle avait dans le cœur!

Henri, né intelligent, était bien vite devenu un enfant des plus intéressants; c'était avec fanatisme qu'il voulait ressembler à Achille. Cela avait servi merveilleusement vite à faire disparaître toutes les terreurs que cause d'ordinaire la nuit aux enfants, et il vint un jour où Rodolphe fut obligé de relire toute l'*Iliade* pour réunir les divers actes de prudence que pouvait avoir faits Achille, afin de mettre un frein à la témérité de Henri.

— Ta mère n'a pas eu occasion de te tremper dans le Styx,

il faut y suppléer par l'exercice, en t'endurcissant progressivement toi-même; seulement, ne te permets pas trop de talon ; chacun a son point vulnérable comme le talon d'Achille, et ce n'est pas seulement physiquement.

A la moindre faiblesse, à la moindre faute un peu grave dans laquelle Henri retombait, Rodolphe n'avait qu'à lui dire : « Ah! je vois ton talon ! » Et Henri devenait rouge, honteux, et se promettait à lui-même de s'observer avec sévérité.

IX

Agathe arriva un jour chez Cécile avec le père Dauphin : la tante Isabelle était auprès de Cécile. A peine eut-on échangé quelques mots, que Clodomir Pontaris entra. Cécile lui fit une petite guerre charmante sur ce qu'on ne l'avait pas vu la veille; puis on parla de quelques personnes et de quelques salons, du théâtre, de l'Opéra, des Italiens, des acteurs; dialogue entièrement à l'usage de Clodomir, de la tante et de Cécile, mais qui, pour Dauphin et pour Agathe, était aussi inintelligible que s'il avait été tenu dans une langue étrangère. Tous deux avaient peine à dissimuler de larges bâillements, et s'avouaient des yeux qu'ils voudraient bien être rentrés à la ferme. Agathe essaya deux ou trois fois de prendre part à la conversation, en la ramenant sur des points communs : elle demanda des nouvelles d'Albert et de Henri. Cécile lui répondait brièvement et reprenait sa course à travers les nouvelles d'un monde auquel Agathe était tout à fait étrangère. Clodomir se leva après avoir promis de venir dîner le soir ; il avait plusieurs fois jeté les yeux à la dérobée sur Agathe, et Cécile s'était mordu les lèvres. Aussi, quand il fut parti, quand elle ne se trouva plus qu'avec le père Dauphin et Agathe, qu'elle considérait comme ses ennemis, et la tante Isabelle, qu'elle avait de fortes raisons de croire son alliée, elle pensa qu'il ne serait pas inopportun de froisser un peu la femme de Rodolphe.

— « J'ai appris une singulière chose, dit-elle, et je ne vous cache pas, ma chère belle-sœur, que je ne suis pas sûre d'avoir tout à fait pardonné à mon mari. Eh quoi ! me tromper en nous mariant ! tromper ma famille !

» Je croyais, nous croyions tous à la réalité de la fortune qu'il annonçait. Nous ne savions pas que son frère lui abandonnait une partie de son patrimoine pour rendre notre mariage possible. Il est vrai que Rodolphe ne faisait là qu'un acte raisonnable, et qu'il rétablissait le droit de l'aîné que de sots législateurs ont aboli.

» Belle idée, en effet, que de ruiner toutes les grandes familles en trois générations par ce partage égal entre les enfants ! N'était-il pas facile de prévoir qu'au bout de trois générations, les fortunes seraient détruites, et que les rejetons des races les plus illustres devraient s'aller honteusement mettre à la file derrière les marchands, les industriels et peut-être les ouvriers !

» J'avoue que votre mari a agi avec une sorte de grandeur, mais cependant ce n'est pas tout à fait du désintéressement que de sacrifier quelques avantages d'argent à celui plus noble de voir l'aîné de sa famille en état de tenir son rang dans le monde ; c'est au contraire un intérêt bien entendu qui fait rejaillir sur le nom un éclat que la division perpétuelle de la fortune et la pauvreté qui en est la suite n'auraient pas tardé à ternir et à éteindre. »

Agathe regarda le père Dauphin ; le père Dauphin regarda Agathe ; ils ne comprenaient ni l'un ni l'autre pas un seul mot au discours ampoulé de Cécile.

Cécile continua :

— Certes, j'apprécie tout ce qu'il y a de haute raison dans ce qu'a fait Rodolphe, tout en laissant au vulgaire le soin d'admirer ce qu'il prendrait facilement pour une généreuse abnégation. J'irai même plus loin : je dirai que Rodolphe a si peu cru être généreux, qu'il n'a pas mis dans ses façons d'agir toute la délicatesse que n'aurait pas manqué d'y apporter un homme qui, se considérant comme une sorte de bienfaiteur, aurait voulu conserver tout l'honneur du bienfait. Ainsi, loin de se renfermer dans la portion d'héritage qu'il s'est réservée, portion qui dépasse encore de beaucoup ce que les anciennes lois accordaient à un cadet de famille; dans la vie ordinaire, il use de ce qui appartient à son frère comme s'il n'y avait pas eu de partage. Albert en est enchanté, je suis loin de le désapprouver ; mais il n'en est pas moins bon de constater qu'Albert n'est pas en réalité l'obligé de son frère; qu'il n'est guère que titulaire de la fortune en question. En effet, Rodolphe, autant et plus qu'Albert, chasse sur les terres du château comme sur celles de la ferme ; il se sert des chevaux d'Albert et les fatigue plus que lui.

— Mais, ma chère sœur, dit enfin Agathe, qui profita d'un moment où Cécile était forcée de reprendre haleine, de quoi voulez-vous me parler ?

— Je veux être franche avec vous, ma chère madame Rodolphe, reprit Cécile. J'ai cru voir que, à votre insu, sans doute, vous vous exageriez votre position vis-à-vis de nous.

— Mais quelle position ? dit Agathe.

— J'ai voulu ramener les choses aux proportions de la vérité.

— Ma chère Cécile, il y a quelque quiproquo; j'ai prêté l'oreille avec la plus grande attention depuis que vous parlez, et je suis forcée d'avouer que je n'ai pas compris un seul mot.

— Allons donc, ma nièce! dit Isabelle, il s'agit des huit mille livres de rente.

— Quelle rente ?

Quelques questions et quelques réponses s'échangèrent encore, et il fallut à la fin que Cécile et Isabelle restassent persuadées d'une chose : c'est que Rodolphe n'avait jamais parlé ni à sa femme ni au père Dauphin de ce qu'il avait fait pour son frère, et qu'Agathe, que Cécile accusait de se targuer de la générosité de Rodolphe, n'en savait pas le premier mot.

Elle se retira même sans bien comprendre ; mais quand elle raconta à son mari les discours de Cécile, il lui expliqua ce qui s'était passé. Elle embrassa tendrement Rodolphe et lui dit :

— Oh ! mon ami ! combien je suis fière et heureuse d'être ta femme !

— Cette pauvre femme, disait à Cécile, de son côté, la tante Isabelle, il ne lui dit rien de rien.

— Je ne me prétends pas plus fin qu'un autre, se disait à part lui le père Dauphin ; mais j'ai bien compris que cette mijaurée voulait reprocher à Agathe de ne pas avoir apporté de dot à son mari. Il n'en est pas moins prodigieux d'assembler les vingt-quatre lettres de l'alphabet en tant de façons pour ne dire à peu près rien.

— Tu ne m'en veux donc pas, dit Rodolphe à Agathe, de ne pas t'avoir faite aussi riche que Cécile ?

— Ne m'as-tu pas faite plus riche que je n'avais jamais osé l'espérer, même en rêve ; si heureuse que je crains parfois de l'être trop ?

Rodolphe ne crut pas devoir prendre en considération l'opinion de sa belle-sœur sur la façon dont il en usait relativement à la chasse et aux chevaux d'Albert.

X

Un matin Henri vint trouver son oncle, il était triste et préoccupé.

— Mon cher Henri, dit Rodolphe, est-ce parce que tu es en philosophie que tu te crois obligé à arborer cet air profondément triste et comiquement austère? Je ne me rappelle pas bien, pour n'y avoir guère fait attention en ce temps-là, ce que c'est que la philosophie qu'on t'enseigne au collége; mais tiens-toi pour averti d'une chose : la véritable philosophie, la véritable sagesse, comme la véritable vertu, n'ont aucune raison d'être sombres; au contraire, elles ont un air riant et heureux, elles répandent sur la vie toutes sortes de douceurs et en diaprent les chemins de fleurs parfumées. Ces grands airs désespérés, ces figures patibulaires, ces fronts ridés conviennent à ceux qui recherchent quel était le vrai nom de la femme du treizième Pharaon, ou qui traduisent en latin qu'on ne parle plus, du sanscrit qui ne s'est jamais parlé.

— Ce n'est pas en qualité de philosophe, mon cher oncle, c'est en qualité d'homme affligé que j'ai l'air que vous remarquez.

— Affligé ! et de quoi? Tu n'as pas encore retourné le premier feuillet, et à te voir on dirait que tu as lu tout le livre, et que tu sais tout. Voyons, que t'a-t-on fait? Hector aurait-il tué Patrocle? car à ta tristesse il se mêle un feu sombre, indice de sentiments quelque peu belliqueux.

— Ne plaisantez pas, mon cher oncle Rodolphe; je suis venu auprès de vous chercher je ne sais quoi : de la consolation, des conseils, de l'appui, que sais-je enfin? Je souffre, je suis venu à vous.

A l'accent avec lequel Henri prononça ces paroles, aux larmes retenues qui brillèrent dans ses yeux, Rodolphe vit qu'il s'agissait de quelque chose de sérieux. Il embrassa Henri et lui dit :

— Viens nous promener, personne ne nous interrompra et nous causerons. Prenons nos fusils.

Quand ils furent dans la campagne, sur la lisière d'un bois, Rodolphe avisa un tronc d'arbre renversé, fit signe à Henri de s'y asseoir et s'y assit lui-même.

— Voyons, dit-il, maintenant, mon cher Henri, parle-moi sans crainte; nous sommes bien seuls, et mon cœur est ouvert autant que mes oreilles.

— Avant tout, mon cher oncle, il faut que je vous supplie de vous contenter de ce que je vous dirai, et de ne me faire aucune question. Il s'agit d'un secret terrible et qui doit mourir dans mon sein. Mon oncle, ma résolution est fixe, inébranlable, je veux me battre !

— Diable ! fit Rodolphe ; et quel est le Troyen imprudent qui a excité la colère d'Achille ?

— C'est, dit Henri un peu embarrassé, mais lançant autour de lui des regards pleins d'un feu sombre, c'est M. Clodomir de Pontaris qu'il faut que je tue, ou qui me tuera.

Rodolphe cessa de plaisanter ; il sentit un frisson lui passer dans les cheveux.

— Allons, mon pauvre enfant, dit-il, à ton âge on s'exagère volontiers certaines offenses. J'ai eu dix-huit ans aussi, et je croyais que me marcher sur le pied dans une foule était une injure qui ne pouvait « se laver que dans le sang. » Que t'a fait M. de Pontaris ?

— Je ne le lui dirais pas à lui-même, mon oncle ; mais je veux me battre avec lui, et je viens vous demander comment il faut s'y prendre pour lui transmettre une provocation, et quels sont les usages de ces sortes d'affaires, car je vous avouerai que je ne me suis jamais battu.

— Je l'espère bien ! C'est bien assez déjà de m'avouer que tu veux te battre. Mais si tu ne dis pas à M. de Pontaris pourquoi tu veux te battre avec lui, il ne se battra pas. Il aura encore dans ton âge une très-excellente raison de refuser. Ensuite, il te faut des témoins, et tu n'en trouveras pas qui ne veuillent savoir préalablement quelle est la nature et la gravité de l'offense que t'a faite M. Clodomir de Pontaris. Moi-même, mon cher Henri, mon fils, je considérerais comme un malheur que tu fusses obligé de te battre, si toutefois, pardonne l'irrévérence, on est obligé de se battre à dix-huit ans. Mais, crois-moi : si par impossible il se présentait un cas où tu dusses le faire, tu n'aurais pas d'autre témoin que moi; je saurais vaincre le chagrin et l'inquiétude que me donnerait cette cruelle nécessité. Mais aussi mets-moi à même de t'éclairer et d'apprécier quelle est l'offense que tu crois avoir reçue. Ne t'irrite pas contre moi; tu n'es pas encore assez homme pour ne pas te fâcher qu'on te prenne pour un enfant, mais je suis presque sûr que tu te trompes. Je ne blâme pas ta susceptibilité; il y a deux ou trois choses dont il faut avoir trop à ton âge, sous peine de n'en pas avoir assez au mien.

— Je vous jure, mon oncle, que je n'exagère rien, et que j'ai passé toute la nuit à pleurer de rage et de désespoir. Mais, tenez, mon oncle, je ne veux, je ne dois rien avoir de caché pour vous; sachez seulement que c'est pour ma mère que je veux me battre, pour ma mère que j'aimais tant, que j'aime tant encore.

— Eh quoi! mon cher Henri, M. de Pontaris aurait-il manqué au respect qu'il doit à ta mère?

— Ce n'est pas cela, ce n'est pas cela, mon cher oncle. Mon Dieu! comment vous dire? Si vous saviez à quel triste étonnement, à quelle fureur je suis en proie depuis hier! Ma mère! ma mère! que je respectais comme la plus sainte des femmes!... ma mère!...

Il se leva, se cacha le visage dans le sein de son oncle, et lui dit d'une voix étouffée et à peine intelligible :

— Un lâche, un fourbe l'a fait manquer à ses devoirs. Ma

mère est criminelle, elle trahit mon père ; et ce scélérat, celui qui l'a fait tomber dans l'abîme, c'est M. Clodomir de Pontaris, que mon père croit son ami, qu'il a accueilli comme un frère, auquel peut-être il a donné dans ses affections un peu de la place qui vous appartient !

— Calme-toi, mon enfant, mon cher Henri ; calme-toi. Ce serait affreux ! Mais, heureusement, c'est complétement faux. Tu te trompes, je le sais.

— Hélas ! mon oncle, hier je l'ai vu ; il était aux genoux de ma mère, et elle avait une main passée dans ses cheveux...

— Il la remerciait, et je sais pourquoi. Il s'agit d'amour, en effet, M. de Pontaris, veuf depuis longtemps, est fort amoureux d'une femme de notre connaissance ; il doit l'épouser. Par un quiproquo, ce mariage a failli être manqué, et ta mère a tout arrangé.

— Oh ! mon oncle ! mon cher oncle !... est-il vrai ?... ma mère serait innocente !

— Parfaitement innocente, mon cher Henri, et je le savais par elle-même, qui me le disait en riant hier soir. « Ce pauvre Pontaris, disait-elle, il m'a attendrie en même temps qu'il me donnait envie de rire. Il était si heureux de la nouvelle que je lui ai donnée, qu'il s'est jeté à mes genoux. Il n'aurait pas mieux fait vis-à-vis de la dame de ses pensées. »

— Cependant... mais non ; vous avez raison, mon cher oncle ; je me le disais aussi : « C'est impossible, ma mère ne commettrait pas un semblable crime. Mon père est si bon pour elle ! » Mais alors que suis-je, moi, d'avoir osé la soupçonner ? De quel front l'aborderai-je, ce matin, moi dont l'imagination a osé la flétrir !

— Console-toi, mon cher Henri, les apparences ont pu tromper un jeune homme inexpérimenté, et ton désespoir, ainsi que tes ardeurs de vengeance, n'ont rien que d'honorable. Mais cache-le bien à ta mère, cache bien à tout le monde la fausse impression que tu as reçue; ta mère pourrait justement s'offenser de tes soupçons.

— Vous avez vu combien j'ai eu de peine à me décider à vous en parler à vous-même. Mais tenez, mon oncle, j'aime mieux ne pas la voir aujourd'hui. Je ne sais si je pourrais m'empêcher de lui demander pardon à deux genoux. Je devais retourner à Paris après déjeuner. Je vais déjeuner chez vous et partir sans rien dire. Je ne reviens que dans un mois; l'impression sera passée. Vous voudrez bien donner des ordres au château pour qu'on m'envoie mes malles.

— Oui, tu as raison, pars. Rentrons, viens déjeuner.

Ils reprirent le chemin de la ferme.

— Qu'avez-vous donc, mon oncle? dit Henri. Que vous paraissez sombre et soucieux!

— Rien... Je calcule l'heure pour que tu ne manques pas la voiture, et je cherchais aussi si je n'avais pas quelque commission à te donner. Il faut que je l'aie oublié; mais cela me reviendra pendant le déjeuner.

Un quart d'heure après on était à table. Le pauvre Henri était débarrassé d'un terrible poids. Aussi était-il d'une gaîté folle qu'il communiqua en partie en Marguerite, et qui fit dire à Agathe :

— Voyez, le méchant garçon, comme il est heureux de nous quitter!

Pour Rodolphe, il ne mangeait pas et répondait à peine à

ce qu'on lui disait. Henri en fit deux fois l'observation. Mais son oncle lui dit, comme sortant d'une rêverie :

— Ah! j'y suis; je ne retrouvais pas les commissions que je voulais te donner. Je me les rappelle maintenant. Tu sais comme ça préoccupe d'avoir quelque chose sur les lèvres et de ne pouvoir le retrouver. Prends bien note de ce que je vais te dire, et tu m'enverras le tout le plus tôt possible.

Et Rodolphe dicta à son neveu une liste bizarre d'objets inutiles que celui-ci devait lui acheter aussitôt son arrivée à Paris.

La liste terminée, il était l'heure de partir pour la ville. Henri embrassa son oncle, sa tante et sa cousine Marguerite, et partit.

Aussitôt après son départ, Rodolphe monta s'enfermer dans sa chambre, pendant qu'Agathe et Marguerite s'occupaient dans la maison de leurs soins ordinaires, et là, se voyant bien seul, il donna un libre cours à son chagrin.

— Mon frère, mon pauvre frère! s'écria-t-il, faut-il donc voir se confirmer ainsi ces affreux soupçons que j'avais déjà repoussés plusieurs fois! Plus de doute, Cécile le trahit! Cécile, qu'il aime avec tant de dévouement et de passion! Comment ne m'en étais-je pas aperçu? Il fallait tromper ce généreux jeune homme, il fallait qu'il ne méprisât pas cette malheureuse femme. Pontaris à genoux! elle une main dans ses cheveux! Et ce traître qui a su capter l'amitié de mon frère! Pauvre Albert! Pourvu que je puisse le lui cacher toujours! Il en mourrait! Cependant il faut faire cesser cette horrible intrigue. Si j'ai détourné la vengeance de ton fils, mon frère chéri, ce n'est pas pour épargner les criminels, c'est pour épargner à ton fils comme à toi une immense douleur. Et puis, je veux ensevelir dans l'oubli la faute de cette malheureuse, car Albert l'aime. Il l'aimerait peut-être encore, il lui pardonnerait et mourrait de désespoir. Mais le Pontaris paiera pour tous deux. J'ai détourné de son infâme cœur l'épée généreuse et inexpérimentée d'un enfant, mais c'est que je me réservais de le punir moi-même ! Comment faire ? Il faut avant tout cependant éviter l'éclat ; il faut que rien n'arrive aux oreilles d'Albert, dût ma vengeance être trompée !

Et Rodolphe passa le reste du jour sans sortir de sa chambre, s'asseyant, se relevant, marchant avec précipitation, adoptant et rejetant cent projets différents et ne pouvant s'arrêter à aucun.

Enfin, il prit le parti d'aller trouver Cécile et de lui demander un entretien particulier.

Rodolphe se rendit auprès de sa belle-sœur.

— Ma chère Cécile, lui dit-il, je ne sais si depuis votre mariage avec mon frère, les germes d'amitié qui auparavant semblaient tombés dans nos cœurs comme dans des terrains féconds se sont beaucoup développés ; peut-être n'avons-nous pas pris l'habitude d'échanger beaucoup tous les jours de monnaie d'amitié, mais dans les cas sérieux, j'ai de grosses pièces à votre service ; je puis ne pas vous entourer de soins quotidiens, mais le jour où elle aurait besoin de moi, la femme de mon frère et la mère d'Henri a droit à toute ma force et même à ma vie.

— Malgré le soin que vous prenez de m'avertir que ce

7

que vous feriez ne serait nullement pour moi, mon cher beau-frère, je n'en dois pas moins vous remercier de cette manifestation de dévouement. Peut-être vous pourrais-je dire que dans le commerce de la vie, il est plus agréable de rencontrer ces soins affectueux de chaque jour dont vous parlez peut-être avec un peu de dédain, que de compter toujours sur un gros dévouement des dimanches dont on espère n'avoir jamais l'occasion de faire l'épreuve. Permettez-moi, mon cher beau-frère, d'emprunter ici une comparaison aux termes du ménage : « On ne va pas au marché avec des lingots, mais avec de la monnaie. »

— Ma chère Cécile, ce n'est pas en ce moment l'occasion de récriminer, de vous dire que je suis parfaitement de votre avis et que ce n'est pas ma faute si je ne vous apporte pas mes grosses pièces à changer, ce qui aurait mis entre nous de la monnaie en circulation. Peut-être, si cela vous plaît, chercherons-nous ensemble, un de ces jours, comment se sont établies nos relations actuelles, lesquelles promettaient d'être toutes différentes ; mais ce que j'ai à vous dire aujourd'hui, c'est que vous vous trompez en pensant que vous n'avez pas besoin d'un bon gros dévouement. Je viens, au contraire, vous donner une sérieuse preuve d'amitié ; je viens risquer de vous donner des conseils dans l'intérêt du bonheur d'Albert, du vôtre.

— Des conseils? dit Cécile avec une moue dédaigneuse.

— Je sais que c'est aussi facile à donner que difficile à recevoir : aussi ne vous les ai-je pas prodigués jusqu'ici, en grande partie parce que, sauf ce qui nous a éloignés les uns des autres et a séparé en deux familles des gens qui auraient dû n'en faire qu'une, vous ne m'avez pas paru en avoir besoin. Mais aujourd'hui, il s'agit de vous apprendre quelque chose dont vous ne vous êtes pas aperçue, et que votre bon esprit saura prévenir ou réparer aussitôt que vous serez avertie. M. Clodomir de Pontaris, ajouta-t-il tout d'un coup en regardant Cécile, est amoureux de vous et vous fait la cour. L'attention publique s'en préoccupe, des interprétations fâcheuses pour vous, pour Albert, se feront bientôt, se font déjà sans doute ; il faut les arrêter court.

— Mon cher beau-frère, dit Cécile après être restée quelques instants interdite, vous m'avez regardée attentivement en disant ces mots pour voir si je rougirais. Je dois être fort rouge, en effet, mais cela ne vous apprendra pas grand'chose, si ce n'est qu'on rougit de colère aussi bien que de confusion ou de honte. Je méprise parfaitement les sots propos qu'on pourra faire. M. de Pontaris est l'ami le plus intime de mon mari ; c'est lui qui me l'a présenté. J'ignore s'il est amoureux de moi ; mais tant qu'il ne m'en fera point part, je n'ai nullement à m'en préoccuper. Je vous remercie donc de nouveau de vos offres de service, et vous répète que je n'en ai pas besoin pour la situation actuelle, ni même pour toute autre qui pourrait dériver de celle-ci, attendu que mes principes et mon éducation m'ont suffisamment munie contre les dangers auxquels est ordinairement exposée une jeune femme.

— Ma sœur, ma sœur, dit Rodolphe avec tristesse, je m'attendais à plus de confiance de votre part. Je vais donc parler avec moins de ménagements. Hier, on a vu M. de

Pontaris à vos genoux, et vous lui passiez une main dans les cheveux.

Cette fois Cécile pâlit visiblement, et essaya de prononcer quelques mots qui restèrent confus sur ses lèvres.

— Je vous répète qu'on vous a vue, ma sœur. J'aurais voulu vous rappeler cette circonstance sans en parler ; vous ne l'avez pas voulu.

— Hé ! que m'importe ! s'écria Cécile qui avait fini par se remettre un peu de son trouble. Il est très-vrai, pourquoi le nierais-je? que dans un élan de reconnaissance, exagéré peut-être... mais auquel sa franche et loyale nature n'a pu résister... et que motivait l'importance du service que je lui avais rendu... M. de Pontaris m'en a remercié avec effusion. Dois-je m'inquiéter de la fausse interprétation que la calomnie a pu donner à une action si simple, et que, de son côté, la malveillance paraît accueillir avec tant d'empressement !

— C'est précisément le mensonge que j'ai fait à votre fils, car je vais tout vous dire : c'est Henri qui, pâle, atterré, est venu cacher ce fatal secret dans mon cœur ; c'est lui qui a vu M. de Pontaris à vos genoux, tandis que vos doigts étaient dans ses cheveux ; c'est Henri qui, désespéré de voir coupable cette mère qu'il aime, voulait se battre avec M. de Pontaris.

— Henri ne quitte pas votre maison, où l'on ne m'aime guère et où on le prépare à mal juger sa mère.

— Si vous ne m'aviez pas interrompu, vous n'auriez pas risqué cette insulte inutile. J'ai fait croire à Henri précisément le mensonge que vous m'avez fait tout à l'heure. Il est parti consolé, mais il reviendra, mais ses regards interrogeront ; il faut qu'il ne retrouve plus M. Clodomir de Pontaris dans l'intimité où on le voit dans votre maison. Est-ce votre avis ?

— A ce sujet, je ne peux, je ne veux rien vous dire de plus que ce que je vous ai dit tout à l'heure ; je ne me veux pas préoccuper d'une ridicule hallucination d'un enfant. Mon mari est l'ami de M. de Pontaris, c'est lui qui l'a établi dans sa maison sur le pied qui lui a paru convenable ; je ne dois compte qu'à lui tout au plus des sots bruits qu'il peut convenir à la haine ou à la jalousie de propager ; et, puisque nous en sommes à parler franchement, mon cher beau-frère, je vous prie désormais de réserver pour votre maison cette prodigieuse sollicitude ; pour moi, j'ai assez d'un maître, et vous m'obligerez d'attendre à l'avenir, pour me donner des conseils, que je juge à propos de vous les demander.

— Ma chère Cécile, vous me connaissez mal. Ce ton hautain ne m'intimide pas, et vous avez tort de prendre en mauvaise part une démarche que je fais autant dans votre intérêt que dans celui de mon frère. Vous savez combien j'aime Albert ?

— Oui, et vous voyez avec mauvaise humeur l'amitié intime qu'il a formée avec M. de Pontaris.

— Oui, je vois avec mauvaise humeur, avec douleur, avec indignation, la précieuse amitié qu'il donne en échange d'une noire trahison, et je suis décidé à ne pas le laisser en proie à ce lâche complot.

— Allez donc lui mettre dans la tête vos ridicules soupçons ; je vous déclare que s'il m'en dit un mot, je m'en sentirai tellement offensée, que vous aurez fait entre lui et moi une séparation éternelle.

— Non, tel n'est pas mon projet, parce que je veux croire que vous n'avez pas encore consommé son déshonneur.

— Monsieur!...

— Oh! vous m'écouterez, Madame. Si je le croyais, je lui dirais devant vous : « Frère, cette femme est une infâme ; elle a trahi ton amour et déshonoré ton nom. Chasse-la de la maison de notre père. »

Mais je veux croire que vous n'êtes que sur une pente dangereuse, et je veux vous montrer le précipice où elle vous entraîne; je veux vous arrêter au bord de l'abîme.

— Allons donc, Monsieur! il faudrait que je fusse encore plus méprisable que vous n'osez le penser, pour que je souffrisse qu'on me tînt un pareil langage. Taisez-vous, Monsieur, et n'insultez pas plus longtemps la femme de votre frère!

— Trêve de grands mots et de grandes phrases! Ma chère Cécile, rentrez en vous-même, voyez quel chemin vous suivez; les soupçons de votre fils ne doivent-ils pas être pour vous déjà une terrible leçon? Ne vous contentez pas de n'être pas coupable; ne vous laissez soupçonner ni par votre fils ni par votre frère.

— Vous, mon frère!... Dites mon ennemi!

— Je suis en ce moment le seul ami qui veuille et qui puisse vous sauver.

— Assez, Monsieur, ou je demanderai à votre frère, à mon mari, la protection qu'il me doit contre vos insultes.

— Et lui direz-vous aussi quelle est la cause de ce qu'il vous plaît d'appeler des insultes?

— Peut-être.

— Voyons, Cécile, ma sœur, ne jouons pas ce jeu puéril et cruel; ne faites pas le malheur de cet excellent Albert; il vous aime si tendrement, si passionnément! Vous savez bien que je ne lui dirai rien; je ne voudrais pas lui porter un coup aussi cruel, et qui sait, d'ailleurs, jusqu'où se porterait son ressentiment! Albert est doux et même faible dans la vie de tous les jours; mais, quand il est irrité, quand surtout il est indigné par quelque infamie que sa belle âme hésite longtemps à croire, il est capable d'une colère terrible. Voyons, ma chère sœur, ne faites pas le malheur de ce qui vous entoure, ne faites pas votre propre malheur!

— Pour la dernière fois, Monsieur, je vous prie de m'épargner vos ennuyeuses tirades.

— Enfin vous m'y forcez?... Vous ne voulez pas éloigner M. de Pontaris? Eh bien! je le chasserai, moi! Je ne laisserai pas tromper aussi indignement ce bon, ce généreux Albert! Et savez-vous ce que c'est que ce M. de Pontaris? Un chevalier d'industrie, un homme taré!

— M. de Pontaris, Monsieur, est au-dessus de pareilles injures; mais il serait plus honnête et plus brave, peut-être, de lui tenir à lui-même de pareils propos, au lieu d'en ennuyer une femme que cela ne regarde pas.

— Votre conseil est bon, Madame; je le suivrai peut-être.

— Vous ne tarderez pas alors à vous repentir de vos paroles. M. de Pontaris n'est pas un homme qu'on insulte impunément. Vous aurez alors et ensuite à expliquer cet acharnement à votre frère, qui aime, qui estime M. de Pontaris. Il vous faudra appuyer vos calomnies par d'autres calomnies, faire naître dans son esprit des soupçons contre moi, alors, moi, sans daigner me justifier, je retournerai dans ma famille. Si c'est ainsi que vous entendez le bonheur de ce frère que vous prétendez aimer si tendrement....

— Si M. de Pontaris n'a pas changé d'attitude dans trois jours, je me charge de le chasser, Madame. Adieu.

— Adieu, Monsieur.

XI

Comme Rodolphe disparaissait derrière les saules au bord de la rivière, Clodomir entra et trouva Cécile pâle, les yeux égarés.

— Qu'a donc votre beau-frère? dit-il en entrant; il m'a lancé un regard foudroyant. Mais, grand Dieu! qu'avez-vous vous-même? êtes-vous souffrante?

— Clodomir! Rodolphe sait tout. Je viens d'avoir une scène affreuse avec lui. Il veut que je vous chasse.

— Charmant homme! dit Clodomir.

— Ne plaisantez pas. Vous savez bien, l'autre jour, quand vous teniez mes genoux embrassés, quand je passais ma main dans les ondes de vos beaux cheveux ? Eh bien ! on nous a vus.

— Qui ?

— Henri ! mon fils ! Il a tout dit à son oncle.

— Ils ont fait de cet enfant un espion et un ennemi pour vous ?

— Il prétend, au contraire, qu'il a donné à Henri une explication dont cet enfant se contente pour le moment. Mais lui, Rodolphe, rien n'a pu le convaincre, ni mes dénégations, ni mon indignation. Il est parti en proférant d'horribles menaces.

— Veut-il parler à son frère ?

— Non. Il aime son frère comme on aime son enfant : il craindrait son désespoir... Mais... non, je ne puis vous dire cela !

— Ce cher monsieur aurait-il fait des menaces contre moi ?

— Si vous ne partez pas, si vous ne commencez pas par venir moins souvent ici, par rompre toute intimité avec la maison...

— Eh bien ?

— Il prétend qu'il vous fera partir.

— Vraiment ! J'ai donc à redouter la lame de ce grand redresseur de torts ?

— Je vous le répète, Clodomir, ce n'est pas le moment de plaisanter ; je suis perdue ! Cet homme est, quand il s'agit de son frère, d'un dévouement et d'une opiniâtreté effrayante : il vous insultera, il vous provoquera !

— Eh bien ! je le tuerai. C'est, du reste, un très-bon moyen pour empêcher les gens de parler.

— Autant alors faire ce qu'il demande, car, meurtrier de Rodolphe, il vous faudrait tuer aussi Albert.

— Je saurai bien mettre les torts et la provocation de son côté.

— En supposant qu'Albert veuille bien ne pas venger son frère, cette maison vous serait à jamais fermée.

— Qui sait? J'ai enlevé à mon bénéfice déjà une partie de l'amitié qu'Albert avait pour ce M. Rodolphe.

— Je ne prévois que d'horribles malheurs! Mon Dieu! mon Dieu! que je voudrais être morte!

— Voyons, ma belle Cécile, ne vous laissez donc pas abattre comme une femme vulgaire. Vous voudriez être morte, dites-vous? Eh bien! des gens qui ont le courage de mourir n'ont rien à redouter. Quand la place n'est plus tenable, on s'en va, voilà tout. Mais la partie n'est pas perdue. Laissez-moi réfléchir un instant. Il faut jouer un coup savant.

— Il ne parlera pas, j'en suis sûre, à son frère de ses soupçons sur notre liaison; mais il cherchera par d'autres moyens à vous perdre dans l'esprit d'Albert. Il prétend qu'il peut prouver que...

— Quoi?

— J'ose à peine le dire. Il semble dire que certaines affaires où vous vous êtes trouvé mêlé ont eu de mauvais résultats.

— Parbleu! belle nouvelle! J'ai fait des affaires. Naïf comme un enfant, j'ai été trompé; je m'y suis ruiné. Je n'en fais pas mystère.

— Il prétend, au contraire, que les rôles ne seraient pas... Il dit que loin d'avoir été ruiné par d'autres...

— Je me suis enrichi à leurs dépens, peut-être? C'est une

idée gaie, ma pauvre chère Cécile. Vous ne savez que trop si je me suis enrichi, vous qui venez si généreusement à mon secours. C'est égal, c'est bon à savoir ; mais c'est un coup facile à parer, je le parerai, car la calomnie est une terrible arme. Du courage, ma charmante, mon adorée Cécile ; puisque M. Rodolphe veut lutter, nous lutterons. Ne craignez rien ; vous êtes sous ma protection. Ah ! M. Rodolphe ! rira bien qui rira le dernier ! Ma chère Cécile, je viens d'examiner mon jeu ; j'ai beau jeu. Ce pauvre M. Rodolphe sera capot ou je veux ne jamais tenir une carte de ma vie. Je serai ic dans deux heures. Attendez-moi. Adieu, soyez tranquille, ne craignez rien : la femme qui est sous l'égide de l'amour est comme la plante... la plante... A tantôt.

Et il s'échappa à travers le jardin.

— Comme il m'aime ! dit Cécile.

— Maudite phrase ! disait Clodomir de Pontaris en s'en allant vers la ville, je n'ai pu en sortir ; je l'avais pourtant lue hier. Ah ! bast, elle a fait tout de même son effet. Mais il faut jouer serré. J'aurais mieux fait de me décider pour la tante, d'après mon premier plan. Qui sait si je ne serai pas forcé d'y revenir ? En attendant, je ne détesterais pas casser quelque chose à ce M. Rodolphe ; l'occasion n'en est peut-être pas très-éloignée.

Quelques minutes après, il entrait en ville.

XII

Rodolphe était dans une grande anxiété ; il ne pouvait se dissimuler qu'il n'avait plus, comme autrefois, la confiance entière de son frère. Albert avait changé l'or de son cœur en monnaie pour en pouvoir donner à trois personnes. Il aimait passionnément sa femme, et s'était fait un besoin de la présence de Clodomir ; il trouvait dans l'intimité de Clodomir ce qui manquait à l'amitié de son frère. Albert, tout l'aîné qu'il était, sentait la supériorité de Rodolphe, tandis que celui-ci l'ignorait et ne voyait dans la faiblesse de son frère que des raisons de l'aimer avec plus de sollicitude. Avec Clodomir, au contraire, Albert était le premier ami. Clodomir avait pour lui une complaisance un peu servile à laquelle il s'était accoutumé.

Aussi Rodolphe n'espérait pas faire prendre une résolution à Albert contre son nouvel ami sans lui en donner de très-bonnes et très-détaillées raisons. Or, lui dire que Clodomir était l'amant de Cécile, c'était le jeter dans le désespoir. Laisser cependant déshonorer son frère à ses yeux par cette femme ingrate et cet ami fourbe, il frémissait d'indignation en y pensant. D'ailleurs, son devoir envers son frère était de le venger ou de l'avertir. Il se décida à avoir une explication avec M. de Pontaris, d'essayer de réveiller dans son cœur quelques bons sentiments ou de lui faire des menaces qui ne précéderaient que de peu d'instants la vengeance si elles n'étaient pas efficaces. Il se transporta chez Clodomir, mais il ne le rencontra pas.

En effet, M. de Pontaris revint chez Cécile avant même le court délai qu'il avait fixé.

— Ma belle Cécile, lui dit-il, j'ai mon plan de campagne, et la victoire est à nous ; seulement, il est nécessaire que vous me secondiez un peu. Je vais mettre à la poste et adresser à votre mari la lettre que voici. Cette lettre me concerne, comme vous allez voir :

« Monsieur,

» Un ami qui ne peut pas se faire connaître veut cependant vous avertir que vous réchauffez un serpent dans votre sein. Un homme, que vous croyez votre ami, vous trompe d'une manière horrible.

» M. Clodomir de Pontaris ne s'appelle pas de Pontaris ; c'est un nom qu'il lui a paru utile de s'attribuer. Son vrai nom est Clodomir Durand ; mais comme il y a longtemps qu'il a pris le nom de Pontaris, il n'est connu que sous ce nom. »

— Mon Dieu ! s'écria Cécile, qu'est-ce que cela veut dire ?

— Ne m'interrompez pas, ma belle amie.

« Ledit Clodomir a été caissier dans la maison de banque de M. Darcet, à Paris, rue du Ponceau, n° 72 ; il en a été chassé pour de nombreuses infidélités commises dans sa caisse. »

— Mais c'est horrible ! dit Cécile.

— Ce n'est encore rien, chère Cécile.

« Il doit 2,000 francs à un M. Frolling. Ces 2,000 francs, perdus au jeu, n'ont pas été encore payés ; il y a quinze jours qu'ils sont dus. M. Frolling demeure rue de la Chaussée d'Antin, 11.

» Mais ce qu'il y a de plus affreux, c'est qu'il vous trahit de la plus horrible manière, vous qui l'avez reçu comme un ami, comme un frère ! Il vous trahit dans ce que vous avez de plus cher, dans votre honneur et dans vos affections.

» Il a su se faire écouter de Cécile votre femme, et ils doivent prendre la fuite ensemble, mardi prochain 23 novembre, à minuit.

» Vous êtes averti, défiez-vous ! — Un ami de la vertu. »

— Mais, Clodomir, dit Cécile, m'expliquerez-vous cette affreuse folie ?

— Très-volontiers. J'envoie cette lettre, que j'ai fait écrire, à Paris, à Albert ; vous comprenez qu'elle ne part pas d'ici ; je l'envoie à un ami que j'ai à Cherbourg, et elle sera mise à la poste de Cherbourg pour Albert.

— Mais, après ?

— Eh bien ! Albert lira la lettre.

— Suis-je folle? Il lira cette lettre où vous lui dites que vous êtes mon amant et que nous prenons la fuite ensemble !

— Et également, que je me pare d'un faux nom ; que j'ai volé un banquier et que je ne paie pas mes dettes de jeu.

— Quel est le but de ces odieuses inventions ?

— Le but, c'est de nous sauver, c'est de déjouer les complots qu'on va ourdir contre nous. J'ai mon plan bien arrêté. M. Rodolphe veut la guerre, eh bien ! nous ferons la guerre.

— Je ne comprends rien à ce que vous voulez faire : loin de là, cette lettre étrange que voulez envoyer me trouble singulièrement. Albert va être furieux.

— Je l'espère bien ; sans cela l'effet serait manqué. Je pars. Vous reverrez Albert avant de me revoir, mais vous ne resterez pas sans instructions. Adieu, ma belle Cécile !

XIII

Quatre jours plus tard, Cécile reçut une lettre.

« Je suis en ce moment avec Albert ; il me fait une mine atroce ; il a reçu la lettre, je n'en fais aucun doute ; je suis certain qu'il va partir demain soir. Je ne négligerai rien d'ici là pour augmenter ses soupçons. Pour vous, conformez-vous bien à mes instructions ; n'ayez peur de rien ; jouez bien votre rôle, et la malveillance de Rodolphe tournera à sa confusion, en attendant que je trouve une occasion honnête de lui loger une balle quelque part. »

En effet, Albert avait reçu la lettre et l'avait lue dix fois ; la première fois, il l'avait trouvée odieuse et ridicule, et avait failli la jeter au feu.

A la deuxième lecture, au moment où il y était question de sa femme, il sentit un soupçon lui mordre le cœur. Il relut plusieurs fois ce passage.

— C'est impossible, disait-il, c'est une infâme calomnie ; Cécile m'aime, Cécile est honnête, Clodomir est mon ami. Cependant, il y a dans cette lettre des faits bien précis. On n'oserait pas indiquer ainsi un moyen si facile d'avoir la preuve de la calomnie. Que faire ? Hésiter, c'est faire injure à Cécile ; je dois jeter cette lettre au feu ; oui, mais... il peut me revenir des doutes plus tard, et, pour Cécile autant que pour moi, il faut... savoir... quoi ? savoir que c'est une odieuse calomnie, un infâme mensonge...... Ne pas aller aux preuves, cela aurait l'air d'avoir peur d'en trouver.

C'est alors que Clodomir arriva à Paris et vint tout de suite à l'hôtel d'Albert. Celui-ci eut à son égard l'air contraint, qu'avait bien observé M. de Pontaris. Cependant il ne tarda pas à se dire : — Clodomir vient à Paris, dans le même hôtel que moi, pour plusieurs jours, à ce qu'il dit ; loin d'éviter mes regards, son premier soin est de se loger auprès de moi ; je savais bien que c'était une calomnie.

Mais le lendemain, après le déjeuner, comme ils sortaient ensemble, Clodomir dit aux gens de l'auberge : Il est possible que je ne rentre pas ce soir.

Le cœur battit à Albert ; il erra dans Paris sans but. Le soir, il se mit en route ; il emporta ses pistolets chargés. — Si l'on me trompe, dit-il, je les tuerai ! Mais non, c'est impossible !... Cette voiture ne marche pas, je n'arriverai jamais !

Il était onze heures lorsqu'il aperçut le château. Il prit un détour pour entrer sans être vu par le jardin, dont il avait la clef. Le chien aboya, mais le reconnut, vint à lui et le lécha. Le cœur d'Albert battait si fort qu'il fut obligé de s'asseoir sur un banc. De ce banc, il voyait le salon où était Cécile.

— Il y a encore de la lumière. Il est onze heures un quart... Ordinairement, elle se couche de bonne heure... Qu'attend-elle?... C'est trop souffrir! il faut savoir tout de suite!... Allons!

Il se leva, s'introduisit dans le château, monta doucement l'escalier. Arrivé au salon, il s'arrêta encore : son cœur battait par secousses éloignées et violentes. Il mit la main sur ses pistolets pour voir s'ils étaient bien dans sa poche, puis il tourna la clef et entra. Cécile était sur un canapé; une table était devant elle; une bougie l'éclairait. Elle s'était endormie en écrivant. Une lettre commencée était sur la table.

Albert fit un pas, le parquet craqua sous ses pieds et Cécile se réveilla en sursaut.

— Qui va là? s'écria-t-elle. Mais en même temps elle reconnut Albert et cacha rapidement la lettre qu'elle écrivait quand le sommeil l'avait surprise.

— Ah! c'est vous, mon ami? Pourquoi entrer si brusquement? Vous m'avez fait une peur! Je ne vous attendais pas ce soir.

— Quel est ce papier que vous avez caché?

— Oh! rien du tout. Une lettre que j'écrivais, plus pour me distraire qu'avec l'intention de l'envoyer.

— Montrez-la moi.

— Mais quel air vous avez, mon cher Albert! Après une

séparation de huit mortels jours, c'est ainsi que vous revenez auprès de moi!

— Montrez-moi cette lettre, Madame.

— La voici.

Et Albert lut :

« Où est-il? Pense-t-il à moi? Sait-il combien les jours et les nuits me semblent longs et tristes pendant son absence? Tous les matins je me dis : « Est-ce aujourd'hui qu'il revient?» et chaque soir je me réponds : « Encore une journée de perdue! » J'ai peine à chasser par moments des pensées sinistres qui me troublent l'esprit. Si ses affaires n'étaient qu'un prétexte! si mon Albert... »

Albert s'arrêta là. « Mon Albert! » C'était à lui qu'elle écrivait, à lui qu'elle songeait uniquement quand le sommeil l'avait surprise! Il tomba aux genoux de sa femme et les embrassa avec ivresse.

— Ma belle, mon adorée Cécile, c'est donc en songeant à moi que tu t'étais endormie sur ce canapé!

— Oui, je pensais à vous, Monsieur; mais ne croyez pas en être quitte à si bon marché. D'abord, je suis fort en colère, et je ne voulais pas vous laisser voir cette lettre, preuve humiliante de ma faiblesse. Vous me rendrez compte de votre conduite.

— Oui, de ma conduite et de ma folie.

— C'est ce que je voulais dire. D'abord, qu'est-ce que cet air furieux avec lequel vous êtes entré ici? A qui supposiez-vous que j'écrivais? Seriez-vous jaloux, par hasard? Si je le croyais!... Je regrette de vous avoir montré la lettre.

— Ma chère Cécile, il faudra bien que tu me pardonnes, quand tu verras combien je suis malheureux depuis vingt-quatre heures. Je n'aurais jamais supposé qu'il pût tenir tant de souffrances dans cet espace de temps.

— Mais enfin qu'avez-vous ?

— Je ne sais quel ennemi secret veut empoisonner ma félicité. Tiens, lis : voilà la lettre que j'ai reçue.

Cécile lut la lettre, et termina cette lecture par un violent éclat de rire.

Ah ! c'est charmant ! Vous veniez ici dans l'espoir de me trouver partie, en fuite avec ce pauvre M. de Pontaris ? C'est une idée ravissante ! j'en rirai longtemps. Et sans doute, s'il en était encore temps, vous veniez avec des projets tragiques ? Ne me cachez rien de cette épopée grotesque, mon ami. Est-ce l'oreiller d'Othello ou le poignard d'Orosmane que vous comptiez employer ? ou bien aviez-vous du moins inventé quelque nouveau ressort tragique ?

— Ne riez pas, Cécile, j'ai horriblement souffert.

— Ne rions pas si vous voulez, Albert ; mais alors, si je parle sérieusement, n'est-il pas triste et humiliant de voir qu'il dépend d'un lâche anonyme de me faire passer à vos yeux pendant vingt-quatre heures pour une femme coupable, et qu'il faut que le hasard vous donne des preuves de mon innocence !

— Pardonnez-moi, Cécile, et laissez-moi oublier ces heures cruelles.

En disant ces mots, Albert approcha la lettre de la bougie.

— Donnez-moi encore cette lettre, que je la relise.

Elle prit la lettre, la lut avec attention et dit :

— Non, je ne connais pas cette écriture. Mais je pense à

autre chose : connaissiez-vous M. de Pontaris avant de le rencontrer ici?

— Non, mais nous le connaissons, maintenant.

— Qui sait? ce qu'on vous dit là semble bien précis.

— Comme ce qu'on me disait sur votre fuite pour cette nuit.

— Votre épreuve a bien réussi, et il serait malheureux que vous ne l'eussiez pas faite. On ne sait ce que peut devenir, dans une tête exaltée comme la vôtre, un germe malfaisant ainsi jeté. A votre place, j'irais aux informations.

— Allons donc !

— Qu'est-ce que cela vous fait? Pour ma part, je tiens à connaître le résultat de ces informations.

— Mais, ma chère enfant, l'auteur de cette lettre est jugé : c'est un infâme calomniateur.

— Eh bien, il faut en être convaincu tout à fait. Et puis, qui sait? nous ne savons rien des affaires de M. de Pontaris. Quelle est sa fortune? Que fait-il? Fait-il quelque chose?

— Mais, ma chère, cette lettre...

— Ecoutez, Albert : après votre avanie de ce soir, j'ai le droit de commander pendant quelques heures. Je veux que vous alliez aux adresses qu'on vous indique, et que vous me rendiez compte de ce que vous aurez appris.

— Vous n'exigez pas que j'y aille cette nuit?

— Non, vous devez avoir besoin de vous reposer.

— Non, mais de rester avec vous.

Et Albert baisa tendrement la main de sa femme, et, la laissant passer dans sa chambre, cacha ses pistolets dans le tiroir de la table.

Le lendemain, après le déjeuner, Albert, dont les affaires à Paris n'étaient pas terminées, se remit en route pour la ville. Cécile lui recommanda de lui rapporter le résultat de ses informations sur M. de Pontaris. Il revint avant quatre heures.

— Quelle aimable surprise! s'écria Cécile. Avez-vous fait mes commissions?

— J'ai d'abord fait les miennes. Voici une bague sous laquelle j'ai fait mettre la date d'hier. Si jamais tu me vois fou, inquiet ou malheureux, tu me la montreras.

— Mais, mon ami, n'ayez pas souvent de pareilles dates à enregistrer, vous vous ruineriez. Ce diamant est magnifique.

— Mets ce monument expiatoire à ton doigt, et n'en parlons plus.

— Et mes commissions?

— Elles sont faites. Je voudrais bien savoir quel est le hardi coquin qui m'a envoyé cette affreuse lettre. Je ne voulais pas aller à ces deux adresses; c'est toi qui l'as voulu.

— Eh bien?

— Eh bien, je suis allé d'abord à l'adresse du prétendu banquier. Personne ne le connaît. Je me suis transporté ensuite chez M. Frolling; M. Frolling est un sellier harnacheur qui ne connaît pas M. de Pontaris et n'en a jamais entendu parler.

— Alors ce n'est qu'une mystification.

— C'est pis que cela, car ma frénésie était telle que si, par un hasard possible, j'avais trouvé Clodomir avec toi, je ne sais si j'aurais attendu des explications pour vous tuer tous les deux. Va-t-on bientôt dîner? A propos, j'ai trouvé à l'hôtel ce pauvre Clodomir; j'avais envie de l'embrasser; je l'ai invité à dîner pour demain avec Sydonie, c'est-à-dire mademoiselle de Pontaris, que nous avons appelée madame par distraction à la page 72.

Après le dîner, auquel assista la tante Isabelle, Cécile fit de la musique. Albert était si heureux, que deux ou trois fois il baisa sa femme sur le front.

Le lendemain, en se promenant avec Albert dans le jardin, Cécile prit un air grave, et lui dit :

— J'ai beaucoup réfléchi à cette lettre, mon ami.

— Tu es bien bonne : j'espère n'y plus penser; je suis honteux du rôle qu'elle m'a fait jouer.

— Vous avez peut-être raison, mais j'ai pensé: Il y a toujours quelque chose sous une calomnie, un prétexte, du moins. Eh bien! peut-être M. de Pontaris est-il trop assidu dans la maison. Le devoir d'une femme est de ne pas même se laisser calomnier. Je verrai désormais M. de Pontaris quand il dînera ici, quand vous y serez, mais je ne le recevrai plus quand je serai seule. C'est un homme du monde, il sera facile de lui faire comprendre, sans dire un mot, quelle modification je veux mettre à l'avenir dans mes relations avec lui. M. de Pontaris est votre ami, il n'est pas le mien.

— Pourquoi ne serait-il pas le tien?

— Je suis, sur ce point, de l'avis de votre frère Rodolphe: je ne crois pas beaucoup à l'amitié désintéressée et parfaitement pure entre hommes et femmes.

— Tu ne vas pas chasser ou mal recevoir ce pauvre Clodomir?

— Non, mais je veux changer ma façon d'être avec lui.

— Tu me contrarieras énormément.

— Je sais ce que je dois faire.

— Eh bien! tu te trompes ; si la lettre part de quelqu'un qui soit à même de voir ce changement, c'est un triomphe que tu donnes au gredin qui l'a écrite. Je te prie sérieusement, au contraire, de ne t'en préoccuper en rien et d'être, avec Clodomir, comme par le passé.

— Je ne vous accorde cette nouvelle exigence qu'à moitié ; mais faites-moi l'honneur de me supposer un peu de tact. Les légères modifications que je ferai n'auront nullement l'air de la préméditation, et, si je ne vous en avais pas averti, vous ne vous en seriez pas vous-même aperçu.

— Fais comme tu voudras ; mais moi, j'ai à réparer un tort envers Clodomir comme envers toi, et je l'aime dix fois plus qu'auparavant.

Pendant le dîner, Cécile fut plus que froide pour M. de Pontaris, qui eut ou prétexta des affaires après le dîner, et sortit en emmenant sa pupille.

— Il est charmant ton tact ! dit Albert à sa femme avec mauvaise humeur. Je suis sûr que Clodomir n'a pas d'affaires et que ta mauvaise réception le chasse.

— Je l'ai reçu comme à l'ordinaire.

— Ma nièce, dit Isabelle, malgré que je n'aime guère donner raison aux hommes, je suis forcée de dire que l'observation d'Albert est juste. Vous avez reçu M. Clodomir de Pontaris si froidement, que j'en étais moi-même embarrassée.

— Fallait-il le tutoyer? comme s'est avisé de faire Alber pour la première fois aujourd'hui.

— Non, dit Albert, mais je t'assure, ma chère Cécile, que si on me recevait deux fois dans une maison comme tu as reçu Clodomir aujourd'hui, je n'y remettrais les pieds de ma vie.

La discussion fut assez longue. Enfin Cécile, pour complaire à Albert, finit par promettre de se surveiller elle-même, et de faire en sorte que M. de Pontaris ne s'aperçût d'aucun changement notable dans sa manière d'être avec lui.

XIV

Cependant Rodolphe alla voir M. de Pontaris chez lui, et lui demanda un entretien.

— Monsieur, lui dit-il, vous savez comme j'aime mon rère, et vous ne serez pas surpris si je me mêle de ce qui touche à son bonheur et à son honneur. Le hasard vous a lié avec lui. Vous ne pouvez pas tenir beaucoup à cette liaison.

— Pardon, Monsieur, dit Clodomir, j'y tiens extrêmement, et il faudrait que je fusse ingrat...

— Nous parlerons plus tard d'ingratitude, s'il y a lieu. Laissez-moi continuer sans m'interrompre. — On interprète mal votre assiduité auprès de ma belle-sœur. Albert est confiant, mais il aime passionnément sa femme. Sa fureur serait de la frénésie s'il se voyait, peut-être s'il se croyait trompé. Votre présence dans notre famille en a chassé la paix et l'union. D'un moment à l'autre, elle peut nous rendre tous fort malheureux. Diminuez la fréquence de vos visites; ayez moins d'intimité dans la maison; éloignez-vous graduellement, ou, si vous l'aimez mieux, prétextez des affaires, un voyage.

— Monsieur, vous avez le visage si sérieux, que je ne dois pas croire que vous plaisantiez. Je vais donc vous répondre sérieusement. Je suis l'ami de votre frère, comme il est le mien; à lui seul et à moi il appartient de juger le degré d'intimité que je dois avoir chez lui. Permettez-moi de décliner entièrement votre intervention à cet égard.

— Très-bien, Monsieur. Alors, puisque ma requête est rejetée, je vais lui donner une autre forme. Vous êtes l'amant de la femme de mon frère; si je voulais lui en donner la preuve, il vous tuerait, mais sa vie serait empoisonnée; je veux le tromper, être votre complice, à vous et à cette femme! mais je veux vous dire à vous que je sais tout.

— C'est beaucoup, dit ironiquement Clodomir.

— Oui, c'est beaucoup. Je sais aussi votre passé, Monsieur. Je sais ce qu'est devenue presque toute la fortune de votre fille; je sais pourquoi vous avez rompu votre association avec l'agent de change Brissier.

— Monsieur, vous m'insultez!...

— Oui, Monsieur, reprit froidement Rodolphe.

— Monsieur!...

— Réservez ces airs formidables pour tout à l'heure; je n'ai pas fini.

— Achevez donc.

— Je vous remercie de la permission ; j'allais la prendre. Dans cette maison où un homme de votre sorte n'aurait jamais dû être admis, vous avez jeté le déshonneur déjà et bientôt le désespoir. Mon frère et moi, nous ne pouvons être heureux l'un sans l'autre ; nous n'avons qu'un honneur à nous deux. De cette maison, Monsieur, je vous chasse ! je vous chasse ! vous entendez !

Pontaris ricana.

— Je vous chasse ! je le répète ; je ne vous permets plus, comme je vous le disais tout à l'heure, de rompre graduellement : je ne veux pas que vous retourniez chez mon frère.

— Et que feriez-vous, Monsieur, si je ne tenais aucun compte de vos ridicules rodomontades ?

— J'espère qu'il y a des insultes que vous ne supporteriez pas.

— Je n'en supporte naturellement aucune, et je vais vous dire pourquoi je vous ai laissé parler comme vous l'avez fait. Si je m'étais fâché, il faudrait nous battre, et alors vous auriez l'avantage que voici : si la chance était pour vous, vous seriez débarrassé de moi ; si, au contraire, je vous tuais, la maison de votre frère me serait fermée. Ainsi, dans le premier cas, votre but serait atteint ; dans le second, le mien serait manqué. Je ne veux pas jouer un jeu auquel je suis sûr de perdre. Je ne me fâche donc pas.

— Oh ! je vous fâcherai !

— Ça n'est pas difficile : je suis tout fâché, et j'aimerais fort à vous tenir au bout d'un pistolet. J'espère bien que ça se trouvera un jour ou un autre ; mais il faut que ce soit à ma convenance, et non pas à la vôtre. Si vous vous avisiez d'en venir à une de ces insultes qu'on ne peut pas tolérer, je vous mettrais alors dans la position que je ne veux pas accepter pour moi. Je vous donnerais tant de torts, que ma mort même vous brouillerait avec votre frère, et que la cause (je veux dire le prétexte) que vous donnez à votre inimitié ne serait plus un mystère pour lui.

— Misérable! sais-tu alors que mon frère ne daignerait pas se battre contre toi! qu'il te tuerait comme on tue une vipère. Si tu n'es pas un lâche, donne-moi un rendez-vous pour demain, pour tantôt, pour tout de suite.

— Ecoutez-moi, M. Rodolphe, je ne crois pas à ces beaux dévoûments désintéressés. Vous étiez jeune quand vous avez abandonné à votre frère une partie de votre patrimoine. Aujourd'hui, vous avez trente-huit ans, vous êtes moins désintéressé; il ne vous fallait qu'un prétexte honnête pour tâcher de rentrer dans ce patrimoine. Vous voulez marier votre fille à Henri; vous croyez voir que, grâce à la tante Isabelle, ma fille Sydonie peut devenir un obstacle à ce mariage.

— Assez. Voulez-vous partir, oui ou non?
— Non.
— Voulez-vous vous battre avec moi, oui ou non?
— Non.
— Alors, n'en parlons plus.
— Volontiers.

Et les deux adversaires se séparèrent.

XV

De ce moment, Rodolphe se fit avertir de tous les mouvements de Clodomir. Il s'arrangea pour le rencontrer aux Tuileries. Il l'aborda, et tout à coup les personnes qui se trouvaient près d'eux se retournèrent au bruit d'un soufflet.

Clodomir était pâle, ses lèvres tremblaient. Pour Rodolphe, il dit froidement et tout haut :

— Vous m'avez menacé d'un soufflet, je vous l'ai rendu d'avance; voilà tout.

— Vous vous battrez.

— Si cela peut vous être agréable, Monsieur.

— Vous plairait-il de vous écarter un peu avec moi?

— Je suis à vos ordres.

Quand ils furent dans une allée écartée, Clodomir dit à Rodolphe :

— Quelle que soit l'issue du combat que vous avez rendu inévitable, comment en expliquerez-vous les causes à votre frère ?

— Les causes ! elles n'ont pas besoin d'être expliquées. Je vous ai poussé sans intention, vous m'avez menacé d'un soufflet, je vous l'ai donné, voilà tout. Je ne connais pas d'autre cause à notre duel.

— Votre belle-sœur...

— Ne mêlons pas, je vous prie, ma belle-sœur dans cette affaire.

— Mais...

— Ni ma belle-sœur, ni mon frère, ni personne n'a rien à voir là dedans.

— Je ne vous ai pas menacé, et ce conte est ridicule.

— Si fait bien. Allez demander aux gens qui sont dans la grande allée.

— Ah ! parbleu ! ils ne savent que ce qu'ils vous ont entendu dire.

— Quelle est votre arme ?

— Le pistolet.

— Quand vous plaît-il que nous nous rencontrions ?

— Demain matin.

— J'irai vous prendre chez vous. Tenez-vous à avoir des témoins d'avance ?

— C'est inutile, ils voudraient arranger l'affaire ; elle ne peut pas s'arranger.

— Je l'espère ainsi. Je dois vous avertir que si mon frère est averti je ne me bats pas avec vous, je vous brûle la cervelle !

Et sur cette menace, Rodolphe sortit.

XVI

Lorsque Rodolphe rentra chez lui, il faisait nuit. Cependant on lui dit que son frère était venu le chercher et le priait de ne pas se coucher sans l'avoir vu. Rodolphe alla chez Albert qu'il trouva dans son salon, les deux coudes sur la table et la tête dans les mains; il dit à Rodolphe :

— Je t'attendais, j'ai à te parler.

— Je t'écoute, mon cher Albert, dit Rodolphe.

— Je sais ce qui se passe, dit Albert.

Rodolphe fut effrayé.

— Quelqu'un qui se trouvait tantôt aux Tuileries m'a tout dit. Comment t'es-tu laissé aller à un emportement semblable, vis-à-vis surtout de Clodomir, qui est mon ami?

— C'est à lui que tu devrais faire cette question. Il m'a

insulté, j'ai répondu à son insulte. Comment peux-tu me dire qu'un pareil homme est ton ami ?

— Je sais que tu le hais.

— Comment as-tu pu prostituer ainsi la sainte amitié qui nous liait, Albert ? Sais-tu ce que c'est que ce monsieur de Pontaris ? Sais-tu pourquoi son association a été rompue avec un agent de change ?

— Oui, oui, je sais, dit Albert avec un sourire ironique ; il a volé la caisse du banquier Darcet.

— Brissier.

— Brissier ou Darcet ; je sais, je sais.

— Que trouves-tu de plaisant à cela ?

— Rien, mais je sais que c'est une calomnie.

— Je prouverai que c'est vrai.

— J'ai les preuves ; j'ai les preuves aussi qu'il joue, perd et ne paie pas.

— Ne plaisante pas, mon frère.

— Pourquoi ne dis-tu pas aussi qu'il est l'amant de ma femme ? Pourquoi ne me dis-tu pas qu'il enlève Cécile cette nuit ?

— Mais, es-tu fou ?

— J'aimerais mieux être fou que méchant. Oh ! Rodolphe, toi si noble, si généreux, avoir recours à de pareils expédients !

— Mais que veux-tu dire ?

— Rien. Il ne s'agit pas pour le moment de tout cela. Occupons-nous du plus pressé : tu ne te battras pas avec Clodomir.

— Est-ce lui qui t'a chargé de cette commission ?

— La haine t'aveugle. Clodomir est brave, et j'aurai sans doute bien du mal à lui faire agréer tes excuses.

— Je ne ferai pas d'excuses.

— Je compte sur son amitié pour empêcher ce duel absurde; ne puis-je aussi compter sur la tienne?

— Oh! mon frère, tu sais si je t'aime; mais ne me demande rien dans cette affaire, je te refuserais. M. de Pontaris m'a offensé. L'offense que je lui ai faite ne me suffit pas; mon honneur est engagé.

— Me feras-tu croire qu'un pareil ressentiment a pour cause un choc dans une foule?

— Il m'a menacé d'un soufflet.

— Mais tu lui en as donné un! Voyons, Rodolphe, M. de Pontaris acceptera tes excuses; j'ai obtenu de lui ce sacrifice immense, et je t'avoue que si tu étais à sa place et lui à la tienne, je ne t'aurais pas demandé une pareille abnégation.

— Ne me demande plus rien, mon cher Albert, j'ai le cœur navré de te refuser.

— Eh bien, tu ne te battras pas: Clodomir est mon ami, je le suivrai partout; quand tu tireras sur lui, je l'entourerai de mes bras.

— Mais tu veux donc que je l'assassine, Albert!

— Quelle horrible haine! Qui eût pensé que Rodolphe aurait jamais cette férocité de bête sauvage! Tu ne dis rien? tu ne réponds pas? Mais au moins dis-moi la vérité, dis-moi la véritable cause de cette animosité!

— Je ne te répondrai plus : au nom du ciel, ne te mêle

point de cette affaire. Rien ne m'empêchera de tuer cet homme, à moins qu'il ne me tue lui-même.

— Alors, je devine, et Cécile a raison.

— Quoi? Que veux-tu dire?

— Tu crois avoir une offense plus grave à venger; mais alors pourquoi n'être pas venu me trouver? Si la chose était vraie, je serais ton témoin, ton second, je tuerais le misérable!...

Et Albert mit la main sur ses pistolets restés dans le tiroir.

— Je ne te comprends pas.

— Mais c'est une calomnie! Est-ce qu'on ne m'a pas écrit à moi aussi une lettre! Pardon! j'ai cru un moment qu'elle venait de toi; pardon, car cette lettre est une horrible lâcheté. Mais jamais Clodomir ne va chez toi. Agathe ne lui a pas parlé dix fois dans sa vie.

— Que vient faire Agathe là dedans?

— Voyons, mon cher Rodolphe, dépouille avec moi une dissimulation inutile. On t'a dit, on t'a écrit que Clodomir est l'amant de ta femme? On m'a bien écrit, à moi, qu'il était l'amant de la mienne!

— On ne m'a rien écrit de cela. Qui a pu te donner une pareille pensée?

— Oh! pour cela les femmes sont plus fines que nous. Cécile a bien vu que tu étais jaloux; mais elle a été la première à me dire que c'était à tort. — Je crois Agathe sage, m'a-t-elle dit. Si Clodomir et elle sont d'accord, ils se cachent bien.

— C'est Cécile qui t'a dit cela?

— Oui; mais si elle savait que je te l'ai dit, elle serait furieuse. Elle m'a bien recommandé de ne pas te laisser voir que je soupçonnais la cause de ta haine contre Clodomir.

— Ta femme est une vipère !

— Rodolphe !

— Ta femme est une odieuse créature !

— Rodolphe, tais-toi !

— Oser parler d'Agathe ! de mon Agathe si chaste, si pure ! Je ne veux plus revoir ta femme ! c'est une infâme !

— Rodolphe la douleur t'égare ; je t'ordonne de te taire, ou sors de chez moi !

— Enfin, on nous sépare ! Eh bien ! cela devait arriver, mais je vais tuer ton chevalier d'industrie de Pontaris. Pour ta femme, dis-lui...

— Tais-toi, Rodolphe ! Va-t'en ! Pas un mot de plus !

En ce moment Cécile entra.

— Ah ! vous voilà, Madame, s'écria Rodolphe ; écoutez donc ce que je chargeais Albert de vous dire.

Albert voulut mettre la main sur la bouche de son frère, mais celui-ci le repoussa.

— Je vous défends, dit Rodolphe à Cécile, de jamais souiller Agathe d'un seul de vos regards.

— Albert, votre frère m'insulte !

— Va-t'en, Rodolphe ! va-t'en ! s'écria Albert, pâle et hors de lui.

— Mon frère me chasse de sa maison, Madame, et vous savez pourquoi. Je n'y rentrerai plus. Je suis vaincu ; mais je vous le dis...

— Va-t'en, Rodolphe !

— Je vous le dis, vous êtes une infâme !

Albert, ivre de colère, devint fou. Il prit un de ses pistolets et le déchargea sur Rodolphe.

Puis il tomba pâle, assis, sans mouvement. Les domestiques accoururent, la tante Isabelle les suivit. Rodolphe avait repris tout son calme et dit froidement :

— Vois, Albert, comme c'est imprudent de jouer avec des armes à feu. Tes pistolets seraient chargés à balle qu'ils partiraient de même. Ce n'est rien, ajouta-t-il en s'adressant aux gens : un pistolet chargé à poudre seulement qui nous est parti dans les mains. Allez-vous-en. Et lui-même sortit de la maison.

Les domestiques se retirèrent. La tante Isabelle s'en alla aussi en disant : — Quelle imprudence et quel bruit ! j'ai cru que la maison sautait.

Albert, quand ils furent partis, éclata en sanglots, se jeta sur le canapé, dont il mordait les oreillers.

— Mais qu'avez-vous, mon ami ? lui disait en vain Cécile.

— J'ai que je suis un scélérat ! J'ai voulu tuer mon frère !

— Quelle folie ! cette arme est partie par hasard dans vos mains. C'est un accident, qui n'a eu aucune suite fâcheuse, qui n'en pouvait pas avoir, puisque les pistolets n'étaient pas chargés à balle, ainsi que votre frère le disait lui-même.

— Vous vous trompez, les pistolets étaient chargés à balle, et c'est sur Rodolphe que j'ai tiré. Je l'ai visé ; c'est par maladresse que je n'ai pas assassiné mon frère. Je voudrais être mort moi-même avant cette horrible nuit.

XVII

Pendant ce temps, Rodolphe s'était enfui jusque chez lui, en tenant la main serrée sur le côté de sa poitrine. Là il avait fait monter un domestique à cheval, et l'avait envoyé, à un quart de lieue du village, chercher un médecin, ancien officier de santé, fort habile dans ce qui regardait les blessures. Le domestique devait laisser son cheval au docteur et revenir à pied. Aussi, en l'attendant, Rodolphe, après avoir lui-même bandé sa blessure, réveilla doucement le père Dauphin, et lui dit qu'en déchargeant imprudemment un de ses pistolets, il s'était blessé, et qu'il avait fait chercher un chirurgien; que la blessure lui semblait très-peu grave, mais qu'il avait quelque chose de plus sérieux à lui dire : c'est qu'il se battait le matin même, et qu'il avait besoin de prendre quelques dispositions pour le cas où, la chance lui étant défavorable, il devrait laisser sa femme et sa fille sans autre soutien que le père Dauphin. Dauphin voulait faire des observations, mais Rodolphe lui dit très-sérieusement :

— Ne perdons pas en discours très-connus, et que je saurais faire aussi bien que vous, mon cher père Dauphin, un temps qui n'est pas trop long pour ce que j'ai à faire et pour prendre ensuite quelques heures de repos.

Rodolphe écrivit en quelques lignes son testament. Il instituait le père Dauphin son exécuteur testamentaire et lui confiait, ainsi qu'à son frère Albert, sa femme et sa fille. Puis, comme il faisait verbalement des recommandations à Dauphin, qui pleurait tout bas, le chirurgien entra. Il sonda la blessure et put facilement en extraire la balle, qui s'était logée dans les chairs. Rodolphe dit : — « Donnez-moi cette balle ; j'en ai besoin. » Le médecin fit un premier pansement, annonça que ce ne serait rien, recommanda le repos et la diète, et voulut s'en retourner en promettant de revenir le lendemain. Rodolphe lui offrit un lit et lui confia qu'il serait peut-être à propos qu'il ne s'éloignât pas, à cause qu'il se battait le matin, et lui demanda s'il voudrait lui servir de témoin. Le chirurgien, vieux soldat, accoutumé aux champs de bataille, se contenta de dire : — « Diable ! » puis se coucha et dormit.

Pour Rodolphe, il s'endormit aussi et ne se réveilla qu'au bout de quatre heures. Le docteur l'entendit et se leva, lui fit un nouveau pansement et dit :

— J'irai avec vous.

Quelques instants après, Rodolphe était chez Clodomir de

Pontaris. Celui-ci l'attendait et sortit avec lui. Il avait prévenu de son côté un sous-officier en congé. On s'arrêta dans une clairière d'un bois, et les deux témoins, avertis qu'ils n'avaient qu'à régler les conditions du combat, partirent dos à dos, marchèrent chacun pendant quinze pas et firent une raie sur le terrain ; puis, se retournant l'un sur l'autre, ils firent chacun dix pas, et, se trouvant à dix pas de distance, ils plantèrent leurs cannes dans le sol. Il fut convenu alors que les adversaires, placés à trente pas l'un de l'autre, s'avanceraient comme ils l'entendraient, mais ne dépasseraient pas les deux cannes, qui laissaient entre eux un espace de dix pas. Leurs pistolets étant de même calibre, chacun garda les siens, et les garda tous deux, un dans chaque main.

Il fut ordonné que lorsque l'un aurait tiré, l'autre tirerait immédiatement.

Rodolphe fit charger un de ses pistolets avec la balle qu'il avait reçue dans la poitrine, et qu'il avait mise de côté pour cet usage, quand on la lui avait extraite ; puis les adversaires se mirent aux places marquées. Rodolphe commença à marcher, mais Clodomir le coucha en joue sans changer de place ; alors il s'arrêta et visa lui-même. Clodomir tira le premier, Rodolphe riposta : le chapeau de Rodolphe fut enlevé, Clodomir ne fut pas atteint. Rodolphe alors, saisissant de la main droite son second pistolet, celui dans lequel était la balle extraite de sa blessure, marcha rapidement jusqu'à la canne, en disant à Clodomir :

— Allons, monsieur de Pontaris ! faites comme moi et qu'on se touche, cette fois !

M. de Pontaris, en effet, s'avança jusqu'à sa canne, et les

deux ennemis se trouvèrent en face l'un de l'autre, à dix pas de distance.

Les deux coups partirent presque en même temps : Rodolphe tressaillit, il avait le bras cassé ; M. de Pontaris fit un bond et tomba sur la face. Les deux témoins coururent à lui et le relevèrent ; le docteur prononça qu'il était mort, puis il revint à Rodolphe, dont il banda la nouvelle blessure. Pendant ce pansement, on entendit un bruit de chevaux ; c'étaient des gendarmes qui, prévenus dès la veille, avaient couru la campagne pour empêcher le duel, mais n'avaient trouvé le champ de bataille qu'en entendant les coups de pistolet.

Le brigadier dressa son procès-verbal. Pendant que le docteur reconduisait Rodolphe chez lui dans la voiture qui les avait amenés, et dont les cahots le faisaient horriblement souffrir, un des gendarmes alla chercher des paysans qui, avec une civière, portèrent le corps de Pontaris dans sa maison.

Le père Dauphin, en proie à une anxiété facile à comprendre, ne pouvait rester en place depuis le matin. Il s'était levé en même temps que son gendre et se promenait sur la route, interrogeant du regard tous les chemins qui conduisaient à la ferme. Il ne tarda pas à apercevoir la voiture, et sa respiration s'arrêta dans sa poitrine. Mais le cœur de Rodolphe avait deviné le cœur du père Dauphin : il savait que le père Dauphin serait là, et, malgré ses souffrances et les avis du docteur, il penchait la tête par la portière, de sorte que Dauphin le reconnut de loin et se précipita joyeux vers la voiture. Le docteur l'arrêta quand il allait embrasser Rodolphe, en lui disant :

— Nous ne sommes pas les plus maltraités, mais nous ne revenons pas intacts : M. Reynold a une balle dans le bras.

Le père Dauphin retourna à la maison pour prévenir le plus doucement possible sa pauvre Agathe, puis la voiture continua au pas et entra dans la ferme par derrière.

Agathe accourut, mais sans cris, sans désespoir bruyant. Elle était horriblement pâle et tremblante. Elle voulut rester pendant le pansement. Elle se mit à genoux au pied du lit et remercia Dieu, qui n'avait pas permis un plus grand malheur. Puis, quand le docteur eut assuré que c'était une fracture simple et ordinaire, et eut fait ses prescriptions, elle alla trouver Marguerite pour la prévenir à son tour. La douleur de Marguerite ne permit pas, pendant quelque temps, qu'on l'introduisît auprès de son père. Puis, quand elle eut promis qu'elle se contiendrait, elle entra avec Agathe. Mais à la vue de Rodolphe blessé, pâle, son pauvre cœur déborda, et elle fut obligée de sortir.

On ne tarda pas à savoir au château le résultat du duel. En vain Albert avait envoyé dans toutes les directions dès le jour, et lui-même s'était mis en route. Les gendarmes seuls avaient trouvé les adversaires, et Albert allait chez Rodolphe lorsqu'il vit de loin les gendarmes, suivis des paysans portant la litière sur laquelle était le corps de Pontaris. Un gendarme vint au trot au-devant de lui et lui dit :

— Il est mort !

— Qui ? demanda Albert ; et la vie fut suspendue à ses lèvres.

— M. de Pontaris, dit le gendarme.

— Et... mon frère ?

— Blessé,... au bras.

Certes, le premier mouvement d'Albert, en voyant la civière, avait été la plus horrible terreur d'y trouver Rodolphe, et comme il fallait que ce fût ou lui ou Clodomir, l'élan de son cœur avait demandé au ciel la mort de celui-ci ; mais quand il sut que Rodolphe n'était que blessé, et quand il vit le cadavre de Pontaris, tout son intérêt fut pour le mort.

— Il a donc assouvi sa haine ! dit-il. Il l'a tué !

Et, la tête nue, il entra dans la maison avec le corps de son ami. Sydonie, avertie par les domestiques, accourut et remplit la maison de cris, de sanglots et de gémissements.

Albert l'emmena au château, où la nouvelle, déjà répandue, avait jeté la consternation. Cécile, cependant, fut assez forte pour cacher à peu près l'impression terrible qu'elle recevait. Quand Albert lui amena Sydonie, elle put alors s'attendrir sur la jeune fille et mêler à ses larmes des larmes qu'elle retenait jusque-là par un effort surhumain.

La tante Isabelle ne se priva pas d'une douleur bruyante, Elle accusait hautement Rodolphe.

— Il doit être satisfait, maintenant, cet être sanguinaire !

— Ma tante, dit Albert, Rodolphe est blessé.

— Celui qui frappe avec l'épée périra par l'épée, dit la tante.

— Ma pauvre enfant, dit Albert à Sydonie, j'étais l'ami de ton père. Te voilà seule et sans soutien dans la vie, je le

9.

remplacerai; je t'accepte comme le legs d'un ami : tu seras désormais ma fille.

Les deux femmes embrassèrent Sydonie, lui faisant des promesses semblables, et toutes trois se retirèrent, Sydonie chez Isabelle, et Cécile dans son appartement, où elle put, pendant quelques instants, se livrer à son désespoir sans témoins et sans contrainte, tandis qu'Albert envoya un domestique chercher des nouvelles de son frère et alla au-devant de lui pour les recevoir plus vite, mais sans vouloir entrer dans sa maison. On lui rapporta que Rodolphe avait le bras cassé, que la balle était extraite, et que le médecin répondait qu'il n'y avait aucun danger. Albert retourna au château triste et abattu. Qu'était devenue cette amitié si douce, si sereine, qui avait jusque-là uni les deux frères ? La veille, il avait, lui, tiré un coup de pistolet sur son frère, sur ce frère chéri, toujours si généreux pour lui, et lui, Albert, savait bien qu'il y avait des balles dans les pistolets. Mais quoiqu'il n'eût pas retrouvé la balle dans les lambris de son salon, il était loin de soupçonner l'héroïque dissimulation de Rodolphe et croyait que la balle, rencontrant un corps dur, avait ricoché au dehors par une fenêtre restée ouverte.

Il ignorait surtout que c'était pour lui, Albert, pour écarter de sa maison la honte et le déshonneur, que Rodolphe venait d'être blessé de nouveau et avait commis un meurtre qui faisait horreur à Albert, tandis que, s'il en eût su la cause, il n'aurait fait qu'un seul reproche à son frère : ç'aurait été de ne pas lui avoir laissé venger son propre outrage, et de lui avoir ôté le frénétique plaisir de tuer lui-même son ennemi.

Quand Rodolphe sut qu'Albert n'était pas entré dans la maison, il fut d'abord froissé, puis il pensa qu'Albert ne savait rien.

— Pour lui, dit-il, je suis un meurtrier féroce. Si je voulais dire un mot, si je voulais lui révéler tout ce qu'il ne sait pas dans ce qui s'est passé hier et aujourd'hui, il serait là à genoux près de mon lit, il baiserait mes blessures. O mon Dieu ! faites qu'il vienne un jour où, sans le jeter dans le désespoir, je puisse lui prouver que son frère n'a jamais eu qu'une passion, celle de le voir heureux, et que si j'ai commis un meurtre qui lui fait horreur, c'est encore pour lui.

XVIII

Au château, on installa Sydonie. Cécile se servit de la compassion permise pour la douleur de Sydonie comme d'un prétexte excellent pour laisser paraître ce qui de son chagrin ne se pouvait cacher. Par moments, elle se croyait frappée par la vengeance divine, et regardait la mort terrible de Pontaris comme un avertissement d'en haut. Dans d'autres moments, elle maudissait Rodolphe et roulait dans son esprit des projets de vengeance contre lui. Cependant la terreur revenait bientôt dans son cœur. Rodolphe blessé, abandonné par son frère, auquel il s'était sacrifié, aurait-il la force de rester ainsi méconnu et injustement accusé ? ne révélerait-il pas à Albert le crime de Cécile, cause unique de toutes es horribles choses qui s'étaient passées depuis quelques jours? Alors, que deviendrait-elle? Ne serait-elle pas justement un objet d'horreur pour tout le monde et surtout pour Albert? Mais sa terreur s'augmenta encore lorsqu'un matin Albert, qui, chaque jour, sortait dès l'aurore et allait, à quelques pas de la maison de Rodolphe, attendre le domestique qu'il envoyait prendre des nouvelles du blessé, rentra pâle et défait.

Un juge d'instruction s'était présenté chez Rodolphe, l'avait longuement interrogé et lui avait dit que le parquet était décidé à poursuivre ce duel dont le résultat avait été si funeste; que l'on voulait faire des exemples; qu'il ne cachait pas à M. Reynold que la futilité de la cause avouée du combat, en regard de son résultat mortel, disposerait mal pour lui, à coup sûr, le ministère public et peut-être les juges et les jurés.

Rodolphe allait donc être mis en jugement, jugé, condamné peut-être.

Il est perdu, dit Albert à sa femme, s'il persiste à ne pas donner d'autre cause à sa haine acharnée contre ce malheureux Clodomir, que le prétexte futile qu'il nous a obstinément donné ici. J'espère qu'en face de la justice, il dira la vérité; car Rodolphe est doux et compatissant. Il faut, — plus j'y pense, plus j'en suis convaincu, — que Pontaris ait commis à son égard quelque grande et terrible offense que nous ne savons pas. La fureur où il s'est mis, fureur, hélas! qui en a causé chez moi une plus criminelle, et à laquelle je ne puis penser sans frémir. Sa fureur, quand nous lui avons parlé d'Agathe, ne prouve pas que ce ne soit pas de ce côté que venait le sujet de son inexorable ressentiment.

— Agathe? dit Cécile, il ne s'est jamais occupé d'elle ; il la trouvait niaise et commune.

— Mais c'est toi qui m'avais donné cette idée.

— Elle m'était venue par hasard avec cent autres. C'est si inexplicable.

— N'importe ! je le verrai, non pas à présent, mais quand il faudra qu'il paraisse devant la justice. Je me jetterai à ses pieds, je le supplierai de dire la vérité. Je communiquerai tous mes soupçons à son avocat. Il faudra le sauver malgré lui.

Plus de doute pour Cécile : Rodolphe finirait par parler. Il ne consentirait pas toujours à passer, aux yeux de tout le monde et de son frère, pour un homme farouche et sanguinaire. Il ne se laisserait pas condamner comme un meurtrier, quand, d'un seul mot, il pouvait prouver que sa conduite n'avait été tracée que par le plus héroïque dévouement, et alors, elle Cécile, que serait-elle ?

XIX

Cependant les scellés, posés d'abord sur la maison de Pontaris, avaient été levés, ses papiers avaient été visités, et il en était ressorti que, non-seulement la situation des affaires du défunt était déplorable, mais encore qu'il avait compromis et entamé la fortune de sa fille; que cette maison qu'il habitait et qui, en réalité, appartenait à Sydonie, était grevée de plusieurs hypothèques pour des sommes que ne dépassait pas de beaucoup la valeur réelle de la maison.

D'autres papiers et des réclamations qui furent présentées jetèrent des doutes sur l'affaire au sujet de laquelle Rodolphe avait voulu donner à son frère des renseignements. C'était à la suite de discussions sur des points graves et touchant à probité, que Pontaris avait été évincé de son association avec l'agent de change Brissier. Dans la lettre qu'il avait fait écrire à Albert, il avait été au-devant de tout ce qu'on pouvait lui rapporter; rien n'était plus vrai que ses dettes de jeu et que le motif de son éloignement des affaires; seulement il avait exagéré les choses et avait envoyé à de fausses sources pour les renseignements. Il était vrai également qu'il ne s'appelait de Pontaris que de son autorité privée; son vrai nom, comme il avait eu l'audace de l'écrire à Albert, était l'affreux nom de Durand. C'était une chose qu'on pouvait dire à Albert, et comme la preuve de cette imposture était la plus difficile à trouver, il était persuadé, avec raison, qu'Albert, après avoir considéré les diverses autres inculpations comme calomnieuses, dédaignerait complétement celle-ci, comme il fit des accusations de Rodolphe.

Il tenait singulièrement à Albert pour plusieurs raisons : la mère de Sydonie n'avait pris en mourant aucune précaution contre lui. Pontaris avait dissipé la majeure partie de la fortune de cette enfant. Un moment il avait songé à épouser la tante Isabelle, et ses empressements n'avaient pas trouvé la tante insensible; puis il était devenu amoureux de Cécile, qui était remarquablement jolie. D'ailleurs, il avait appris que la tante était beaucoup moins riche qu'il ne l'avait cru dans l'origine, et, par l'influence de Cécile sur son mari, par celle qu'il avait su acquérir lui-même sur Albert, il avait tout lieu d'espérer qu'Albert lui prêterait les fonds nécessaires pour une entreprise qui pouvait rétablir ses affaires. Il rêvait aussi de faire épouser Sydonie par Henri et d'éluder ainsi une reddition de comptes plus qu'embarrassante.

Albert reconnut, d'après ce qu'il apprit par les papiers,

qu'il s'était fort trompé sur le compte de Pontaris. Sans savoir la fourberie et la trahison qui avaient touché à son honneur, il savait que Pontaris s'appelait Durand; qu'il avait été expulsé par l'agent de change Brissier; qu'il avait plus d'à moitié ruiné la pauvre enfant que la confiance d'une mère mourant avait livrée à sa protection. Il savait aussi qu'il était joueur et médiocrement scrupuleux ; mais tout cela ne justifiait pas la haine implacable de Rodolphe, haine qui n'avait pu s'assouvir que par la mort de Clodomir. Il pensait bien aussi que Rodolphe, qui n'avait jamais eu d'autre amitié que celle qu'il éprouvait pour lui, Albert, avait vu avec douleur la folle tendresse qu'il avait prise pour cet étranger, duquel Rodolphe avait, avec raison, une très-mauvaise opinion. Etait-ce donc à l'amitié jalouse qu'il fallait attribuer des excès, des violences, un crime, qu'on est habitué à ne voir causés que par les jalousies de l'amour ?

La tante Isabelle ne songeait plus guère au défunt, et d'ailleurs les derniers rêves qu'elle avait faits peut-être sur M. de Pontaris ne pouvaient s'appliquer à M. Clodomir Durand.

Sydonie avait été frappée de cette mort si brusque. Mais elle n'avait pour son père qu'une tendresse fort tempérée, surtout quand elle sut qu'il l'avait à peu près ruinée. Elle avait fort gagné à la quasi-adoption de M. Reynold. Elle était au château d'Albert plus heureuse qu'elle ne se rappelait l'avoir jamais été. Enfin elle entendait parler par la tante, comme d'une chose assez positive, de son mariage avec Henri.

On ne parlait donc plus guère de Clodomir, et Cécile seule

en gardait un souvenir amer. Les découvertes faites après la mort de son amant n'avaient pas été sans influence sur son esprit ; mais si elle était réveillée de son rêve, si elle avait perdu ses illusions, elle ne pouvait oublier quelles relations elle avait eues avec lui, et dans quel abîme ces relations l'avaient précipitée. Pour lui, elle avait manqué à tous ses devoirs ; pour lui, elle avait ajouté à son premier crime d'horribles perfidies ; et il y avait un homme qui savait tout cela, un homme qui ne pouvait se sauver lui-même qu'en disant ce qu'il savait. Le procès s'instruisait ; encore quelques jours et Rodolphe, dont la santé s'améliorait à chaque instant, allait paraître devant ses juges. Comment espérer qu'il se tairait ? Une des causes probables de son généreux silence, jusque-là, était la crainte de voir son frère exposer sa vie en voulant punir la perfidie de Clodomir. Cette crainte avait disparu. Le séjour du château était insupportable pour Cécile. Chaque fois que son mari rentrait, elle craignait que Rodolphe n'eût parlé. Elle interrogeait avec anxiété son air, ses regards, son maintien ; enfin, elle écrivit à sa mère, qui ne tarda pas à lui répondre qu'étant gravement indisposée, elle priait Albert de permettre à sa fille de venir passer quelques jours avec elle. Albert n'hésita pas à conduire lui même sa femme chez sa belle-mère.

Là il sembla à Cécile qu'elle pourrait attendre plus patiemment le coup suspendu sur sa tête.

XX

Albert ne put tenir plus longtemps à aller voir son frère. Rodolphe se levait, mais était fort pâle et fort affaibli.

Les deux frères se serrèrent la main avec quelque embarras de la part d'Albert.

— Mon frère, dit-il à Rodolphe, j'ai beaucoup souffert de ne pas venir te voir pendant ta maladie, mais tous les jours j'envoyais prendre de tes nouvelles : on te l'a dit ?

— Oui, mon cher Albert, et tu venais toi-même, pour les avoir plus vite, attendre ton domestique derrière la haie d'aubépine de ma cour, si bien que j'avais fait approcher mon lit de la fenêtre pour t'apercevoir chaque matin, que j'attendais ton arrivée et que je te disais chaque jour du fond de mon cœur : — Bonjour, mon cher frère !

— Je viens te faire une prière que tu as déjà repoussée, Rodolphe. C'est dans trois jours que tu parais au tribunal ; j'ai causé avec ton avocat ; il est en bas ; veux-tu qu'il monte et que nous causions tous les trois ?

— Volontiers, mon frère. Que je suis donc content de te voir et de te presser la main, mon cher Albert !

— Qui aurait jamais cru qu'il se passerait de si cruelles choses entre nous, Rodolphe !

L'avocat monta ; il avait vu le juge d'instruction, il avait vu les juges : c'était un de ces avocats qui ont, comme on dit, *l'oreille de la cour*. On m'a donné de cette locution des explications si variées, que je les néglige toutes. Tout le monde était d'accord sur un point : le duel s'était passé régulièrement, sauf la présence de deux témoins au lieu des quatre que prescrit l'usage. Rodolphe avait tué son adversaire, mais il avait été blessé lui-même ; il ne s'élevait aucun doute sur la loyauté du combat. Mais Rodolphe avait montré, dans toutes les circonstances qui avaient précédé le duel, un acharnement voisin de la férocité. Pour une cause futile, il avait fait à Pontaris une insulte extrêmement grave, il avait refusé de faire des excuses que les règles dites de l'honneur ne permettaient guère à Pontaris d'accepter, et que pourtant il consentait à accepter. Le ministère public ne comptait guère pour une condamnation sur les lieux communs à débiter contre le duel ; il savait que ce n'est qu'en torturant la loi qu'on accuse en ce cas le prévenu d'homicide, mais que le prévenu peut toujours établir qu'il n'a tué qu'à son corps défendant, ce qui entraîne toujours un acquittement. Mais il comptait sur l'opiniâtreté de Rodolphe à rendre nécessaire un combat devant lequel son adversaire reculait évidemment; il se proposait d'exploiter cette implacable haine, et de faire partager aux jurés l'indignation qu'elle lui faisait éprouver. L'avocat pensait, comme lui, qu'il y aurait condamnation, non pas une condamnation capitale, mais une condamnation à plusieurs années de prison.

A moins, ajouta l'avocat, qu'il n'y ait eu à ce duel, dont les résultats avaient été si funestes, une cause plus grave, capable, sinon d'en justifier, du moins d'en faire excuser les suites, et l'opiniâtreté de Rodolphe ; ces causes qui probablement existent, cette offense impardonnable faite par M. Clodomir de Pontaris à M. Rodolphe Reynold, il fallait absolument les avouer au tribunal, c'était le seul moyen d'éviter une condamnation sévère.

Albert renouvela toutes ses prières à son frère, mais inutilement ; celui-ci s'obstina à dire que la seule cause de son duel avec M. de Pontaris était que lui, Rodolphe, l'ayant, dans un endroit public, poussé involontairement, avait été menacé par lui d'un soufflet, qu'il avait donné ce soufflet à M. de Pontaris, estimant que c'était presque le rendre ; que M. de Pontaris avait demandé raison, que la moitié pour le moins des duels n'avaient pas de causes plus sérieuses, et que graduellement, d'une discussion sur un objet futile, il arrivait fréquemment qu'on aboutissait à des insultes graves qui rendaient une rencontre indispensable.

Albert essaya encore de glisser qu'un sentiment jaloux. quelques assiduités de Pontaris auprès d'Agathe peut-être...

Rodolphe l'arrêta sévèrement et lui dit:

— Agathe n'a pas même été effleurée d'un soupçon ;

Agathe est de ces femmes auxquelles, si elles ont un mari ou un amant, les autres hommes ne songent plus à faire la cour, tant il est facile de voir combien, dans ces cœurs, l'amour est exclusif, honnête et sacré. Cette allusion a amené entre nous, Albert, une discussion dont nous ne devons même pas rappeler le souvenir...

Albert l'interrompit et dit :

— Oh ! je ne l'oublierai jamais. Comment puis-je condamner l'emportement, moi qui ai failli tuer le meilleur, le plus généreux des frères ! Mais, mon cher Rodolphe, au nom de notre amitié, au nom d'Agathe, que tu aimes comme j'aime ma Cécile, et de Marguerite, écoute les conseils de monsieur et les prières, les larmes de ton frère ! Jamais, toi que je sais si doux, si clément, toi qui, dans cette circonstance où j'ai commis le crime de tirer sur toi, as gardé ce calme magnanime et ce sang-froid pour laisser ignorer ma frénésie aux gens qui accouraient... Non ! il est impossible que tu aies tué cet homme s'il ne t'avait fait une terrible offense ! Jamais, dans notre vie entière, je ne t'ai vu avoir tort. Et tu commencerais par un emportement aussi épouvantable ! Sauve-moi, sauve ta femme et ta fille en te sauvant, en disant la vérité à tes juges !

— Non, jamais ! s'écria involontairement Rodolphe. Puis, se reprenant : — Je vous ai tout dit : jamais, ni ici ni au tribunal je ne dirai un mot de plus. C'est la seule raison de mon duel avec M. de Pontaris.

— Tant pis, Monsieur, dit l'avocat, car tout me porte à croire que vous serez condamné. Je n'ai plus alors qu'un conseil à vous donner, c'est de prendre la fuite, c'est de quitter la France pendant quelque temps.

Il fut alors décidé que Rodolphe partirait. Il passa la soirée seul avec le père Dauphin et Agathe. Il leur dit :

— Cette absence ne sera pas longue ; ce genre d'affaires s'éteint de lui-même après un peu de temps. Ecrivez-moi souvent. Que le père Dauphin me fasse tous les soirs un récit de la journée qui se sera écoulée.

— Quand partez-vous ? dit Agathe.

— Demain.

Agathe se retira pour cacher ses larmes et aussi pour préparer tout ce qui était nécessaire à Rodolphe pendant son voyage.

— C'est un grand malheur, dit le père Dauphin, de voir le meilleur, le plus juste et le plus généreux des hommes fuir ainsi son pays, sa maison, sa famille comme ferait un malfaiteur. Dieu a cela sur la conscience.

On ne dit rien à Marguerite, sinon que son père partait en voyage et serait quelque temps absent. Aussi regardait-elle avec étonnement et inquiétude le visage de sa mère, sur lequel les larmes qu'elle avait voulu cacher avaient cependant laissé leur empreinte. Le matin, Rodolphe se leva et alla prier sur le tombeau de son père et de sa mère.

— O mes chers parents, mes morts bien-aimés, dit-il, vous savez, vous, ce que j'ai souffert de l'injustice et de l'aveuglement d'Albert ; vous savez aussi que je souffrirais bien davantage peut-être s'il savait la vérité, car il aime cette femme et serait bien malheureux. Cependant il doit souffrir dans son cœur de ne plus pouvoir m'aimer autant ; je lui semble un homme orgueilleux, inflexible et sanguinaire. Mes chers parents, j'ai bien tenu la promesse que je vous ai faite d'aimer tendrement et fidèlement mon frère. Je quitte ma douce retraite, ma femme et ma fille bien-aimées, et ce frère auquel je sacrifie tout le reste. Priez Dieu pour que mon exil ne soit pas trop long !

Le soir, Albert amena la voiture qui devait emporter Rodolphe. Ils se serrèrent la main, mais sans s'embrasser comme ils faisaient d'ordinaire.

Pour Albert, du moment que Rodolphe était sauvé, qu'il ne paraîtrait pas en justice et n'était plus exposé à être condamné, il lui revenait à la pensée que Rodolphe avait été bien implacable dans ce duel funeste; que l'offense de Clodomir, déjà punie par une offense plus grande, ne méritait pas la mort, et que d'ailleurs l'amitié que lui portait Albert aurait dû le mettre à l'abri de cette opiniâtre vengeance. S'il avait un moment retrouvé toute son amitié pour Rodolphe, c'est que Rodolphe était en danger. Celui-ci vit bien ce qui se passait dans l'esprit de son frère, et partit triste et ayant besoin de se dire : C'est pour son bonheur que je me tais.

XXI

Rodolphe parti, Albert alla voir sa femme chez madame Golbert. Celle-ci fut annoncée comme convalescente; mais Cécile était malade à son tour, elle désirait rester auprès de sa mère quelque temps. Albert insista pour le retour aux Aulnaies.

— Eh bien, dit Cécile, je ne vous cacherai rien. Il y a un homme que je ne veux plus voir; je ne sais jusqu'où ira votre indulgence pour lui, mais à mes yeux c'est un meurtrier, un assassin! Je ne puis vous demander de fermer votre maison à votre frère; peut-être le temps modifiera-t-il mes impressions; mais aujourd'hui, sa présence me ferait horreur!

— Rodolphe est parti, Dieu sait quand je le reverrai, refusant de donner d'autres raisons de son duel avec Clodomir ; sa condamnation était certaine, je l'ai supplié de fuir.

— Vous avez bien fait. Vous n'avez donc pu en tirer rien de plus?

— Non, il a été inébranlable. Son récit n'a pas gagné une circonstance : c'est toujours cette querelle futile qui a amené le duel.

— Il faut que ce soit vrai.

— Par moments je le crois; cependant, Rodolphe, que j'ai toujours vu si doux et si indulgent...

— Il détestait ce malheureux Pontaris, à cause de l'amitié que vous lui portiez.

— Maudit soit le jour où ce Pontaris est entré aux Aulnaies!

— Dites plutôt : « Maudits soient l'orgueil et la dureté de mon frère! »

Certaine de ne pas rencontrer Rodolphe, et rassurée d'ailleurs par son silence si noble sur les véritables causes de son duel avec Clodomir, madame Reynold consentit enfin à retourner aux Aulnaies. Cependant, de cruelles émotions l'y attendaient. Elle pleura, elle embrassa Sydonie, et lui fit mille amitiés.

Au commencement, Albert fut très-triste de l'absence de son frère, mais graduellement Cécile réussit à lui faire regarder son duel avec M. de Pontaris comme un acte de férocité, et à lui faire décider qu'il avait dit la vérité en affirmant que ce combat n'avait pas d'autre cause que celle que l'on savait.

— Vous avez fait pour votre frère, dit-elle, ce que vous deviez ; vous avez favorisé sa fuite, vous n'avez pas voulu qu'il fût condamné comme meurtrier et jeté en prison. Vous avez bien fait, je vous approuve ; je vous aurais conseillé de le faire, si vous aviez eu besoin de conseils pour cela ; mais il n'en reste pas moins établi que votre frère est un homme dur et cruel, et sur l'esprit duquel vous n'avez aucun pouvoir. Il n'a pas voulu accorder à vos prières de renoncer à une haine sans sujet. Le titre de votre ami n'a pas pu mettre à l'abri de sa colère aveugle l'homme qui n'avait d'autre tort à ses yeux que de vous aimer et d'être aimé de vous. Pour vous, au contraire, ses moindres désirs étaient toujours des lois. Jamais vous n'hésitiez à lui céder sur les plus frivoles, comme sur les plus importants objets. Entre nous, mon cher Albert, il vous menait, comme on dit, par le nez. Je ne vous en ai jamais parlé, parce que je respectais l'amitié qui vous unissait. Je voyais bien qu'il avait pris sur vous, à votre insu, une autorité sans limite, mais je croyais qu'au besoin il vous donnerait le même pouvoir sur lui-même. Un triste événement est venu vous donner la preuve qu'il ne ferait pas céder, même à votre prière, la moindre de ses passions. Vous avez bien fait de faire évader votre frère ; vous devez au besoin l'aider de votre bourse s'il a besoin d'argent en pays étranger ; mais vous devez désormais secouer le joug que vous vous étiez si doucement laissé imposer. Pourquoi sa femme et sa fille ne viennent-elles pas au château?

— Le départ de Rodolphe a répandu à la ferme une tristesse profonde.

— Raison de plus ; nous les distrairions ici, en même temps

que cette pauvre et intéressante Sydonie. Il faut les engager à venir, sans en excepter même M. Dauphin. Je ne suis pas assez injuste pour les rendre responsables de l'acte de mauvais cœur de votre frère. Je ne leur en parlerai même pas et leur ferai bon accueil.

Albert baisa la main de sa femme et alla s'acquitter de sa commission. La conduite de Cécile à ce sujet était le résultat de longues conférences avec la tante Isabelle. Albert allait presque tous les jours à la ferme. Là tout lui rappelait son frère; là tout était triste de l'exil de Rodolphe; là il ne se rappelait que la sainte amitié qui l'avait toujours uni si étroitement avec Rodolphe. Cécile et madame de Vorlieu ne pouvaient rien mêler à ces impressions qui auraient pour résultat prochain, sans aucun doute, la résurrection de la tendresse des deux frères.

Agathe hésita à revenir aux Aulnaies, puis elle céda aux instances d'Albert. Un jour qu'elle parlait de sa douleur, de l'exil de son mari, on la laissa dire, mais personne ne prononça une parole. Un autre jour qu'elle dit : « J'ai des nouvelles de Rodolphe, » on répondit par un : Ah! ah! sans demander à les connaître.

Elle annonça formellement dès le lendemain à Albert qu'elle ne sortirait plus de la ferme jusqu'au retour de Rodolphe.

— Mon cher frère, lui dit-elle, chez vous on aimait beaucoup M. de Pontaris; peut-être le méritait-il; je l'ai peu vu et je n'ai pas eu d'occasions de faire attention à lui. Naturellement on considère Rodolphe comme un homme très-criminel de l'avoir tué : on veut bien ne m'en rien dire ; mais si je parle de mon cher exilé, on semble gêné, et personne ne prend intérêt ni à mon chagrin, ni à mon inquiétude quand je ne reçois pas de lettres, ni à la consolation que m'apportent les nouvelles quand il m'en arrive. Je ne sais pas plus que vous les causes de l'événement funeste qui vous a séparés, mais je connais Rodolphe. Il y a là-dessous quelque chose de noble et de généreux : j'en suis sûre, je le crois, je le sais. Je ne puis discuter cela chez vous, mais je souffre tout le temps que j'y reste. Je ne vis que par mon mari, en ce moment surtout où il est malheureux. Ici, entre nous, nous en parlons librement et avec bonheur ; nous nous rappelons l'appui que sa puissante bonté nous donne à tous, le bonheur qu'il nous a préparé et qu'il nous conserve. Nous ne goûtons pas le moindre plaisir, sans nous rappeler ensemble que c'est à lui que nous le devons : le parfum d'une fleur, un fruit savoureux, tout nous fait dans notre cœur remercier Rodolphe, et aussi le beau soleil et le chant des oiseaux, car c'est lui qui nous a élevé le cœur assez pour que nous aimions les choses simples et que nous sentions plus que les autres toutes les magnificences de la nature. Quand vous voudrez venir nous voir et nous parler de l'homme dont vous êtes la joie et la passion, vous serez reçu comme vous l'avez toujours été, c'est-à-dire avec une sincère amitié ; mais j'attendrai Rodolphe ici. L'esprit de votre frère reste sur sa maison ; absent, c'est lui qui commande encore. Seulement, pendant son exil, notre obéissance est plus scrupuleuse ; elle est pour nous une consolation et un bonheur. Nous nous plaisons, quand il se présente une circonstance inusitée, à deviner quelle aurait été sa décision. Jusqu'ici, nous ne nous sommes pas encore trompés, car il sait tout ce que nous faisons, et il nous écrit très-souvent. Tenez, voici sa dernière lettre, elle est d'hier :

« Mes chers amis,

» Je ne vous écrirai pas longuement, parce que j'ai opéré une grande chose ; j'ai quitté Lausanne, et, je suis venu planter ma tente dans un petit hameau que j'ai découvert dans mes promenades. Il s'appelle Montreux. Il est tout à fait sur le bord du lac ; une large et belle terrasse qui entoure l'église et qui est remplie d'arbres, est baignée par l'eau. C'est un endroit ravissant qui n'est pas sur les itinéraires des voyageurs ; j'y suis plus tranquille. Je vous enverrai dans ma première lettre un dessin de ma retraite ; vous aurez presque autant envie d'y être avec moi que j'en ai d'être avec vous dans notre cher nid. Il y a cependant cette différence pour moi qu'il y aurait pour vous ; c'est que, aux Aulnaies, toutes nos années, tous nos jours, tous nos bonheurs, tous nos chagrins écoulés ne sont pas perdus. J'ai là, à part vous autres et mon cher frère, j'ai là les tombeaux de mes parents, les souvenirs de notre enfance à Albert et à moi. Notre chère Marguerite y est née. Et puis ces arbres que j'ai plantés, qui ont grandi avec elle, qui vieillissent avec nous, ont un charme qu'on ne retrouve pas ailleurs, où les arbres ne vous connaissent pas et n'ont pas l'air de s'intéresser à vous le moins du monde. Dites-moi, ma chère femme, ce que fait Albert. Il ne m'écrit pas, je le comprends ; il a des doutes sur moi, il sent qu'il ne devrait pas en avoir et il ne veut pas me les laisser voir ; il croit que j'ai eu tort dans ce malheureux duel ; s'il était à ma place et moi à la sienne, j'aimerais mieux avoir tort avec lui que de me séparer de lui. Soutenir quelqu'un quand il a raison, belle affaire ! C'est une justice qu'on doit au premier venu. Mais si mon frère a tort, j'ai tort avec lui. Et dites-moi, paraît-il heureux ? Je n'ai pas besoin de vous dire comment vous devez être pour lui. Agathe, c'est ton frère, tu lui dois l'amitié qu'il t'inspire naturellement ; Marguerite, c'est ton oncle, tu lui dois le plus grand et le plus affectueux respect. Quant au père Dauphin, il n'y a pas de danger que son cœur ne fasse pas assez. D'ailleurs vous savez tout ce qu'Albert a été pour moi, etc. »

Suivaient des explications pour le père Dauphin, explications relatives à la ferme et à la culture des terres.

Deux larmes tombèrent des yeux d'Albert ; il baisa la lettre et la rendit à Agathe.

— Il a raison, dit-il, il vaut mieux que moi. Je ne puis me débarrasser du trouble où m'a mis cet acte qui semble montrer tant de férocité. J'aime mon frère comme je l'ai toujours aimé. J'invente chaque jour un gros volume d'explications ; je passe ma vie à plaider pour lui dans mon cœur ; je n'ai pas cette foi que je vous envie et qu'il aurait, comme il le dit, j'en suis sûr, s'il était à ma place et moi à la sienne. Je ne lui écrirai pas encore, mais dites-lui, ce que je vous dis les larmes aux yeux, qu'il est meilleur que moi, que je n'aime rien au monde autant que lui. Mais pourquoi manque-t-il de confiance en moi ? Pourquoi n'a-t-il pas pitié du tourment horrible que j'éprouve en doutant de lui pour la première fois de ma vie ? Dites-lui aussi que l'avocat chargé de son affaire est un homme qu'il a très-séduit et qui met un grand cœur à ses intérêts. Sous des prétextes différents, il a fait remettre le jugement ; il espère le faire remettre encore longtemps. C'est beaucoup de gagner du temps, dit-il, outre que peut-être, d'un instant à l'autre, les choses peuvent s'éclaircir. Un duel, un meurtre qui a eu lieu il y a longtemps, ne produit plus le même effet sur l'esprit des jurés. C'est proportionnellement comme quand on apprend qu'un homme est mort à la Chine ou il y a dix ans. Quelque réellement qu'on ait aimé cet homme, on n'a pas le même chagrin que si on l'avait vu faire ce terrible passage de la vie à la mort. Les enfants, ajoute-t-il, savent d'instinct ce mystère du cœur humain. Quand vous découvrez qu'ils ont cassé quelque chose, ils ne manquent jamais de vous dire : — « Il y a longtemps ! » Il ne faut pas encore que Rodolphe revienne.

XXII

...écile et la tante Isabelle étaient toujours d'accord sur un
...nt : leur amour du monde, des plaisirs et de la distraction.
... invita les voisins, on alla chez eux, on donna des fêtes,
...s lesquelles les succès qu'obtint Cécile achevèrent promp-
...ent de lui faire oublier Clodomir. Vis-à-vis d'elle-même,
... se louait de ne pas montrer de chagrin, et appelait cela
...orce et soin de sa réputation. »

...larguerite se trouvait quelquefois accompagnée du père
...phin dans les fêtes des Aulnaies. Un des danseurs les
...s assidus était le frère de Cécile, Emile Golbert, celui
...uel Albert avait autrefois donné des leçons de mathéma-
...es.

Henri avait fini ses études du collége, mais Cécile et la tante Isabelle obtinrent d'Albert, par leurs persécutions, qu'il consentît à ce que son fils étudiât son droit. Il était donc encore étudiant, mais plus libre, et il venait souvent aux Aulnaies. Il ne manquait jamais alors d'aller faire un tour à la ferme, où souvent il dînait. Il ajoutait quelques mots aux lettres que la famille adressait à Rodolphe. Henri, quand on lui avait annoncé la mort de M. de Pontaris, avait entrevu un moment la vérité, mais il avait détourné les yeux. Néanmoins, il n'avait pas caché qu'il ne regrettait que très-modérément Clodomir, et qu'il était désespéré du départ de Rodolphe.

D'abord il s'en alla souvent des Aulnaies avec son autre oncle Emile Golbert, puis graduellement ils s'avertissaient des jours où ils devaient y aller et venaient ensemble. L'oncle n'avait qu'une dizaine d'années de plus que son neveu, et arriva facilement à exercer sur sa jeune imagination une assez grande influence. Emile Golbert n'était ni bon ni mauvais; ses facultés étaient très-ordinaires. Répandu dans un monde d'hommes jeunes et désœuvrés comme lui, il se piquait d'être un homme à la mode. Il trouva Henri plein de préjugés et d'idées fausses; il attaqua par la moquerie les nobles et jeunes pensées de son neveu. Celui-ci n'eut pas le courage de les défendre; d'abord il les cacha, puis il en fut honteux, puis il fit semblant de penser comme Emile Golbert, et, du moins, réussit à parler comme lui.

Emile Golbert lui faisait de longs et variés récits de ses bonnes fortunes. Henri avait compris tout de suite que ce n'était pas le moment de parler de la naïve et poétique tendresse que lui inspirait Marguerite. S'il avait sacrifié à son oncle

Golbert ses autres pensées, il voulut réserver celle-là, et la cacha dans le fond de son cœur avec la sollicitude d'un avare. Il faut dire aussi que, suivant Emile Golbert dans son monde, il se mit aussi à moins songer à Marguerite. Il était quelquefois huit ou dix jours sans venir aux Aulnaies. Une fois il alla chez son père, mais ne vint pas à la ferme, parce que Golbert ne le quitta pas et qu'il ne voulait pas l'y mener avec lui.

Une autre fois, après avoir hésité tout le jour, il se décida à dire :

— Il faut que j'aille voir ma tante Agathe.

Golbert le suivit. Ils restèrent peu de temps ; mais néanmoins Henri n'échappa pas aux sarcasmes de son oncle.

— Tu ne m'avais pas parlé de cette modeste violette épanouie au pied d'une haie, lui dit-il. Cette villageoise a un assez joli visage. Mais, mon ami, c'est écœurant de simplicité et de candeur ; ça ne sait pas dire deux mots ça ne sait rien de rien. J'aimerais mieux la mère. Ce n'est pas qu'elle soit non plus fort causeuse. Mais, une bonne figure, c'est le père Dauphin ; il ne change pas. Mon cher neveu, je veux bien vous garder le secret, mais que je ne vous reprenne plus en semblables bucoliques, vous seriez perdu de réputation parmi nos amis. Et il continua en chantant :

> Une robe légère
> D'une entière blancheur.
> Un chapeau de bergère,
> De nos bois une fleur.
> Oui, voilà la parure
> Dont je suis enchanté,
> Car toujours la nature
> Embellit la beauté.

— Mais, mon cher Emile, dit Henri, Marguerite est tout simplement ma cousine, la fille de mon oncle.

— Précisément, voilà où est la vertu ! voilà où je te prends ! Puisqu'elle est la fille de ton oncle, la tendresse ne peut avoir qu'un but honnête, légitime. Ah ! parbleu, s'il ne s'agissait que de déniaiser une jeune paysanne assez gentille comme elle est, quoiqu'il soit ennuyeux de déniaiser, pour ma part je te le passerais ; mais non, ici il n'y a pas moyen, on ne peut aimer qu'avec le consentement des parents et par-devant monsieur le maire.

— Tu es fou !

— N'en parlons plus ; mais si je t'y reprends, je te perds d'honneur.

Tout en disant : N'en parlons plus, Emile Golbert continua à en parler. Il en parla à Paris le soir à un souper où se trouvaient des amis d'Emile et quelques *dames* de théâtre. On plaisanta tellement Henri, qu'il finit par laisser penser qu'il ne prenait pas du tout au sérieux la petite cousine, que rien n'était si éloigné de ses idées que le mariage, etc. Cette apostasie le réhabilita, et il fut déclaré non coupable du crime de bergerie, d'amour honnête et ridicule dont il avait été fortement prévenu.

Emile déclara même que son neveu était un énorme coquin, un scélérat qu'il ne comptait plus fréquenter dans la crainte de se perdre par la contagion de l'exemple.

XXIII

Sydonie de Pontaris avait reçu ce qu'on appelle une brillante éducation, c'est-à-dire qu'elle avait appris tout ce qui jette de l'éclat au dehors, rien de ce qui donne du bonheur au dedans. La nature ne l'avait pas faite musicienne : elle n'avait pas de voix ; néanmoins, des maîtres habiles et chèrement payés avaient fait d'elle une pianiste admirée. Elle n'avait dans son jeu ni sentiment, ni sensibilité. Le piano ne savait sous ses doigts ni pleurer ni chanter, et chacun des sons qu'elle lui faisait rendre semblait dire : « Je suis en bois. » Mais elle était habile dans cette gymnastique à la mode qui consiste à faire le plus de notes possibles à l'heure. Elle exécutait admirablement de ces grandes difficultés qui faisaient dire à Grétry : « Quel malheur que ça ne soit pas un peu plus difficile ! ça serait peut-être impossible ; » de ces difficultés qui sont cause qu'aujourd'hui, dans un concert, on recherche surtout les places d'où l'on voit le pianiste faire mouvoir ses doigts avec une agilité si surprenante, que la musique, si elle cesse d'être un plaisir pour les oreilles, en est un maintenant pour les yeux.

Sydonie, comme les gens qui ont appris la musique et ne la sentent pas, ne faisait aucun cas de la mélodie, ou plutôt ne faisait cas que de ce qui était à la mode, n'avait que les admirations de bon genre et les sympathies bien portées.

Elle ne jouait et n'approuvait que la *grande musique*.

Il faut dire, pour l'explication de ceci, qu'on n'est décidément pas musicien en France, que de temps en temps il devient à la mode d'aimer la musique. Alors ce goût n'a plus de bornes : chacun ne montre pas le plaisir qu'il ressent, mais se pique d'en montrer plus que les autres. On va aux théâtres de musique, non pour voir le spectacle, mais pour être le spectacle soi-même. On interrompt les chanteurs pour les applaudir. Peu importe qu'on n'entende pas la musique, pourvu qu'on soit vu l'applaudissant avec frénésie.

Ainsi, nous autres artistes et poëtes, Dieu sait combien de temps nous avons passé pour fous, alors que nous aimions seuls à entendre la musique de Beethoven. A cette époque, où Habeneck, qui est mort récemment, s'obstinait à la faire jouer et à la faire comprendre, ses meilleurs amis disaient : Ce pauvre Habeneck !

Puis, un beau jour, la musique de Beethoven est devenue

à la mode, comme les meubles de bois sculptés et cent autres choses.

Depuis ce temps, il suffit de jouer n'importe quels bruits sous le nom de Beethoven pour faire crier et pâmer les dilettanti. Ils nous disent, à nous : « Connaissez-vous Beethoven ? aimez-vous Beethoven ? mais comprenez-vous bien Beethoven ? » Et ils ne nous permettent plus à nous-mêmes de préférer telle ou telle symphonie, d'aimer moins telle ou telle autre. Tout est également beau. Nous sommes des malheureux, des impies !

Ce qui a contribué à faire enfin accepter en France cette musique, c'est la perfection avec laquelle la joue l'orchestre du Conservatoire. Mais comme la musique de Beethoven est maintenant à la mode, on l'aime tant qu'on n'a plus besoin d'orchestre pour la jouer : on la joue sur le piano, sur la flûte, sur le tambour de basque, sur les castagnettes, et les musiciens ont toujours le même succès, les auditeurs toujours le même enthousiasme.

Ce n'est pas tout : quelques compositeurs ont *arrangé*, ou plutôt dérangé pour le piano des symphonies écrites pour cent cinquante instruments; ils ont retranché, mêlé, rajusté ce qu'ils ont pu, et, malgré les mutilations de tous genres, cela a encore fait de la musique très-difficile à jouer. Bien jouée, elle produit un effet médiocre. Or, trois ou quatre personnes la jouent bien, une trentaine la jouent passablement, le reste se contente de faire des bruits confus sur le piano. Malheureusement ce reste est fort nombreux, et si vous avez le malheur de dire que vous ne prenez aucun plaisir à ces tapages, on vous dit :

— Ah! c'est que vous n'aimez pas Beethoven.

— Pardon, je l'aimais avant vous; j'étais de ceux que vous classiez fous avant que Beethoven ne fût devenu à la mode. Mais ce que vous me tapez là, ce n'est pas Beethoven, pas plus que vous ne me réciteriez Horace en m'en disant quelques vers éclopés dont vous romperiez le rhythme, ou en me montrant les *a* qui sont dans Virgile, les *d* qui sont dans Juvénal.

— Ah! très-bien! monsieur n'aime pas Beethoven.

Mademoiselle Sydonie de Pontaris donc ne jouait que de la grande musique, de la haute musique.

Il est juste d'ajouter qu'elle ne pouvait guère en jouer d'autre : la nature ne l'avait pas faite musicienne. Elle savait la musique, c'est-à-dire elle avait appris ce qui s'apprend; elle avait acquis dans les doigts assez de vigueur et de volubilité pour étonner, quoiqu'elle ne fût pas, sous ce rapport même, des plus étonnantes; mais il suffit de proclamer une bonne fois qu'on ne joue que de la *grande musique,* de cette musique qui n'est pas à la portée de tout le monde, de cette musique réservée aux organisations d'élite, pour que personne ne consente à être en dehors de ce cercle privilégié, pour que personne ne veuille se dire : « Je n'ai pas une organisation d'élite ; c'est trop beau pour ma faible intelligence. » Une fois ceci établi, on fait boire aux gens l'ennui à pleins verres, on leur fait entendre ce qu'on veut, aussi longtemps qu'on veut. Ceux qui comprennent le moins, ceux qui s'ennuient le plus, ne se reconnaissent qu'à un signe : comme ils sont au dedans un peu humiliés de ne pas comprendre et de ne pas ressentir ces voluptés réservées aux intelligences supérieures, ils se donnent bien de garde d'avouer leur infirmité, et, pour détourner les soupçons, ils s'extasient bien plus haut que les autres, ils se livrent aux hyperboles les plus violentes, ils se transportent, ils se pâment, ils deviennent furieux. Ce sont ceux-là qui, si quelqu'un dit devant eux : « *C'est admirable !* » s'écrient avec colère : « Admirable ! vous êtes bien froid ; vous ne sentez guère la musique. Admirable ! voilà vraiment un bel éloge ! Ah ! vous trouvez cela tout simplement admirable ? Eh bien, je vous plains ! Admirable ! c'est... c'est bien plus que cela..... c'est à cent piques au-dessus de cela ; c'est..... c'est... » Et comme ils ne trouvent pas d'autres mots, ils s'éloignent en disant : « Ah ! que c'est beau ! »

On a inventé à ce sujet une assez bonne plaisanterie dont quelques-uns sont dupes et dont beaucoup font semblant de l'être. On vous dit : « Cette musique ne vous plaît pas, parce que vous ne l'avez entendue qu'une fois : c'est de la grande musique ; il faut l'entendre plusieurs fois pour la comprendre. »

J'admets parfaitement qu'une belle musique, comme un beau livre, ne vous prodigue pas d'abord tous ses charmes. Les Muses sont vêtues, mais elles montrent un beau visage et cachent un beau corps. Ainsi, je veux que le livre, comme la musique, donne par ce qu'il montre le désir de connaître ce qu'il cache. Il n'est pas nécessaire que le livre soit ennuyeux, que la musique endorme à la première audition, pas plus qu'un vilain visage, des mains communes, des pieds gros et courts ne sont l'indice nécessaire d'un beau corps.

Les dragons qui gardaient les pommes du jardin des Hespérides dévoraient les gens, mais ne les ennuyaient pas.

Que la muse paraisse avec une douce et sympathique figure, des yeux intelligents, une démarche noble ou élégante : elle aura beau se couvrir de longues draperies et multiplier les plis sur elle, on ne se découragera pas, et on voudra connaître tout ce qu'elle cèle de charmes ravissants. Que l'on me dise que je ne connais pas, à une première audition ni à une seconde, toutes les beautés d'un ouvrage, j'en suis parfaitement d'accord.

Je ne sais plus qui avait lu quatre-vingts fois Térence. Alphonse le Sage, roi de Castille et de Léon, avait lu quatorze fois toute la *Bible* avec les commentaires ; Abu-Hanifah-Al-Nooman-Ebn-Thabet, né l'an de l'hégire 80, avait lu sept mille fois le *Koran* dans la prison où il mourut.

Il y a des livres qu'on relit toujours, des musiques qu'on entend sans cesse avec plaisir. Mais avouons qu'on est plus porté à relire, à entendre derechef le livre ou la musique qui vous charment et qui vous plaisent, que ceux qui vous fatiguent et vous ennuient.

Vous me direz : « La truffe, ce cryptogame embaumé, n'attire pas par ses charmes extérieurs ; il faut en manger pour l'apprécier. » Mais je répondrai : « Croyez-vous que la pêche soit un moins bon fruit parce qu'elle a cette peau veloutée qui attire les lèvres avant les dents ? L'écorce d'or de l'orange n'en fait pas un fruit méprisable.

» D'ailleurs, la truffe vous avertit et vous provoque par son odeur, et il suffit d'en manger une fois pour la connaître. »

Mais je m'arrête, je me laisse emporter sur cette question, comme si je parlais aux gens qui m'ont si souvent impatienté par leur admiration feinte et leur enthousiasme récité, tandis que j'écris pour des lecteurs innocents, qui ne m'ont jamais fait de mal, et qui auraient le droit de me dire que je leur fais entendre trop longtemps un air qui les ennuie, et qui ont le droit d'exiger que je tourne la manivelle dans l'autre sens.

Entendre, c'est obéir.

XXIV

Sydonie était jolie, elle avait surtout de beaux yeux dont elle savait jouer comme elle savait jouer du piano : elle avait des regards dièzes et des regards bémols. Elle avait aussi l'art de la parure à un très-haut degré : elle s'appropriait si bien les étoffes, les bijoux, la gaze, que tout cela semblait être elle aussi bien que ses cheveux et ses mains. Sa beauté était un tableau, un ensemble où il y avait autant de soie, d'or, de dentelles et de pierreries que de femme.

Elle avait une assurance imperturbable et n'hésitait jamais à mettre en relief tous ses avantages. Elle avait choisi dans les idées, dans les sentiments, non pas ce qu'elle éprouvait, mais ce qui lui allait le mieux, comme elle eût choisi dans des étoffes et des bijoux. Elle mettait l'enthousiasme pour les arts, comme elle mettait ses manchettes de point de Venise ; elle se parait d'admiration pour la nature comme de son collier de perles.

La pauvre Marguerite était une douce et simple fille, dont la beauté avait fleuri comme fleurissent les primevères et les violettes. Ses grands yeux naïfs, souvent baissés, n'exprimaient que bien juste ce qu'elle ressentait, et encore était-ce un éclair fugitif qu'elle s'empressait de cacher sous ses longs cils. Elle chantait comme chantent les fauvettes sur les aubépines, avec une voix pleine, vibrante, sympathique, mais ignorant presque quels accords, quelle note même elle faisait. Cependant Rodolphe Reynold lui avait appris à lire la musique et à s'accompagner sur le piano, après qu'elle se l'était appris d'elle-même. Dans un salon elle ne parlait guère, quelquefois même pas du tout. Elle savait fort peu de chose de la vie, et ce qu'elle savait, ou à son gré n'intéressait pas les autres, ou l'intéressait trop elle-même pour qu'elle aimât à en parler. Sa vie d'ailleurs était peu accidentée : elle était née à la ferme des Aulnaies et ne s'en était jamais écartée de plus de quelques lieues. Elle ne s'occupait guère plus du reste du monde que nous ne nous occupons, nous, de la lune et des autres planètes que l'on suppose habitées. Il y avait dans sa vie cinq ou six événements, mais ils avaient pour elle tout l'intérêt qu'auraient eu les innombrables incidents d'une autre existence, qui s'absorbent mutuellement et s'absorbent les uns les autres dans le souvenir. Quand on vit dans un horizon resserré, tout le peu qu'on voit garde une grande importance. Ainsi, sur la carte du village que l'on habite, on retrouve sa maison et son jardin ; sur la carte de France, on ne trouve plus que son village désigné par un point ; sur la mappemonde, on ne voit plus que tout au plus son département.

De même pour Marguerite le petit drame de sa vie n'avait que très-peu d'incidents.

Elle vous aurait rappelé une course faite dans les bois à la fin de l'automne, huit ans auparavant, pour aller arracher des églantiers et les replanter dans son jardin. Elle n'en avait oublié aucun détail. Elle vous aurait décrit le costume de chacun des membres de l'expédition, comme Homère dépeint les chefs de la Grèce devant Troie. Elle s'animait en disant les difficultés de la route et le repos sur l'herbe. Henri s'était écorché la main, puis on s'était égaré au retour. Le père Dauphin avait perdu sa tabatière en allant ; on la retrouva en revenant, ce qui prouva en même temps qu'on avait retrouvé le chemin.

Elle savait quel jour était née telle poule, l'âge précis de tel mouton, quel jour il était tombé malade, quel berger l'était venu voir, et quelle herbe il avait apportée, par suite de quoi le mouton avait été sauvé.

Une semblable existence, qui doit paraître naïve et un peu stupide à bien des personnes, a un charme qui peut presque s'expliquer. Ayant toutes ses affections partagées entre un petit nombre de personnes, n'ayant de relations qu'avec les objets de ses affections, on échange pour le commerce de sa vie les lingots d'or de son cœur. On n'est pas obligé de diviser ces lingots, d'abord en petites pièces, puis de changer ces piècecontre du billon, puis de frapper un peu de fausse monnaie. Les gens qui ont tant d'amis et tant de connaissances se divisent en menues parcelles, et ne reçoivent de chacun que des bribes pareilles. Ces gens-là sont un peu comme les ponts auxquels tout le monde donne un sou. J'aime mieux le commerce du lapidaire qui ne voit pas tant de chalands, mais que l'on paye en or.

La plupart des gens s'occupent plus des autres et de leurs affaires que d'eux-mêmes, et à la fin de la vie ils ont plus vécu pour les autres, le plus souvent contre les autres, qu'ils n'ont vécu pour eux-mêmes.

Il était bien évident qu'une fille comme Marguerite ne devait guère briller en face de Sydonie. C'est précisément pourquoi la tante Isabelle et madame des Aulnaies lui prodiguaient des amitiés, et faisaient tous leurs efforts pour qu'Henri ne les vît plus que réunies. Le meilleur moyen pour cela était d'attirer beaucoup Marguerite au château, ce qui n'aurait pas été bien difficile en tout autre temps, parce qu'elle prenait très-vite pour de bon aloi une manifestation affectueuse, et parce qu'elle avait été élevée dans le plus tendre respect pour son oncle Albert. Cependant elle refusa d'y retourner les jours de bal et de grande réunion. L'absence et l'exil de son père étaient une raison d'éviter ces plaisirs bruyants; mais elle avoua naïvement qu'elle regrettait de ne pas avoir un plus grand sacrifice à faire à ce cher père absent, attendu que ce tumulte et cette cohue ne l'amusaient guère. Les autres jours elle devait et aimait mieux rester auprès de sa mère, qui ne quittait pas la maison, et du père Dauphin.

XXV

Un thé au château des Aulnaies.

LA TANTE ISABELLE. Est-ce que vous n'allez pas nous jouer, ma charmante Sydonie, quelque chose sur le piano ?

SYDONIE. Avec plaisir, Madame, mais que jouerai-je ?

LA TANTE ISABELLE. Jouez-nous la symphonie en *la*.

SYDONIE. Cela n'amusera pas Marguerite.

MARGUERITE. Pourquoi cela ?

SYDONIE. C'est de la musique sérieuse, ma chère, c'est de la grande musique.

MARGUERITE. Mais je ne tiens pas à ce que la musique soit gaie ; j'ai entendu quelquefois de la musique qui me faisait pleurer, et que cependant j'aimais beaucoup.

SYDONIE. Ce n'est pas là ce que je veux dire ; ce n'est de la musique ni gaie ni triste, c'est de la musique savante.

MARGUERITE. Cela doit regarder alors le compositeur et l'exécutant. C'est une difficulté pour vous, ma chère Sydonie ; mais comme vous êtes très-habile, vous en triompherez.

SYDONIE. Vous ne me comprenez pas.

Sydonie se met au piano, joue parfaitement mal, mais avec beaucoup de bruit et un aplomb imperturbable, un chef-d'œuvre de Beethoven, mais qui, écrit pour l'orchestre, a besoin de l'orchestre, et qui, pour donner sur le piano un plaisir réel, pour en réveiller le souvenir, aurait besoin d'être joué avec beaucoup de précision. Sydonie lève de temps à autre les yeux au ciel. Quand elle a fini, la tante Isabelle et madame des Aulnaies l'applaudissent ; Emile se livre aux acclamations les plus bruyantes, aux admirations les plus convulsives ; Henri ajoute quelques compliments ; Marguerite ne dit rien.

SYDONIE (*avec un sourire dédaigneux*). Eh bien, Marguerite, je vous l'avais bien dit !

MARGUERITE. Ma chère Sydonie, j'ai admiré votre habileté. Il me semble qu'en dix ans d'études je ne pourrais jamais faire ce que vous faites sur le piano ; mais cela ne m'a ni émue ni intéressée.

SYDONIE (*avec le même sourire*). Je vous l'avais dit.

MARGUERITE. Mais vous, à part le plaisir de triompher d'une difficulté, est-ce que cela vous fait réellement plaisir ?

ÉMILE. Mais, Mademoiselle, c'est du Beethoven.

SYDONIE. Non, ma chère, cela ne me fait pas plaisir, mais cela m'enchante, cela m'enivre !

Henri regarde Sydonie. Elle ressemble à Corinne au Capitole ; aussi dit-il :

— C'est charmant !

Albert emmène Marguerite dans un coin et lui dit :
— Ma chère enfant, ne dis plus rien, car tu as raison. Seulement, ne va pas prendre pour de la musique de Beethoven les bruits que Sydonie vient de faire sur le piano.

Sydonie savoure son triomphe. Il lui vient à l'idée de l'augmenter par la comparaison. Elle demande d'un air câlin à Marguerite si elle ne jouera rien.
— Je ne sais pas jouer du piano.
— Mais vous chantez ?
— A la ferme, où personne ne m'écoute.
— Vous vous faites prier ?
— Nullement, et si ça vous fait plaisir, je vais chanter.

SYDONIE. Que chantez-vous ?

MARGUERITE. Je sais la prière du *Freyschutz* de Weber, je sais, et... peut-être ne les sais-je pas très-bien, mais je les chante quelquefois à la maison, et parfois aussi mon père me les demande, quelques autres airs allemands et quelques airs italiens.

SYDONIE. Eh bien, la prière de *Freyschutz*. Voulez-vous que je vous accompagne ?

MARGUERITE. Merci. Je suis si ignorante que vous n'en viendriez pas à bout : je sais à tout cela une sorte d'accompagnement en accords.

Marguerite chante d'une voix pure, fraîche, charmante.

Henri retombe sous le charme de cette voix. Madame des Aulnaies et madame de Vorlieu disent :

— C'est une jolie voix.

Emile fait sa cour à Sydonie et ne dit rien.

Albert embrasse sa nièce.

SYDONIE. Vous avez eu tort, ma chère, de ne pas me permettre de vous accompagner. J'ai tous ces morceaux-là ici. Cela perd beaucoup à ne pas être accompagné autrement. Chantez-nous encore quelque chose et je vous accompagnerai.

Marguerite obéit, mais Sydonie s'occupe de briller sur le piano et un peu d'écraser la voix de Marguerite ; de plus elle ne joue pas toujours en mesure. Marguerite s'arrête et lui dit :

— Je vous en avais prévenue, mon ignorance est telle que vous ne pouvez me suivre.

SYDONIE. Recommençons.

MARGUERITE. Non, cela n'irait pas mieux.

SYDONIE. Cet air est si joli.

MARGUERITE. Si l'air vous plaît, je vais vous le chanter, mais en m'accompagnant moi-même, à ma manière.

SYDONIE. Cela perdra beaucoup.

Marguerite va s'asseoir auprès de son oncle. Elle a bien envie de pleurer. L'oncle l'embrasse encore. Sydonie se remet au piano. Emile montre de nouveau le plus vif enthousiasme. Albert dit :

— Sydonie, chantez à votre tour.

Sydonie répond qu'elle est très-enrhumée, que d'ailleurs elle ne chante pas.

Albert sort. Alors on parle de bals, de concerts; on cite par leurs noms les acteurs à la mode. Marguerite ne comprend plus un mot. Il lui semble qu'elle est au milieu de Chinois ; tous les gens dont on parle lui sont inconnus, tout ce qu'on dit est inintelligible pour elle. Aussi est-elle ravie quand Albert rentre et lui offre de la reconduire. Henri n'essaye pas d'accompagner son père, il craint les moqueries d'Emile, et il se sent retenu par un charme secret auprès de Sydonie.

Marguerite, dans le trajet du château à la ferme, a regardé deux ou trois fois si Henri ne les suivait pas. Rentrée dans sa chambre et couchée, elle satisfait l'envie de pleurer qu'elle avait sentie trois ou quatre fois dans la soirée.

Au château on parle d'elle. Sydonie déclare qu'elle ne sait pas une note de musique et qu'il n'y a pas moyen de l'accompagner. Henri un peu choqué lui dit : « Elle vous en avait prévenue, Mademoiselle. » Sydonie répond n'importe quoi, mais frappe Henri d'un tel regard, qu'il trouve qu'elle a parfaitement raison. Madame des Aulnaies dit que c'est une honte d'élever une fille comme une paysanne, et de la laisser si ignorante des choses du monde; qu'elle y est déplacée. Madame de Vorlieu ajoute que s'il en était autrement, ça ferait disparate avec le père Dauphin et avec sa fille, et que d'ailleurs, destinée sans doute à épouser quelque fermier, Marguerite est élevée selon sa condition.

Sydonie est extrêmement brillante. Néanmoins, la soirée finie, elle se sent une haine profonde contre Marguerite. Marguerite a une voix ravissante. Il n'y a pas moyen de se le nier. De plus, elle s'est aperçue que Sydonie voulait la troubler sous prétexte de l'accompagner.

La tante Isabelle s'inquiète aussi de la belle voix de Marguerite ; mais les sentiments de Sydonie ne lui ont pas échappé, et elle s'en rapporte à elle. En effet, Sydonie trouve que le piano n'est pas d'accord. On fait venir un accordeur de la ville. Sydonie fait monter le piano d'un demi-ton. Aussi, la première fois qu'on se trouve réuni, on prie Marguerite de chanter. Elle ne se fait pas plus prier que la première fois, mais elle ne sait ce qui est survenu à sa voix : elle commence un air et ne peut pas le continuer; elle recommence et est encore arrêtée.

— Je ne puis chanter aujourd'hui, dit-elle.

Sydonie se met au piano à son tour et cette fois triomphe sans aucune rivalité. Emile applaudit son jeu, Henri applaudit ses yeux. Albert vient plus tard et dit à Marguerite : — A ton tour, chante-nous quelque chose.

— J'ai essayé, mon oncle : ça m'est impossible.

— Cela ira peut-être mieux maintenant. Chante-moi ce petit air allemand que j'aime tant.

— Je vais essayer, mon oncle.

Marguerite chante, mais s'arrête comme tout à l'heure.

Albert écoute attentivement et dit :

— Je le crois bien, c'est cet imbécile d'accordeur qui est venu l'autre jour, qui est l'auteur du mal. Ta voix est toujours charmante, Marguerite, mais le piano est plus haut d'un demi-ton que l'autre fois. Comment, Sydonie, virtuose comme vous l'êtes, ne vous en apercevez-vous pas?

— Pardon, mais Marguerite en transposant pourrait...

— Allons, Sydonie, avouez votre erreur, mon enfant; vous savez bien que Marguerite ne sait pas transposer. Avouez tout simplement que vous ne vous étiez pas aperçue que le piano était remonté, quand vous devriez en rougir un peu. Ce beau carmin ne vous messied pas, d'ailleurs. On fera remettre le piano au ton, car je ne veux pas être privé de la jolie voix de Marguerite.

Cependant Henri était exposé aux obsessions de sa mère et de madame de Vorlieu. Sa mère disait :

— Jamais je ne donnerais mon consentement à une mésalliance, si j'avais un fils assez sot pour en rêver une.

— Peut-on faire une mésalliance dans sa famille? demanda Henri.

— Oui, s'il y a une branche de cette famille qui s'est déshonorée déjà par une union méprisable. Ma tante, ajoutait-elle avec un air de négligence affectée, où était donc l'échoppe de M. Dauphin, le père de madame Rodolphe?

— Je n'ai jamais voulu le savoir, ma nièce.

La tante faisait sans cesse l'éloge de Sydonie. — Heureux, disait-elle l'homme qui pourra fixer son choix ! Mais Sydonie a le droit d'être difficile.

Elle faisait aussi, rendons justice à son équité, l'éloge de Marguerite. — Elle a beaucoup de fraîcheur, disait-elle; il est vrai que ça passe avec la première jeunesse. Mais, enfin, pendant qu'on la conserve, on en jouit. Elle fait très-bien les fromages de chèvre et coud dans la perfection : ça fera une très-bonne femme de ménage ; ça ne sera pas brillant, mais ça aura une maison proprement tenue. Si ça épouse quelque riche fermier qui n'en demande pas davantage, il pourra s'en trouver très-bien.

Quoique Henri aimât tendrement Marguerite, son imagination fut frappée de la beauté plus provocante de Sydonie. D'ailleurs, tout le monde parlait de Sydonie avec un enthousiasme si exalté, qu'il finit par lui apparaître comme une chose très-glorieuse d'obtenir quelques préférences de la part de mademoiselle de Pontaris. Emile surtout lui donnait de l'inquiétude ; Emile s'était déclaré, un peu imprudemment, l'admirateur passionné de Sydonie, et il ne semblait nullement s'inquiéter de la rivalité possible d'Henri. En toute occasion il se plaçait près d'elle, tournait les feuillets de sa musique, lui donnait le bras pour aller dans la salle à manger et au jardin, et avait adopté avec elle un ton de familiarité qu'autorisent aujourd'hui les femmes, surtout celles qui ont des prétentions aux beaux-arts, et qui a le tort de toucher d'assez près à la mauvaise compagnie. Ainsi, Emile n'entrait pas sans tendre la main nue à mademoiselle de Pontaris, qui lui tendait la sienne gantée ou non, et tous deux secouaient la main comme auraient pu faire deux hommes.

Rodolphe apprit trois choses par une lettre du père Dauphin : la première, qu'Albert était malade ; la seconde, que Marguerite était triste et qu'il la soupçonnait de pleurer en cachette ; la troisième, que son affaire serait jugée au premier jour.

La maladie d'Albert n'avait rien de bien grave. Cependant le médecin la jugeait probablement digne de quelque attention, puisqu'il venait assez régulièrement. Le jugement relatif au duel de Rodolphe avec Clodomir de Pontaris était une chose prévue. Voici ce qui causait la tristesse de Marguerite.

XXVI

Tous les jours, Marguerite, en se levant, allait faire le tour de son jardin, du jardin qui appartenait à elle et à Henri, et qu'ils avaient commencé à planter dans leur première enfance ; elle visitait chaque arbre, chaque plante à son tour, en lui disant : — Bonjour ; comment te portes-tu ? as-tu besoin d'eau ? es-tu rongée par quelque chenille ? faut-il te débarrasser de quelque menu bois mort ? faut-il te soutenir par un tuteur ? etc.

Il ne faut pas croire cependant qu'en donnant à toutes ses fleurs, à tous ses arbres, des soins semblables, elle n'eût pas dans le cœur quelque préférence.

Elle aimait particulièrement cet églantier aux feuilles parfumées que les Anglais nomment *sveet-briar*, et qu'elle était allée chercher dans la forêt si loin, avec toute la famille, ce jour que Henri eut la main très-écorchée. La plupart de ses riches et éclatantes roses à fleurs pleines avaient été greffées sur cet églantier ; mais elle avait permis à une touffe de végéter avec tout son luxe sauvage ; elle n'avait à nourrir que ses propres enfants, et ne se couvrait que de ses petites roses pâles et simples qui flattent peut-être moins les yeux que les roses doubles, mais parlent plus au cœur et à l'imagination.

Je n'oublierai jamais un lieu sauvage où mon père nous menait souvent dans notre enfance, mon frère et moi : c'est une île sur laquelle s'appuie une des arches du vieux pont de Saint-Maur, jeté sur la Marne, à quelques lieues de Paris. L'île était une prairie où s'épanouissaient tant de marguerites blanches, de sainfoins roses, de sauges bleues et de papillons de toutes les couleurs ! Au-dessous de l'arche la plus rapprochée de l'île, l'eau, resserrée, roulait en bouillonnant. Dans la fissure d'une des vieilles pierres noires du pont avait été jetée par le vent une graine d'églantier ; cette graine avait trouvé là un peu de terre, amassée depuis cent ans peut-être dans cette fente ; des mousses de différentes grandeurs avaient crû successivement en se contentant de l'humidité de la pierre nue, mais chacune était en mourant, après avoir vécu sa vie de mousse, un peu de terre suffisante pour une mousse plus grande ; puis enfin, parmi ces graines sans nombre que le vent promène à travers les airs, se trouva une graine d'églantier : peut-être s'échappa-t-elle du bec d'un oiseau qui avait son nid dans quelque cavité de l'arche et qui apportait à sa couvée quelqu'une des baies rouges qui renferment les graines des roses et qui était restée sur l'arbre jusqu'au printemps.

Cette graine était devenue un vigoureux et touffu buisson ; les racines avaient en serpentant été chercher aux environs toutes les fentes où il se trouvait quelque peu de terre. Il pendait du sommet de l'arche et en longues guirlandes sans cesse agitées par le moindre vent et humectées par l'écume de l'eau. A la fin de mai, et pendant une partie du mois de juin, ces guirlandes se couvraient de petites fleurs d'un rose pâle, dont, à mesure qu'elles avaient vécu leur vie de roses, les pétales se détachaient et s'en allaient flottant sur les flots écumeux de la rivière.

Il est évident qu'ainsi placée, la plus belle des roses doubles conquises par le génie créateur de l'homme eût été presque ridicule, eût été une dissonance dans le paysage, tandis que ces roses sauvages y produisaient un effet ravissant.

Revenons à Marguerite.

Marguerite donc avait le matin visité, comme de coutume, toutes ses fleurs. Entre ses préférences, nous avons signalé la rose sauvage rapportée de la forêt. Il faut parler aussi d'une belle épine à fleurs roses qui rappelait également un des grands événements de sa vie, et qui parlait aussi d'Henri.

Il n'y avait autrefois à la ferme et au château des Aulnaies que des épines blanches, les unes en haies, les autres en arbre. Un jour, dans une de leurs promenades, les enfants, avertis par une suave odeur, avaient levé les yeux en passant auprès d'un jardin fermé de hautes murailles, et étaient restés saisis d'admiration à l'aspect d'une aubépine tellement chargée de fleurs, que cela avait l'air d'un arbre rose. Après avoir donné longtemps à l'admiration, on passa outre. Henri était resté en arrière, et rejoignit bientôt la famille en maugréant : il avait frappé à la porte du jardin pour demander une toute petite branche de l'aubépine, mais on n'avait pas ouvert. Le lendemain matin, il en avait apporté à Marguerite une superbe branche : il avait pendant la nuit été escalader le mur pour la cueillir ; il ne s'était pas vanté de cet exploit à son oncle Rodolphe, qui l'aurait fort réprimandé ; mais, malgré tous les soins, la branche avait été fanée en quelques jours. Henri aurait bien voulu avoir et surtout donner à Marguerite un arbre semblable à celui qu'ils avaient tant admiré. Rodolphe lui apprit à greffer, et à la saison suivante, l'oncle se chargea d'avoir les greffes, qui reprirent très-bien. Il y avait de cela sept ou huit ans déjà, et l'aubépine rose était devenue un arbre assez haut et assez touffu pour que plusieurs personnes pussent se mettre à l'ombre dessous.

L'aubépine et l'églantier n'avaient plus de fleurs à l'époque de l'année où on se trouvait ; néanmoins Marguerite leur prodiguait toujours ses soins et leur jetait en passant un coup d'œil d'amitié.

Elle regardait ensuite les fleurs nouvellement épanouies ce jour-là et celles dont les boutons gonflés promettaient de s'épanouir le lendemain, avec l'aide d'un peu de soleil le jour et d'un peu de rosée la nuit.

Sa tournée finie, Marguerite était rentrée à la ferme un

peu précipitamment. Elle avait entendu des pas, et sa chevelure était à peine nouée. Elle se retira dans sa chambre, écouta et regarda avec plus d'attention : c'était Henri. Depuis plusieurs jours déjà il n'était pas venu à la ferme. Il regarda autour de lui d'un air presque inquiet, jeta les yeux sur la maison, mais n'aperçut pas Marguerite qui se tenait au fond de la chambre, et qui, pensant que Henri ne tarderait pas à entrer dans la ferme, se mettait en état de paraître. Elle peigna et lissa ses beaux cheveux, et acheva de mettre son simple costume de tous les jours. Puis elle écouta et n'entendit rien. Elle descendit, embrassa sa mère, donna son front à baiser au père Dauphin, et dit :

— Est-ce qu'il n'est venu personne ?

— Personne mon enfant.

— Il m'avait semblé entendre... Je me serai trompée.

Pourquoi ne disait-elle pas : « J'ai vu Henri ? » C'est que l'amour, qui s'était doucement emparé de son cœur, faisait un trésor de toutes les sensations qui s'y éveillaient ; c'est qu'une bonne fois amoureux, on voudrait que personne ne s'occupât plus de l'objet aimé ; c'est que le reste des habitants du monde semble un peu encombrer la terre, où l'on voudrait n'être que deux.

Elle sortit de la maison, certaine de le trouver dans leur jardin, où elle l'avait vu entrer ; mais il n'y avait personne dans le jardin. Seulement, ce qui lui démontra qu'elle n'avait pas été le jouet d'un rêve, c'est qu'elle trouva ouverte la petite porte qu'elle avait soigneusement fermée en quittant le jardin ; elle la referma et fit le tour de la ferme, jetant ses regards aussi loin que le permettait l'horizon. Elle rentra dans

12

le petit jardin, elle y trouva d'autres traces du passage d'Henri. Il avait presque entièrement dépouillé un rosier qui, une heure auparavant, était chargé de grosses roses jaunes, et qui n'en présentait plus que deux ou trois. Ce rosier n'existait pas dans les jardins du château et était un des orgueils de Marguerite ; elle ne douta pas un moment alors que Henri ne fût près de là.

— Je vais le gronder, se dit-elle, de m'avoir fait un bouquet de toutes ces belles roses jaunes qui me faisaient bien plus de plaisir et auraient duré bien plus longtemps sur l'arbre. Une seule fleur aurait suffi, cueillie par lui, pour me faire un bouquet pour toute ma journée. Ah ! cependant, il y a encore bien des boutons, je ne le gronderai pas très-fort.

On appela Marguerite pour déjeuner ; elle fut très-distraite pendant le temps que dura le repas.

— Où peut être Henri ? J'ai eu tort de ne pas dire que je l'avais vu ; on l'aurait attendu pour déjeuner.

Au moindre bruit, elle levait brusquement la tête. Le déjeuner se passa sans qu'on vît paraître Henri, hélas ! et toute la journée aussi. Marguerite était singulièrement préoccupée ; elle aurait bien voulu aller au château, mais il ne se présentait aucun prétexte. Elle passa le reste du jour à cajoler le père Dauphin pour qu'il consentît à l'y mener. Il devait y avoir du monde ce jour-là et elle n'y allait seule que quand il n'y avait pas d'étrangers. Le père Dauphin céda aux volontés de celle qu'il appelait en plaisantant son tyran, et l'on se mit en route aussitôt que le dîner fut fini. C'est ce jour-là qu'Albert tomba malade ; il se plaignit d'être incommodé de la chaleur, sortit, et au lieu de rentrer dans le salon, se sentit si fort indisposé qu'il alla se coucher.

A peine Marguerite était-elle entrée dans le salon que ses yeux furent frappés d'un étrange objet : Sydonie avait deux roses jaunes dans les cheveux, et un gros bouquet des mêmes roses à la ceinture. Cet aspect raconta à Marguerite toute l'histoire du matin. Henri était venu de bonne heure cueillir pour Sydonie un bouquet de ces roses qu'on ne trouvait pas au château ; puis il s'était presque enfui sans entrer à la ferme. Sydonie était charmante avec cette coiffure. Henri, après avoir accueilli sa cousine avec empressement, avait tout à coup paru embarrassé ; néanmoins, il était retourné auprès de Sydonie. Marguerite alors sentit s'épanouir dans son cœur toutes sortes de fleurs vénéneuses, dont elle connaissait à peine le nom. La jalousie s'était emparée d'elle et la mordait au cœur. Elle ne tarda pas à dire au père Dauphin :

— Je suis fatiguée, un peu malade peut-être... Je voudrais bien retourner chez nous. Echappons-nous sans qu'on nous voie.

Ils allèrent à l'appartement d'Albert demander de ses nouvelles ; on leur dit qu'il dormait ; puis il reprirent la route de la ferme. Marguerite fut silencieuse tout le long du chemin. A peine arrivée, elle se coucha, et passa le reste de la nuit à verser des larmes abondantes qui la soulagèrent un peu. Le lendemain, elle fut fort effrayée de se voir les yeux aussi rouges ; elle alla les rafraîchir dans l'eau d'une source qui jaillissait à quelques pas de la ferme, puis elle alla dans son jardin. Deux roses étaient épanouies sur le rosier jaune. Elle les cueillit, les froissa et en jeta les débris par-dessus la haie.

— Elle n'en aura plus, dit-elle; je n'en laisserai pas fleurir une seule.

Puis elle alla s'asseoir sous un berceau de chèvrefeuille.

— Quel enfantillage! se dit-elle. Est-ce donc bien mes roses que je regrette? Et pourquoi ce mauvais sentiment? Pourquoi, puisque Sydonie avait envie de roses jaunes, Henri ne serait-il pas venu en prendre dans notre jardin? Mais aussi pourquoi n'est-il pas venu me dire : « Sydonie a envie d'avoir des roses jaunes? » Pourquoi est-il passé sans entrer seulement nous dire bonjour? Pourquoi ne vient-il plus nous voir? Pourquoi, à l'aspect de Sydonie, ai-je senti une douleur aiguë au cœur? Non, non, je ne me suis pas trompée, Henri ne m'aime plus!

Et, les larmes l'étouffant, elle se reprit à pleurer; puis elle alla encore se laver les yeux à la source; puis elle revint au jardin.

— Que me fait mon jardin à présent? dit-elle; si je vois avec ravissement l'églantier qu'il s'est donné tant de peine pour arracher dans la forêt et me l'apporter, je fais trois pas et je vois le pauvre rosier jaune qu'il a hier dépouillé pour elle. Oh! je suis bien malheureuse!

A ce moment, la servante vint lui dire qu'on l'avait déjà appelée trois fois pour le déjeuner.

— Oh! mon Dieu! ma chère Annette, dites que vous ne m'avez pas trouvée.

— Mais qu'avez-vous, Mademoiselle, que vous êtes tout en larmes?

— Ça n'est rien ; mais...

— Si je dis que je ne vous ai pas trouvée, on me renverra vous chercher.

— Eh bien, alors, vous me trouverez, et je rentrerai avec vous.

— Pauvre demoiselle ! ça me fend le cœur de la voir pleurer.

— Taisez-vous, Annette, ou vous allez me faire pleurer encore.

Pendant qu'Annette retournait, et que, ainsi qu'elle l'avait prévu, on la renvoyait à la recherche de Marguerite, celle-ci s'essuya et se lava les yeux. Annette revint suivie du père Dauphin.

— Où était-elle donc? demanda Agathe.

— Dans son jardin, Madame.

— Et vous ne l'avez pas trouvée?

— C'est que j'étais baissée, maman : je travaillais à mon jardin près de la haie.

— Comme tu as les yeux rouges, Marguerite !

— Maman, c'est peut-être d'avoir eu la tête baissée longtemps au jardin.

— Ce n'est pas cela, Marguerite ; tu as pleuré.

— Eh bien, oui ; je me suis donné un coup.

— Embrasse ta mère, si tu as quelque petit chagrin ; tu sais que son cœur est ouvert et se refermera par-dessus.

— Je le sais, ma bonne mère, mais je n'ai rien à vous dire.

Depuis ce jour, néanmoins, Marguerite n'alla plus volontiers au château, si ce n'est le matin, pour prendre des nouvelles de son oncle Albert. Henri était retourné à Paris.

XXVII

On n'avait pas reçu de réponse de Rodolphe à la lettre dans laquelle le père Dauphin lui parlait de la maladie de son frère, mais un soir Rodolphe arriva lui-même. Après qu'il eut embrassé tout le monde,

— Comment va Albert?

— Un peu mieux, à ce que dit le médecin; cependant vous le trouverez changé.

— Je vais aller le voir, puis je reviendrai souper.

Marguerite voulut aller avec son père, mais Dauphin lui dit :

— Reste avec Agathe, ma chère fille; je vais, moi, accompagner ton père; j'ai à causer avec lui.

— Mon cher Rodolphe, lui dit-il, vous arrivez aussi mal à

propos que possible; votre avocat est venu tout effaré, m'a fait demander et m'a dit que, malgré ses efforts, vous aviez ce matin même été condamné par défaut à un an de prison.

— Un an! mais c'est bien long. Vous n'avez rien dit à la maison, père Dauphin?

— Je m'en serais bien gardé; ces deux pauvres femmes, sans père ni mari, sont courageuses, mais tristes. Je n'aurais pas la force de prononcer devant elles ce mot de prison qui m'a fait mal à moi-même.

— N'en parlez pas non plus à Albert, s'il ne le sait pas.

— Il faudra bien cependant qu'il s'en occupe.

— Oui, mais quand il se portera bien.

On arriva. Albert fut très-touché de l'arrivée de Rodolphe; il savait le jugement :

— Il ne faut pas que tu restes ici : on t'arrêterait.

— Bah! on ne sait pas que j'y suis. J'ai le temps de passer quelques jours auprès de vous; j'irai voir demain mon avocat, puis j'agirai d'après ses conseils.

— Je l'ai vu : il dit qu'il faut en appeler en cour royale, mais que, pour en appeler, il faudrait se constituer prisonnier.

— Diable! Et si on n'est pas acquitté, un an en prison, c'est long!

— L'exil est bien long aussi.

— N'en parlons plus, mon cher Albert. Voyons donc, tu es malade; qu'as tu? Explique-moi bien cela.

On laissa les deux frères seuls. Après s'être rassuré sur la maladie de son frère, Rodolphe acquit la certitude qu'Albert n'était pas heureux. Dabord, en l'absence de son frère, il lui manquait quelque chose, puis sa femme ne l'aimait pas.

Quand Cécile apprit que Rodolphe était dans la maison, elle eut presque une attaque de nerfs ; elle se renferma dans sa chambre, se dit malade, et défendit qu'on la dérangeât sous aucun prétexte.

Dauphin et Rodolphe rentrèrent souper. Le lendemain matin Rodolphe alla chez son avocat. Avant de partir, il dit à Dauphin :

— La situation se complique fort par cette condamnation. On ne sait pas ce qui peut arriver. Il faut, père Dauphin, que nous puissions correspondre librement sans donner de soupçons ici ni au château de ce que je puis vous écrire.

— Il y a un moyen, dit le père Dauphin, un moyen que j'avais imaginé quand j'étais écrivain public, et qui a porté bien des consolations dans bien des cœurs.

— Voyons votre moyen.

— Il est bien simple : vous m'écrivez une lettre ordinaire, parlant de tout ou de rien, à votre choix, de la pluie, du beau temps, de ce que vous voulez. Cette lettre-là, je la montre si je veux. Quand votre lettre est terminée et séchée, entre les lignes vous écrivez ce que vous avez à me dire, avec une plume trempée dans du jus de citron ; vous laissez sécher sans approcher du feu ; ça s'efface complétement ; vous pliez votre lettre et vous me l'envoyez.

— Eh bien ?

— C'est mon affaire de faire reparaître les caractères.

XXVIII

Le soir Rodolphe ne rentra pas. On passa la nuit dans l'inquiétude. Le matin la poste apporta une lettre; elle contenait ces mots :

« Mon cher Dauphin, le hasard me présente une occasion pour repartir immédiatement dont je dois profiter, parce que je ne pourrais pas encore rester ici sans danger. Il faut prendre du courage pour cette nouvelle séparation. Je vous écrirai plus longuement, aussitôt mon arrivée à Montreux, auquel je vais encore demander asile. Embrassez pour moi ma chère Agathe et ma petite Marguerite. Vous adresserez vos lettres à M⁰...., mon avocat, qui a toutes les semaines des occasions plus rapides que la poste pour me les faire parvenir. C'est lui également qui vous fera remettre les miennes. »

Agathe et Marguerite furent comme frappées de la foudre à cette nouvelle. Elles n'avaient fait qu'entrevoir leur mari et leur père. Il repartait sans dire le terme de son absence. Elles tombèrent en pleurant dans les bras l'une de l'autre. Dauphin était en dedans plus ému qu'elles. Il était persuadé que la lettre avait encore quelque chose à lui dire; mais il voulut attendre qu'Agathe l'eût lue pour qu'elle ne la lui demandât pas ensuite. Quand leurs sanglots furent un peu apaisés, il tendit la lettre à Agathe, qui la lut, en baisa la signature, et allait la garder.

— Rends-moi la lettre, ma fille, lui dit-il. Il faut que je prenne en note la recommandation pour l'avocat.

Enfermé dans sa chambre, le père Dauphin se hâta de faire passer plusieurs fois la lettre de Rodolphe au-dessus de la flamme d'une bougie, et ne tarda pas à voir paraître entre les lignes les mots suivants écrits en couleur bistre :

« Ne vous alarmez pas, mon cher Dauphin, et ne dites rien à personne de ce que vous allez lire. J'ai été arrêté hier comme je sortais de chez mon avocat et conduit à la Conciergerie. Je suis convenu avec l'avocat que l'on cacherait ce fâcheux accident à mon frère, à ma femme et à ma fille. Vous seul serez dans le secret. Mon avocat vous fera passer des lettres datées de la Suisse, entre les lignes desquelles je vous écrirai à vous. Je n'ai encore rien à vous dire ; je ne sais rien, si ce n'est qu'il faut que ma présence à Paris et mon projet de fuite aient été dénoncés par quelqu'un bien au courant de nos affaires. Soyez ferme, ne laissez voir aucun chagrin, et tenez-moi bien instruit de ce qui regarde ceux que j'aime. »

Peu de jours après, Dauphin reçut une seconde lettre ainsi conçue.

« Lausanne.

» J'ai quitté pour quelques jours mon petit réduit de Montreux. Je vais faire le tour du lac de Genève avant d'y rentrer. Hier, je suis arrivé à Lausanne; j'ai voulu aller voir la cathédrale; on y monte par une rue en escaliers, recouverte d'un toit de bois. Le marché est placé dans cette rue, divisée en étages. Il faut un bon quart d'heure pour la gravir. L'église est au deuxième étage. Quand on y est arrivé, on la trouve fermée; mais un écriteau, placé sur la porte, vous apprend qu'il fallait prendre en bas M. Bache, teinturier et marguillier, qui a les clefs. Alors on redescend, on va chez M. Bache et on remonte avec lui. L'église est fort belle. Les stalles sont en bois admirablement sculpté. Devant l'église est une plate-forme en terrasse entourée d'un parapet d'où l'on voit tout le lac de Genève. De la cathédrale on monte encore par une allée bordée de cerisiers, à côté de laquelle descend en se précipitant un ruisseau bruyant. Puis on arrive à une nouvelle plate-forme appelée le *Signal*. Derrière est une forêt de sapins. Sur le devant, on a disposé des bans placés sous des platanes et des acacias. On voit sous ses pieds Lausanne avec ses toits de tuiles rouges. A droite et à gauche, le lac, qui paraît blanc au soleil et bleu foncé à l'ombre. Derrière le lac, des montagnes au sommet neigeux. O le magnifique tableau! La nature a fait de la Suisse un pays libre, et sur ses montagnes, on dit de bon cœur avec je ne sais quel poëte :

L'habitant des montagnes
Respire près du ciel l'air de la liberté.

La lettre finissait par un dithyrambe sur la liberté.

Le père Dauphin lut entre les lignes :

« Mon dépôt à la Conciergerie n'était que provisoire, on m'a transféré à Sainte-Pélagie, dans le quartier du jardin des Plantes. J'ai interjeté appel ; si la cour royale repousse mon appel, je resterai ici un an ; c'est bien long et bien triste ! En ce cas, nous cacherons la chose le plus longtemps possible, ensuite nous aviserons. En attendant, comme on m'assure que la cour royale casse presque tous les jugements qui portent condamnation pour cause de duel, il est possible que je ne sois pas ici pour très-longtemps. En ce cas, nous aurons à nous féliciter d'avoir épargné à ces trois êtres que j'aime tant, le chagrin et les angoisses que leur donnerait la connaissance de mon emprisonnement. Je ne vous parlerai pas de ma prison, mon cher Dauphin, je vous aime aussi très-tendrement, et je ne veux vous donner de chagrin que ce qu'il est nécessaire que vous en ayez pour m'aider à l'épargner aux trois autres qui sont plus faibles que vous. Je vous dirai seulement qu'en finissant la lettre ostensible, je me suis laissé aller à parler de la liberté comme en parle un prisonnier, c'est-à-dire avec enthousiasme et qu'en finissant la lettre, j'avais les larmes aux yeux.

» Je sais maintenant d'une manière certaine à qui je dois

mon arrestation, c'est pourquoi nous n'en parlerons plus, et je vous prie de ne me faire aucune question à ce sujet.

» Donnez-moi bien régulièrement de vos nouvelles, des nouvelles de mon frère, de ma femme et de ma fille. J'attendrai plus patiemment celles de la tante Jésabel et des autres hôtes du château.

» RODOLPHE REYNOLD.

» Prison de Sainte-Pélagie. »

XXIX

Au premier moment, après la mort de Clodomir, Albert, irrité de la dureté de Rodolphe, que d'ailleurs il ne s'expliquait pas encore, avait adopté avec empressement l'idée que lui avaient suggérée madame de Vorlieu et Cécile, de prendre sous sa protection la pauvre Sydonie, restée seule et sans appui, et de lui faire épouser Henri. Néanmoins, dans les instants qu'il avait passés avec Rodolphe, il ne lui avait pas dit un mot de ces nouveaux projets; il avait réfléchi depuis et il lui semblait qu'il avait été un peu loin et un peu vite. Il pensait toujours qu'il était juste et bon de donner un appui à Sydonie, mais l'examen des papiers de Clodomir de Pontaris lui avait prouvé que cet appui n'était pas tant pour remplacer celui qu'elle perdait par la mort de Pontaris que pour réparer les désordres que ledit Pontaris avait mis dans la fortune de sa fille.

D'autre part il se rappelait que le projet d'unir ensemble Henri et Marguerite avait précédé leur naissance, qu'on ne l'avait pas laissé ignorer aux enfants, et que les deux frères s'étaient quelquefois serré joyeusement les mains en voyant l'amour s'épanouir au cœur des deux enfants comme une fleur printanière. Il en parla à sa femme et à sa tante et leur dit :

— Henri aime Marguerite ; vous ne comptez sans doute pas lui faire épouser Sydonie malgré lui ?

— Nullement, dit la tante Isabelle. Seulement vous vous trompez en croyant que votre fils aime Marguerite : c'est, au contraire, de Sydonie qu'il est amoureux ; vous pouvez vous en rapporter à moi.

— Etes-vous de cet avis, Cécile ?

— Oui, je pense, comme ma tante, qu'Henri est amoureux de Sydonie.

— Et cette pauvre Marguerite !

— Elle en attendra et en trouvera probablement un autre.

— Mais si elle aime Henri ?

— Les filles n'épousent pas toujours l'homme qu'elles aiment ; elles tâchent d'aimer celui qu'elles épousent. D'ailleurs la vanité de Marguerite y trouvera une leçon.

— La pauvre petite n'a guère de vanité, ma tante.

— C'est au moins une présomption blâmable que d'avoir cru que Henri serait son mari.

— Présomption ?... Je l'ai cru aussi, ma tante, et Rodolphe aussi l'a cru.

— Oh ! Rodolphe avait arrangé ce mariage dans sa tête depuis longtemps.

— Vous avez raison, ma tante, nous l'avions arrangé dès avant la naissance des enfants.

— Henri est appelé à une alliance plus relevée.

— Que voulez-vous dire ?

— Que Marguerite est la petite-fille d'un écrivain public.

— Et la fille de mon frère, ma tante. Mais nous tenons là des discours inutiles. Dans un premier moment d'émotion, j'ai consenti à votre projet à toutes deux de faire épouser Sydonie par Henri. J'avais promis à Rodolphe, aux enfants eux-mêmes, à Dieu, à la nature, de marier ensemble Marguerite et Henri ; mais vous n'espérez pas contraindre Henri à épouser Sydonie s'il aime Marguerite. Ni Rodolphe ni moi nous ne voulons qu'il épouse Marguerite que s'ils s'aiment tous les deux. Ce n'est donc pas nous qui pouvons décider la question ; laissons parler la nature et l'amour; seulement je suis convaincu que Marguerite aime tendrement Henri, et si vous ne vous trompez pas toutes deux dans vos prévisions, son cœur sera brisé aux premiers jours de la vie. La pauvre enfant est bien belle, bien douce et bien charmante ; j'espère pour elle une meilleure destinée.

— Quel bonheur, dit madame de Vorlieu quand Albert fut sorti, que le démon de Rodolphe ne soit pas ici ! il détruirait encore une fois tout notre ouvrage.

— J'y ai mis bon ordre, ma tante ; de bons verrous nous en garantissent.

XXX

Cependant les deux femmes, Cécile et Isabelle, continuaient leur travail sur la jeune imagination d'Henri. C'était sans cesse des éloges de Sydonie ; quelquefois, mais avec adresse et sobriété, des critiques sur Marguerite. Puis on avait conseillé à Sydonie des manéges qu'elle aurait probablement imaginés elle-même et qu'il était parfaitement dans sa nature d'employer.

Marguerite, simple, naïve, innocente, — malgré toute sa beauté, ne parlait qu'à l'imagination et au cœur.

Sydonie au contraire était d'une beauté provocante ; elle enivrait Henri avec des regards qu'elle lui dardait au cœur, puis elle baissait artificieusement les yeux après, comme un chasseur abaisse son arme pour la recharger ; quelques pressions de main avaient achevé la séduction.

Un autre élément achevait de livrer en proie le fils d'Albert à sa mère et à sa tante. Emile faisait également la cour à Sydonie. D'abord Cécile voulut l'écarter, mais elle changea d'avis sur les savantes explications que lui donna la tante, laquelle avait, d'autre part, appris à Sydonie à se servir des assiduités d'Emile pour compléter la défaite d'Henri. Sydonie, née coquette, se laissait, de la meilleure grâce du monde, enseigner des choses qu'elle avait pratiquées aussitôt qu'on avait fait la moindre attention à elle.

Elle savait parfaitement alarmer Henri au moyen d'un mot insignifiant dit à l'oreille d'Emile, ou en prenant son bras à la promenade, ou en portant un bouquet donné par lui ; mais elle savait aussi ramener la joie sur son visage avec un regard, avec un mot.

Elle voyait plus loin que la tante Isabelle. Elle était décidée à se marier, et elle n'avait pas été sans comprendre que son mariage avec Henri trouverait des obstacles, surtout de la part de Rodolphe, que la mort de Pontaris et la façon dont en parlaient madame des Aulnaies et madame de Vorlieu lui faisaient voir comme un homme terrible et sans pitié. Aussi, tout en se servant d'Emile pour irriter l'amour d'Henri, elle se le réservait pour le cas où Henri lui échapperait.

Emile, de son côté, n'était pas très-pressé de se marier ; il s'occupait de Sydonie parce qu'elle lui plaisait ; mais il n'y attachait pas tellement son bonheur qu'il n'eût remarqué plus d'une fois la parfaite beauté de Marguerite. L'abandon où la laissait Henri, la façon dont on parlait au château de la petite-fille de l'écrivain public, lui montraient dans la séduction de Marguerite une de ces mille aventures sans conséquence que se permet un homme de son âge. Il avait essayé dix fois de s'introduire à la ferme ; on l'avait très-poliment reçu, mais Marguerite, soit par hasard, soit par suite de sa volonté, ou parce qu'on l'avait élevée à ne pas rester inutilement en présence d'un étranger, ou ne se trouvait pas là lorsqu'il venait, ou ne tardait pas à sortir de la salle.

L'amour-propre d'Emile était un peu irrité de l'équilibre que Sydonie tenait si adroitement entre lui et Henri, qu'il considérait dédaigneusement comme « un petit jeune homme. » Parfois il était en colère contre Sydonie, mais il ne voulait pas la céder à son rival ; il pensait que Marguerite pouvait être une distraction qui lui ferait prendre patience.

Pendant ce temps la pauvre Marguerite était profondément triste. Henri ne paraissait plus à la ferme ; il semblait à Marguerite que tout était mort autour d'elle ; elle n'aimait plus ni les fleurs ni le chant des oiseaux, elle repoussait les caresses du chien de la ferme, et son mouton favori venait inutilement auprès d'elle demander les croûtes de pain qu'elle lui réservait d'ordinaire. Elle qui autrefois se réveillait chaque matin joyeuse et disait à chaque journée : « Sois la bienvenue, » elle se réveillait maintenant triste des rêves de la nuit, triste de la journée qu'elle avait à passer Ses fraîches couleurs s'effacèrent, ses yeux joyeux et limpides se ternirent ; enfin, un jour, on apprit au château que Marguerite était malade.

Henri et Emile étaient réunis avec Sydonie. Sydonie jouait du piano. Henri fut frappé au cœur en entendant dire que Marguerite était malade. Il se leva involontairement, puis se rassit. Quelques instants après, il prétexta des lettres à écrire, et fit mine de sortir du salon.

— Ne pouvez-vous écrire vos lettres plus tard? dit Sydonie avec un de ses regards les plus pénétrants.

— Non, c'est impossible.

— Alors, je vous permets d'aller les écrire, car vous avez besoin de ma permission, attendu qu'il était convenu que vous me donneriez le bras pour nous aller promener ; mais M. Emile, qui n'a pas, que je sache, une correspondance aussi importante, ne refusera pas de m'accompagner.

— Je n'aurai, Mademoiselle, dit Émile, que le regret de n'avoir rien à sacrifier à ce plaisir, que j'apprécie à sa valeur.

— Adieu donc, M. Henri, allez écrire vos lettres.

Henri hésita un moment, puis il sortit brusquement du salon en disant :

— Adieu, Mademoiselle ; amusez-vous dans votre promenade.

— J'y compte bien, M. Henri.

Henri courut à la ferme ; il trouva Marguerite au lit, pâle, amaigrie. Cependant, à son entrée, elle rougit pendant quelques instants.

— Qu'as-tu, ma chère Marguerite?

— Je n'en sais rien. Je ne suis pas malade; je ne souffre nulle part, mais je n'ai ni force ni appétit. Ça ne sera rien. C'est bien aimable à toi d'être venu me voir.

— Je viens d'apprendre que tu étais malade. Je suis très-souvent à Paris ; au château, je travaille pour un examen que j'ai à passer à la fin du mois. Je n'ai pas mis cinq minutes à venir ici.

Henri, rassuré sur Marguerite, commença à se préoccuper, même auprès d'elle, de l'adieu dédaigneux que lui avait fait Sydonie ; il aurait voulu retourner tout de suite au château. Sydonie était-elle allée se promener avec Emile ? Il avait trouvé tout simple que Sydonie lui demandât à lui, Henri, le bras pour aller se promener au bord de la rivière ; mais il lui semblait inconvenant au dernier degré qu'elle fît la même promenade avec Emile ; il lui paraissait qu'elle aurait dû au moins prier la tante Isabelle de les accompagner, etc. Il était distrait, parlait à peine à Marguerite ou lui faisait trois fois la même question, ou bien il ne répondait pas aux questions que lui adressait sa cousine. Enfin, n'y pouvant plus tenir, il se leva, lui serra la main et dit :

— Allons, puisque tu vas mieux, j'en suis bien content. Je vais retourner au château. Adieu. Soigne-toi bien ; je viendrai bientôt te revoir. Adieu.

Puis il sortit et courut sur le bord de la rivière, où il pensait rencontrer Sydonie avec Emile ; mais il n'eut pas besoin de courir bien loin : comme il s'élançait, il fut comme frappé de la foudre en se trouvant en face de Sydonie au bras d'Emile, qui avaient comme lui traversé la rivière et se trouvaient devant la ferme.

— Où courez-vous si vite ? demanda Sydonie.

— J'allais vous rejoindre dans votre promenade.

— Etiez-vous donc venu voir si nous n'étions pas à la ferme? Vous n'avez pas été bien longtemps pour écrire vos lettres.

— J'étais venu demander à ma tante un renseignement.

— M. Henri?

— Mademoiselle?

— Voulez-vous me permettre de vous donner un avis?

— Avec reconnaissance, mademoiselle.

— Vous avez joué aujourd'hui un personnage très-ridicule.

— C'est peut-être vrai.

— C'est vrai très-certainement. Pourquoi faire un mystère de vos vertus privées et domestiques? Vous apprenez que votre cousine est malade : il n'y a rien de si simple que de dire : « Je vais aller la voir. » Au lieu de cela, vous prenez des prétextes, et encore en ce moment vous nous faites des mensonges auxquels il ne vous reste même pas le sang-froid nécessaire pour donner de la vraisemblance.

Henri voulut répondre, Sydonie ne l'écouta pas, et, désignant à Emile une rose qui était dans le jardin de Marguerite, elle lui dit : « Donnez-moi cette rose, M. Emile. »

Henri sentit un vif mouvement de colère ; il cueillit rapidement la rose et l'offrit à Sydonie. Celle-ci la prit négligemment et dit : « M. Emile, continuons notre promenade. » Elle appuya si bien sur le nom d'Emile, qu'il était clair que l'invitation ne regardait pas Henri. Néanmoins il les suivit machinalement, mais on ne l'accueillit pas dans la conversation. — « Finissez-moi ce que vous me racontiez, » dit Sydonie; et Emile continua je ne sais quelle histoire. Henri se sentait ridicule, humilié, et cependant il ne pouvait prendre la résolution de les laisser seuls, de s'en aller. Sydonie effeuillait la rose cueillie dans le jardin de Marguerite, et en jetait les pétales au vent.

Henri voulut rentrer au moins pour un tiers dans le dialogue ; il risqua une phrase. Sydonie répondit quelques mots et se remit à causer avec Emile.

Henri s'arrêta. Il aurait voulu disparaître, mais il ne savait comment prendre congé. Il était furieux et ne voulait pas le laisser voir. Sydonie le mit à son aise.

— Vous auriez tort, M. Henri, de manquer pour moi à vos devoirs de famille et de vous croire obligé de m'accompagner.

— Vous avez raison, Mademoiselle, j'y songeais. Je vous remercie de votre permission et je vais en profiter.

Il salua et se dirigea à pas pressés vers la ferme. Il remonta auprès de Marguerite. Celle-ci, surprise, s'essuya les yeux, mais ils étaient rouges.

— Tu as pleuré, Marguerite, dit Henri.

— Moi... pleuré ?... c'est que... j'ai mal à la tête.

La pauvre enfant aurait pu dire, avec plus de vérité, que c'était son cœur qui souffrait. Elle avait voulu suivre Henri des yeux quand il l'avait quittée ; elle l'avait vu aborder Sydonie ; elle l'avait vu cueillir avec empressement une rose dans son jardin et la donner à mademoiselle de Pontaris, et elle n'avait pu retenir ses larmes.

Henri avait passablement envie de pleurer de son côté. Cependant il réussit à cacher son chagrin. Il resta à causer avec Marguerite jusqu'au dîner ; ils parlèrent tous deux du passé, mais n'osèrent, ni l'un ni l'autre, parler de l'avenir. Cependant, quand Henri partit, il avait retrouvé toute sa tendresse pour Marguerite, et quand il rentra dîner au château, il réussit à montrer une parfaite dignité vis-à-vis de Sydonie.

En vain celle-ci employa toutes ses séductions; elle joua du piano, elle demanda à Henri une foule de petits services, il fut inflexible. Alors elle prit le parti d'avoir mal à la tête et de se retirer dans sa chambre. Henri fut un peu ébranlé et alla se promener sous les fenêtres de Sydonie, qui restaient éclairées. Mais celle-ci, qui le voyait parfaitement se promener dans le jardin, tint bon à son tour et ne daigna pas entr'ouvrir sa fenêtre. Henri ne rentra que fort tard, après qu'il eut vu les lumière éteintes.

Le lendemain il fut impossible à Henri de causer avec Sydonie il lui proposa une promenade : elle était fatiguée. Un moment, il se trouva près d'elle et il lui dit :

— Il faut absolument que je vous parle.

— Eh bien parlez-moi, répondit-elle tout haut, mais de l'air le plus calme du monde.

Ce n'est que deux heures après qu'il trouva une autre occasion de lui dire :

— Il faut que je vous parle, mais ailleurs qu'ici et à vous seule.

— Monsieur, dit-elle, je n'ai rien à entendre de si solennel.

Et le soir, Henri était redevenu parfaitement amoureux de Sydonie.

Le jour d'après, Emile revint au château. Il paraissait au mieux avec Sydonie. Elle se promena avec lui dans le jardin. Henri était désespéré. Tant il est vrai qu'avec la première venue et des obstacles, on peut faire une passion. A propos d'une plaisanterie qu'il eût laissé passer sans y faire attention en toute autre circonstance, il adressa à Emile quelques paroles assez aigres. Quand celui-ci fut parti, sa mère lui dit :

— Vous voudrez bien vous rappeler qu'Emile est votre oncle, et ne plus vous permettre de lui parler sur ce ton.

— Emile est à peu près de mon âge, quoique mon oncle, répondit Henri ; il a de son côté, à mon égard, un ton qui ne me convient pas ; s'il n'est pas content de moi, il n'a qu'à me le dire.

— Ce ton de spadassin serait parfaitement ridicule partout ailleurs ; ici, il est de plus tout à fait odieux. Les Aulnaies ont été récemment le théâtre, sous prétexte de point d'honneur, d'un meurtre qui a provoqué la vengeance des lois. Je ne veux rien entendre qui rappelle ce funeste préjugé du duel.

Henri ne prêtait à ces paroles, que prononça Cécile avec amertume, qu'une attention médiocre. Sydonie avait levé les épaules quand il avait proféré sa rodomontade en réalité assez ridicule. Cette marque de mépris l'exaspérait ; il voulut s'approcher d'elle, mais elle l'évita.

La tante Isabelle dit à Sydonie :

— Venez vous promener avec moi dans le jardin.

Henri se leva comme pour se mettre en tiers dans la promenade. Mais sa mère le retint. Elle parla encore de son air ferrailleur.

— Je sais, dit-elle, à qui vous devez ces façons qui ont le tort d'être de très-mauvaise compagnie. Ces principes de votre oncle, qui mettait un sabre et un pistolet au-dessus de toutes les lois, ne seront jamais admis ici.

XXXI

Quand madame de Vorlieu et mademoiselle de Pontaris furent suffisamment éloignées de la maison, la première dit :

— Voyons, mon enfant, parlons sérieusement et franchement : voulez-vous, oui ou non, épouser Henri?

— Je le veux bien, Madame.

— Qu'est-ce alors que votre manière d'être avec Emile ?

— Je vous ai entendue vous-même, Madame, dire qu'un peu de coquetterie était nécessaire pour captiver les hommes.

— Oui, mais je trouve que vous allez bien loin ; il faut inquiéter les hommes, les irriter même, mais il ne faut pas les humilier. Faites ce que vous voulez du cœur d'un homme, percez-le de mille traits, écorchez-le, broyez-le : il ne vous en aimera pas moins pour cela ; mais ne touchez pas à sa vanité, ne blessez pas son orgueil : si vous le faites, il vous échappera. Êtes-vous bien sûre de vous-même? Emile ne vous occupe-t-il pas un peu plus qu'il n'est nécessaire pour la réussite de nos projets?

— Je vous parlerai à cœur ouvert, Madame; je crois que M. Emile me plairait plus que M. Henri. Son habitude du monde, son élégance, son ton, ses manières, tout en lui flatte davantage mon imagination ; mais je ne traite pas légèrement le mariage : je sais que c'est une revanche qu'il est donné à la femme de prendre, quand elle a eu un mauvais numéro au jeu de hasard de la naissance et de la fortune. La personne de M. Emile me plairait, je crois, davantage, mais le mariage avec M. Henri me convient mieux. La fortune de M. Emile Golbert serait insuffisante pour l'existence que je veux trouver dans le mariage. Le nom de M. Henri Reynold des Aulnaies me convient également mieux. D'ailleurs, si M. et madame Reynold sont engagés envers moi, je me crois engagée envers eux.

— Effaçons cette dernière phrase, mon enfant : elle ne me fait aucun effet. Vous prenez le mariage en personne raisonnable. Un beau nom et une belle fortune peuvent seuls assurer à une femme une position honorable dans le monde. Que votre mari ait le nez plus ou moins effilé, les yeux bleus ou noirs, cela ne changera rien du tout à votre position. Vous avez donc raison de dire que le mariage avec Henri vous convient mieux. Eh bien, alors, il ne faut pas le faire manquer ; il faut craindre que le goût que vous avez pour Emile ne vous entraîne à outrer le quelque peu de coquetterie que vous croyez nécessaire pour tenir Henri en haleine. Ne vous y trompez pas, vous parlez à l'imagination d'Henri. Vous avez un brillant de beauté qui le séduit, mais il a aimé Marguerite, la fille de Rodolphe. Marguerite est plus belle que vous. Vous froncez le sourcil ; c'est un enfantillage. Vous êtes une fille intelligente, il faut voir les choses comme elles sont. Un général qui ne s'informerait pas rigoureusement du nombre de ses soldats se ferait battre honteusement à la première occasion. Il faut savoir juste ce qu'on a de beauté. Si vous vous exagérez vos avantages, vous vous ferez battre ; si, au contraire, vous appréciez les choses comme elles sont, vous suppléerez à ce que vous pouvez avoir de moins par l'adresse et l'esprit. Marguerite est plus belle que vous, mais vous avez beaucoup de chances de plaire plus qu'elle, au plus grand nombre des hommes. Mais il faut vous défier d'Henri. Quoi que j'aie pu faire, il a été élevé presque tout à fait par son oncle. Il a presque tous ses défauts, mais aussi quelques-unes des qualités qu'il faut que je reconnaisse à Rodolphe. Outre qu'Henri a aimé Marguerite, il se croit lié avec elle par une sorte de promesse tacite. Leur union était pour les deux frères un rêve très-tendrement caressé. Je n'ai qu'une confiance modérée dans l'amour que lui donne votre beauté. Je voudrais que vous eussiez l'adresse de l'engager. Je voudrais qu'il vous eût fait quelque serment solennel, dussiez-vous le payer un peu cher. Soyez sûre qu'alors il se croirait lié avec vous et délié avec Marguerite. D'ailleurs, ce terrible Reynold peut reparaître ici. Il ne renoncera pas sans peine au désir de voir Henri épouser la petite-fille de l'écrivain public. Mais si Henri lui dit : « Je suis engagé avec Sydonie par une promesse sérieuse, solennelle, sacrée, » Rodolphe abandonnera la partie. J'ai eu le temps de l'étudier. Il est en tout semblable à son père. Hâtez-vous donc, ne jouez pas trop avec Henri, parce que Marguerite est là, et qu'il ne faut qu'un moment de mauvaise humeur ou d'admiration, ou encore le retour de Rodolphe, pour que notre jeune homme nous échappe. Engagez-le par un bon serment et par un gros devoir; ni lui ni Rodolphe n'auront rien à y opposer. Qu'il croie son honneur intéressé à vous épouser, et il vous épousera; son oncle, lui-même, lui en ferait au besoin une loi.

XXXII

Sydonie réfléchit sur les paroles de la tante Isabelle. Aussi, quand elle vit, le soir, Henri se promenant sous ses fenêtres, elle entr'ouvrit ses persiennes.

— Sydonie, lui dit-il, par pitié, donnez-moi une occasion de vous parler ; c'est très-probablement pour la dernière fois, et vous serez délivrée à jamais de mes importunités.

— Ne pouvez-vous me parler d'où vous êtes ?

— C'est impossible.

— Ne pouvez-vous remettre à demain ce que vous avez à me dire, et nous causerons en nous promenant dans le jardin ?

— Non, je n'attendrai pas une minute de plus. J'ai trop souffert. Si vous refusez de m'entendre, je saurai ce que cela veut dire, et je suis décidé à ne pas me coucher sans avoir pris une résolution sur laquelle je ne reviendrai pas.

— Eh bien ! puisque vous êtes si opiniâtre, je vais descendre au jardin. Nous nous promènerons un quart d'heure, juste, et vous me direz ce grand mystère qui ne peut attendre jusqu'à demain. Attendez que tout le monde soit couché et qu'il n'y ait plus de lumières dans le château.

En effet, fidèle à sa promesse, plus fidèle à ses projets, une demi-heure après, Sydonie apparaissait comme une ombre légère au détour d'une allée. Elle posa un peu tremblante sa main sur le bras d'Henri. Celui-ci fit quelques pas.

— Où me conduisez-vous?

— A quelque distance du château, qu'on ne nous voie pas et qu'on ne nous entende pas.

Ils ne tardèrent pas à disparaître sous une allée de platanes. Je ne répéterai pas leur conversation, le sommaire suffira. Henri voulut savoir pourquoi Sydonie avait avec lui des airs dédaigneux. Il demanda si elle aimait Emile. Mademoiselle de Pontaris lui parla de Marguerite. Il avoua les projets de son père et de son oncle, il ne cacha pas que jusqu'à un certain moment il avait prévu avec plaisir la réalisation de ce projet, il avait cru éprouver pour Marguerite tout l'amour qu'il est possible d'éprouver ; mais depuis ce certain moment il avait vu, à n'en pas douter, que ce qu'il avait pris pour de l'amour était un sentiment doux et tendre, il est vrai, mais calme et presque froid, quelque chose de fraternel. Cependant il redoutait le chagrin que cette découverte ferait, non pas à son père, qui avait changé d'idée, mais à son oncle et peut-être à Marguerite, Certes, s'il était aimé de Sydonie, il saurait tout braver; mais s'il fallait se voir dédaigner, se voir préférer un autre, il épouserait Marguerite, il se résignerait au bonheur qu'on lui avait préparé dès sa naissance.

Sydonie comprit alors combien la tante avait raison. Elle montra à son tour quelque crainte de n'être pas aimée, quelques inquiétudes au sujet de Marguerite. Henri la rassura, et tous deux finirent par se jurer un éternel amour.

Le jour allait paraître quand ils se séparèrent.

Sydonie dit à Henri :

— Henri, je compte sur votre honneur; si vous ne tenez pas vos serments, je suis perdue.

Henri couvrit la main de Sydonie de baisers passionnés. Tous deux regagnèrent séparément leur appartement. Henri ne dormit pas de la nuit; il était enivré.

Le lendemain, la tante dit à Sydonie : — Allons, tout ira bien ; mais il ne faut pas perdre de temps; il faut surtout que Rodolphe n'ait pas le temps d'arriver, car avec ce diable d'homme on n'est sûr de rien.

XXXIII

Dès le jour, Henri alla trouver son père et lui tint à peu près ce langage :

— Je me trompe fort, mon père, ou j'ai cru voir que ma mère et vous aviez quelques intentions relativement à mademoiselle de Pontaris et à moi.

— Tu ne te trompes pas. Après le duel fatal qui a enlevé à Sydonie son seul protecteur, touché de la perte d'un homme que je croyais mon ami, avec lequel j'avais du moins des habitudes d'intimité, touché de la situation d'abandon où se trouvait cette jeune fille, j'ai fait le serment de remplacer son père. Je me suis laissé entraîner par ta mère et par ta tante, à y ajouter celui de t'unir à elle, si aucun de vous deux n'y mettait d'obstacles Depuis, j'ai regretté cette promesse. Le ciel me l'aurait peut-être remise, mais ta mère et ta tante sont moins indulgentes. Cette parole imprudente venait détruire un projet que Rodolphe et moi nous avions formé dès ta naissance et dès la naissance de sa fille, projet que venait confirmer la douce intimité qui s'était établie entre Marguerite et toi. J'espérais que tu aimerais Marguerite, et que ma parole se trouverait ainsi dégagée. Si tu aimes Sydonie, je n'ai plus rien à dire. Viens chez ta mère.

Madame de Vorlieu était chez Cécile. Albert dit en entrant :

— Voici Henri qui me demande la main de mademoiselle de Pontaris.

Cécile embrassa son fils.

— Eh bien, dit-elle, n'est-ce pas notre vœu le plus cher?

— Henri est bien jeune, risqua Albert.

— On n'est jamais trop jeune, dit la tante d'un ton sentencieux, pour entrer dans le port et dans l'abri du mariage. Vous-même, mon neveu, ne vous êtes-vous pas marié très-jeune? Et votre frère Rodolphe, votre héros, n'était-il pas plus jeune que vous encore, lorsqu'il a confié son bonheur à la fille de l'écrivain public, M. Dauphin.

— Ma tante, M. Dauphin est le plus honnête homme que je connaisse; pour Agathe, c'est une vertueuse et charmante femme. Et cette sœur, que m'a donnée mon frère, je l'aime comme si elle m'avait été donnée par mon père.

— Ne nous fâchons pas, mon neveu, au moment où vous venez nous donner une bonne nouvelle.

— Mon cher Albert, dit Cécile, je comprends les sentiments de votre cœur : il aurait à souffrir si votre frère était ici lorsque nous conclurons ce mariage qui doit détruire des projets qu'il avait formés.

— Que nous avions formés, Cécile.

— N'importe! Ne vous sera-t-il pas plus commode de lui écrire en lui expliquant ce qui ce passe, et de faire le mariage avant son retour?

— Oui, si ce mariage est résolu ; mais mademoiselle de Pontaris y consent-elle?

— C'est ce que nous allons savoir dans un instant, en nous transportant chez elle, mon neveu et moi.

Sydonie accepta avec reconnaissance ce lien nouveau qui l'unissait à la famille des Aulnaies et de madame Vorlieu, qu'elle serait très heureuse de pouvoir aussi appeler comme tout le monde dans la maison : « *la tante Isabelle.* »

Une nouvelle conférence eut lieu, dans laquelle il fut décidé : 1° qu'on ferait le mariage à l'expiration des délais strictement nécessaires ; 2° qu'on écrirait à Rodolphe pour le prévenir.

La tante avait un troisième projet qu'elle garda secret : c'était d'aller annoncer elle-même l'événement à la ferme; c'était un petit régal féroce qu'elle se réservait.

Albert écrivit à son frère : il lui rappelait leurs projets, que l'amour qui paraissait s'épanouir dans les deux jeunes cœurs de Marguerite et d'Henri, semblait si bien favoriser ; il lui parlait de ce duel dont les causes étaient pour lui restées si obscures, et dont les conséquences avaient été si funestes : la mort pour Clodomir de Pontaris,

14

la fuite et l'exil pour Rodolphe. Il avait, dans le premier moment, promis solennellement de servir de protecteur à Sydonie ; par un entraînement moins justifiable, il avait promis de lui faire épouser Henri ; cette promesse n'avait pas tardé à l'inquiéter, mais il s'était tranquillisé en pensant que si Henri aimait Marguerite, comme tout devait le faire croire, lui Albert se trouverait naturellement dégagé de sa promesse, et que leurs rêves pour l'avenir de leurs enfants se trouveraient naturellement réalisés. Mais Henri, soit qu'il eût cédé aux suggestions de Cécile et de madame de Vorlieu, soit par suite de l'inconstance naturelle au cœur humain, venait de lui demander positivement la main de mademoiselle de Pontaris ; leurs projets étaient donc détruits ; il en était, pour sa part, profondément affligé.

Il pensait bien, du reste, qu'il irait passer quelque temps avec Rodolphe à Lausanne.

La lettre faite, Albert la porta à Dauphin.

— Voici, père Dauphin, lui dit-il, une lettre que j'ai écrite les larmes aux yeux et qui causera un grand chagrin à mon frère. Envoyez-la lui ; dites-lui qu'il ne me fasse pas de reproches, que j'ai autant besoin de consolations que lui ; qu'il a toujours été le plus fort de nous deux, mon appui, mon recours, et qu'il ne l'oublie pas en cette occasion.

— Ce pauvre Rodolphe n'a pas besoin de nouveaux chagrins.

— Et celui-ci le frappera vivement, car Rodolphe a les sensations plus vives dans ceux qu'il aime qu'en lui-même ; il a plus mal à la tête des autres qu'à la sienne propre, et il s'agit de projets qui nous étaient bien chers à tous deux.

— Voulez-vous voir Agathe et Marguerite ?
— Oh! non... Je suis pressé ; un autre jour.

Et comme Albert sortait de la ferme, il vit la tante Isabelle qui y entrait.
— Ma tante ! au nom du ciel, prenez garde ! lui dit-il.
Puis il continua sa route en disant :
— Je suis sûr qu'elle va faire du mal.

Albert ne se trompait pas. Madame de Vorlieu s'excusa presque auprès d'Agathe de ne pas être venue depuis longtemps à la ferme ; mais on avait été très-occupé au château, et on n'était pas au bout. Il allait y avoir un mariage. Henri avait demandé la main de mademoiselle de Pontaris ; il en était amoureux comme un fou. Sydonie avait donné son consentement; le mariage aurait lieu dans dix jours. A propos, avait-on des nouvelles de Rodolphe?

La tante se leva. Pas un mot échappé à Agathe ni à Marguerite ne lui avait donné la joie qu'elle était venue chercher. Il fallait bien se contenter de l'altération du visage. Elle sortit en *promettant* de revenir bientôt.

A peine fut-elle dehors, qu'Agathe, qui n'avait pas eu la force de la reconduire, ouvrit en pleurant les bras à sa fille. Marguerite, pâle, les yeux hagards, se précipita dans les bras de sa mère et y tomba évanouie. Les plus tendres caresses, les secours les plus empressés la rappelèrent bientôt à la vie.

Au premier moment les deux femmes n'avaient rien à se dire.

Plus tard Agathe questionna sa fille. Celle-ci lui rapporta les diverses circonstances qui l'avaient depuis quelque temps tour à tour réjouie et désespérée.

— Ce sera un grand chagrin pour ton père, dit Agathe.

— Pauvre père ! quel malheur qu'il ne soit pas ici ! J'aurais tant besoin de vous tenir tous les deux dans mes bras

XXXIV

Au château, Henri était, de son côté, très-malheureux. Il avait cédé à un moment d'ivresse plus d'à moitié préparé par Sydonie. Il croyait son honneur engagé à réparer sa faute, et le voile était déchiré. Il voyait clair dans son cœur. Sydonie avait frappé son imagination, avait enivré ses sens, mais il aimait Marguerite, il n'aimait que Marguerite. Par moments, il avait envie d'aller se jeter aux pieds de Sydonie et de lui avouer tout. Mais que diraient sa mère et sa tante? Que dirait-il lui-même lorsque Sydonie lui rappellerait le serment solennel qu'il lui avait fait? D'autres fois, il voulait au moins s'expliquer avec Marguerite. Ne rien lui dire, c'était la traiter avec un dédain qui était bien loin de son cœur; lui tout dire, il n'en avait pas le droit, c'était le secret de Sydonie, au moins autant que son secret à lui.

Cependant il se décida à écrire à Agathe :

« — Ma chère tante, dites si voulez à Marguerité, et au moins sachez vous-même que je suis le plus malheureux des hommes ; j'aime, j'adore Marguerite, et je vais en épouser une autre. L'honneur, qui m'oblige à me conduire ainsi, me défend de vous en dire davantage. »

Agathe hésita à montrer cette lettre à Marguerite. Il pouvait être dangereux de lui rendre une vague espérance, car tout ne devait pas paraître perdu pour la pauvre enfant, s'il était vrai qu'Henri l'aimât encore. Elle voulut à ce sujet consulter le père Dauphin. Dauphin répondit qu'elle ferait bien d'attendre, et qu'il allait consulter Rodolphe.

Rodolphe fut profondément attristé en recevant la lettre de son frère. Il vit là la main de la tante Isabelle et la main de Cécile. Il pleura en songeant au chagrin de sa pauvre petite Marguerite, chagrin qu'il se reprochait amèrement d'avoir provoqué lui même en cultivant cet amour pour Henri qui germait dans le jeune cœur de Marguerite.

Au premier moment de sa douleur, il dit : « C'est trop ! cette femme me fait la guerre avec trop d'acharnement ; elle aura la guerre à son tour. Ma générosité n'a fait que l'encourager ; à son tour à souffrir et à pleurer ! » Et il écrivit une longue lettre à Albert. Dans cette lettre, il lui racontait tout ; il lui disait que lui, Albert, lui avait tiré une balle qu'il avait, lui, Rodolphe, fait extraire de son bras, et que c'était avec cette balle qu'il avait tué Clodomir. Il lui disait les causes de ce duel, et aussi les causes de son exil et de son emprisonnement. Il lui disait : « Ces deux femmes sont deux monstres, il faut les chasser. » Mais il relut sa lettre, il se rappela l'amour aveugle d'Albert pour Cécile, il songea à son désespoir ; il déchira la lettre. « Si j'étais libre, dit-il, j'emmènerais cette chère Marguerite faire un voyage, je ferais tout pour qu'elle n'assistât pas à ce mariage. De toute façon, quand elle devrait être avec moi dans ma prison, je ne veux pas qu'elle subisse le supplice de voir Henri épouser madememoiselle de Pontaris. » Il écrivit en ce sens au père Dauphin : « C'est après-demain qu'on me juge, lui disait-il, si je suis acquitté (et je prie le ciel avec ferveur pour être acquitté), j'irai passer quelques heures au milieu de vous, puis j'emmènerai Marguerite pendant quelque temps. Si je suis condamné, vous direz tout à Marguerite ; vous lui direz que son père est en prison ; vous me l'amènerez, et j'espère faire naître dans son esprit des idées qui calmeront sa légitime douleur. »

Au château, on s'occupait activement des préparatifs de la solennité. On faisait pour Sydonie les toilettes les plus brillantes. Emile seul paraissait très-agité en sens contraire. Sydonie lui plaisait, et il avait cru être de sa part l'objet d'une préférence marquée. Le jour de la promenade au bord de la rivière, une déclaration formelle n'avait pas été mal accueillie ; il avait, d'autre part, des raisons assez puissantes de voir avec chagrin le mariage de Sydonie avec Henri. Il s'était plus d'à moitié ruiné, et il avait eu, comme sa sœur, tout ce qu'il pouvait espérer du vivant de ses parents, qui étaient encore jeunes et dont, au reste, la fortune avait été considérablement diminuée par l'issue malheureuse d'affaires de bourse. Sydonie passait pour riche : on n'avait pas ébruité l'état dans lequel Clodomir avait laissé la fortune de sa fille.

C'était une occasion de relever sa situation, qu'Emile avait cultivée avec soin, et il était à la fois triste et humilié de se voir supplanté par un petit jeune homme comme Henri. Il essayait d'avoir une explication avec Sydonie, de lui rappeler comment elle avait encouragé son amour : mais celle-ci, qui, sans savoir précisément l'état des affaires d'Emile Golbert, savait Henri plus riche que lui, faisait taire facilement le sentiment de préférence qui naturellement l'aurait entraînée vers Emile. — « Quel malheur, disait-elle en elle-même, que je ne puisse pas jouir avec Emile de la fortune d'Henri ! »

Malgré tout le soin qu'elle mettait à éviter Emile, il réussit à lui dire :

— Ce soir, à onze heures, quand tout le monde sera couché, je serai sous votre fenêtre ; il faut absolument que je vous parle.

— Au nom du ciel ! n'y venez pas, dit Sydonie ; vous me perdriez.

— Ce n'est pas trop de vous demander un quart d'heure de conversation ; je vous promets ensuite de ne plus vous parler d'un amour auquel vous aviez promis d'espérer un sort plus heureux.

— C'est impossible.

— Je vous jure, alors, que je réclamerai tout haut le résultat de vos promesses et que je rendrai ce funeste mariage impossible, dussè-je tuer Henri !

— Homme cruel ! Eh bien, j'y serai.

— A ce soir donc.

XXXV

Le soir, en effet, lorsque le silence se fit au château, Emile se trouva sous la fenêtre de Sydonie. Elle fut longtemps sans ouvrir; elle hésitait, elle craignait. Mais il jeta de petites pierres dans les vitres. Alors elle parut sur son balcon.

— Partez, au nom du ciel, lui dit-elle à voix basse, si vous ne voulez pas me perdre.

— Un mot seulement.

— Vous m'avez promis que nous causerions un instant.

— Non, soyez raisonnable, soyez bon, allez-vous-en.

— Alors, prenez cette lettre; je viendrai demain chercher votre réponse.

— Je ne dois pas recevoir de lettre, et je n'ai rien à vous dire que vous ne sachiez.

N'importe, lisez la lettre et donnez-moi la réponse.

— Je n'écrirai pas une ligne.

— Qui vous dit d'écrire? Vous me direz simplement oui ou non.

— Eh bien! je vous dis Non d'avance.

— C'est bien présomptueux. Vous ne savez pas ce que je vous demande. Tenez, voici la lettre. (Et il la jeta sur le balcon.) — A demain, à la même heure.

— J'entends du bruit, j'entends marcher sous les arbres. Pourvu que personne ne nous ait vus !

— C'est le vent dans les feuilles.

— Allez-vous-en.

— Adieu, à demain.

Sydonie ne s'était pas trompée lorsqu'elle avait cru entendre marcher sous les arbres. Un homme, en effet, avait entendu à peu près toute sa conversation avec Emile. Cet homme était Rodolphe.

Rodolphe avait été acquitté par le tribunal. Le jugement, rendu à une heure assez avancée, il avait été néanmoins mis immédiatement en liberté, et s'était dirigé vers les Aulnaies. Malgré son désir d'embrasser les hôtes de la ferme et surtout la pauvre petite Marguerite, qu'il savait malheureuse, il avait voulu voir d'abord Albert, et savoir si tout était bien réellement fini. La lettre d'Henri à Agathe, lettre qu'on lui avait envoyée dans sa prison, lui semblait mettre tout en question, puisque c'était Marguerite qu'Henri aimait. En se dirigeant vers le château, il avait entendu des voix qu'il n'avait pas tardé à reconnaître, et comme il voyageait en pays ennemi, il avait pensé qu'il était bon d'écouter.

— A part le chagrin que cause à Henri, à ce qu'il paraît, et certainement à Marguerite, à Albert, à Agathe et à moi la perte de nos espérances, voici un sot mariage qui se prépare.

XXXVI

Rodolphe arriva auprès d'Albert qui allait se coucher. Les deux frères s'embrassèrent.

— Tu arrives de Lausanne?

— Non, mon ami, j'arrive de Paris.

— Et que faisais-tu à Paris?

— J'y étais en prison, où j'attendais mon jugement. Grâce à Dieu, j'ai été acquitté. Me voici. Nous ne nous séparerons plus, après toutefois un petit voyage que je vais être obligé de faire.

— Quel bonheur! tu es acquitté! Mais comment est-ce que je ne te savais pas en prison? Et ces lettres qui venaient de Suisse?

— C'était un chagrin que je voulais épargner à toi et à

ceux de la ferme. Les lettres de Suisse, c'était une invention que nous avions eue, le père Dauphin et moi, pour vous tromper tous.

— Comment! tu étais en prison, mon pauvre Rodolphe, et tu me le cachais!

— Quand je te cache quelque chose, Albert, c'est pour t'épargner un chagrin. Songe toujours que tu es le but de ma vie, et que je n'ai pas perdu de vue un instant les promesses que nous nous sommes faites sur la tombe de nos chers parents.

— Mais je serais allé te voir, passer avec toi dans ta prison tout le temps possible.

— C'est ce que nous aurions fait si j'avais été condamné; mais ce que je voulais surtout épargner à Agathe, à Marguerite et à toi, c'était l'anxiété causée par l'incertitude de l'événement. De ce côté, tout va bien. Embrassons-nous de bon cœur et n'en parlons plus.

— De quel voyage me parles-tu?

— J'ai reçu ta lettre.

— Hélas!

— Eh bien, il faut que j'emmène Marguerite, que je soigne son pauvre cœur blessé. Je ne veux pas qu'elle soit ici au moment du mariage.

— Quel malheur que les choses aient ainsi tourné!

— Henri est-il au château?

— Oui.

— Voici une lettre qu'il a écrite à Agathe. Dans cette lettre, il prétend qu'il cède à une dure nécessité en épousant mademoiselle de Pontaris.

— C'est singulier! dit Albert après avoir lu la lettre. C'est lui qui est venu me prier de lui faire épouser Sydonie.

— Il faut qu'il nous explique cette lettre; fais-le appeler.

Henri était couché et ne dormait pas. Il se leva et vint dans la chambre de son père. Au premier moment il embrassa son oncle avec effusion; puis il baissa les yeux et ne parla pas.

— Henri, qu'est-ce que cette lettre? lui dit Rodolphe.

— C'est une lettre que j'ai écrite à ma tante Agathe.

— Que veut dire cette lettre?

— Elle ne contient que la vérité.

— Ce n'est donc pas avec joie que tu épouses Sydonie? demanda Albert.

— J'aime Marguerite.

— Pourquoi alors m'as-tu demandé avec tant d'instances à épouser mademoiselle de Pontaris, quand ton oncle et moi nous aurions été si heureux de te voir épouser Marguerite?

Henri baissa la tête et ne répondit pas.

— Ta mère et ta tante prétendent que tu es passionnément épris de Sydonie.

— J'avoue que sa beauté, l'inusité de ses manières, la hardiesse de son esprit m'avaient séduit un moment.

— Eh bien?

— Mais aussitôt que j'ai regardé dans mon cœur, j'ai vu que je n'aime et que je n'aimerai jamais que Marguerite.

— Mais alors ce mariage sera horrible pour mademoiselle de Pontaris et pour toi?

— Pour moi du moins, car je remplirai tous mes devoirs envers la femme que j'épouserai.

— Ton premier devoir envers elle est de ne pas la tromper et de ne pas lui faire croire que tu l'aimes quand tu en aimes une autre.

— Il n'est plus temps, il faut que ce mariage se fasse.

— Je pense au contraire que je ne dois pas te laisser aller plus loin; je vais consulter ta mère et ta tante Isabelle.

— Au nom du ciel! n'en faites rien, mon père.

— Il le faut bien, puisque je n'obtiens de toi que des charades et des logogriphes.

— Si je n'épouse pas Sydonie, je suis déshonoré.

— Mais tu ne feras pas non plus une action fort honnête en l'épousant sans l'aimer, en te chargeant de devoirs auxquels tôt ou tard tu manqueras.

— N'importe! je dois épouser Sydonie.

— Tu le lui as promis?

— Oui, et ma promesse est sacrée.

— Alors, il n'y a plus rien à dire; c'est un malheur, c'en sera un plus grand plus tard, mais fais ton devoir. Adieu, Albert. Accompagne-moi un peu.

— Ah! mon oncle, je suis bien malheureux!

Quand Albert et Rodolphe furent hors du château, Albert dit à Rodolphe :

— Tout le monde sera donc malheureux de ce mariage?

— Je ne le laisserai pas faire!

— Sydonie seule peut le rompre; ni toi, ni moi, nous n'avons le droit de nous y opposer. Je craignais qu'Henri, qui est mon fils comme à toi, n'eût cédé à une versatilité que je n'aimerais pas à voir dans son caractère ; il a été entraîné sur une pente où il est bien facile de glisser ; il accomplit un devoir, c'est un honnête garçon.

— Mais, enfin, quel sera le résultat de cette union ?

— Très-mauvais pour tout le monde ; je ne vois guère que la tante Isabelle qui y trouvera son compte, son bonheur ne pouvant se faire que du chagrin des autres.

— Ne vois-tu, Rodolphe, aucun essai à tenter ?

— Non, le mariage ne peut être rompu que par Sydonie. Ce qu'il y a de fâcheux encore, c'est que le hasard m'a fait découvrir que sa tendresse pour Henri n'est ni bien ardente ni surtout bien exclusive.

— Mais alors nous serions fous et criminels de les laisser se marier !

— J'essaierai quelque chose demain. Ne parle de rien à personne ; viens me trouver dès qu'il fera jour.

— Bonsoir, mon cher Rodolphe.

XXXVII

Rodolphe entra à la ferme. Ce fut une grande joie de le revoir. Il ne voulait pas avoir à parler d'Henri jusqu'à ce qu'il eût tenté la dernière épreuve qu'il avait remise au lendemain. Il embrassa cependant sa fille avec plus de tendresse que de coutume, et il se sentit le cœur serré en la trouvant pâle. Il donna le change à son imagination en leur racontant ce qui lui était arrivé depuis son départ de la ferme. Les deux femmes pleurèrent amèrement en apprenant que, tandis qu'elles le croyaient en Suisse, il était dans une prison.

Dauphin apporta les lettres datées de Lausanne. Entre les lignes qui parlaient de la Suisse, d'autres lignes retracées par le feu en brun foncé parlaient de la prison. Ces lettres arrachèrent encore des larmes à Agathe et à Marguerite.

— Mais tout est fini, disait Rodolphe ; nous ne nous quitterons plus jamais.

Le lendemain matin, Albert était à la ferme à la pointe du jour. Rodolphe lui expliqua ce qu'il voulait tenter.

— En effet, disait-il, s'ils ne s'aiment ni l'un ni l'autre, il sera très-heureux d'amener mademoiselle de Pontaris à rompre une union qu'elle seule peut rompre.

Rodolphe se plaça dans un cabinet d'où il pouvait entendre ce qui se disait dans l'appartement d'Albert, et Albert fit prier mademoiselle de Pontaris de le venir trouver. Elle ne tarda pas à arriver.

— Mon enfant, dit Albert, asseyez-vous et écoutez-moi avec attention. Votre union avec Henri est décidée ; cependant il est une chose que vous ignorez et que je ne dois pas vous cacher plus longtemps. Je ne suis pas aussi riche que je le parais : ce château, les terres qui en dépendent, le luxe qui nous entoure, tout a dû vous tromper. Mon frère Rodolphe, pour rendre mon mariage possible, m'a abandonné une notable partie de son patrimoine, et de cette façon, en effet, grâce à sa générosité, grâce à la dot de mademoiselle Golbert que j'épousais, j'étais riche. Albert, fils unique, était un beau parti ; mais de malheureuses circonstances, qu'il serait trop long de vous expliquer, m'amenèrent en peu d'années sur le bord de la ruine. Rodolphe, qui, pendant le même temps, par l'ordre, par le travail, par la simplicité de sa vie, par des chances heureuses, s'était enrichi, vint à mon secours avec le même empressement, mais avec des restrictions dont de nouveaux devoirs lui imposaient la nécessité. Rodolphe était marié et avait une fille. Il racheta mes terres grevées d'hypothèques. C'était me les donner une seconde fois. « Cela va de soi-même, me dit-il; ton Henri épousera ma petite Marguerite; le château et la ferme sont leurs biens qu'ils réuniront. Il n'importe pas que l'un apporte moins, que l'autre apporte davantage, puisqu'ils réuniront le tout. » Ce projet, je ne vous le cache pas, ma chère Sydonie, nous plaisait si fort, à mon frère et à moi, que nous ne nous étions jamais avisés de douter de sa réussite. Une douce tendresse semblait naître entre les deux enfants, et nous ne pensions qu'à remercier Dieu de ce que tout paraissait ainsi concourir à la réalisation de nos désirs. Le malheur qui vous est arrivé nous a imposé le charmant devoir, à Cécile et à moi, de voir en vous un enfant de plus. Peut-être avons-nous été un peu loin en formant des projets d'union entre vous et Henri; mais, projets ou non, votre beauté a fait le reste. Henri est devenu amoureux de vous et nous a priés de vous donner à lui. Il a obtenu votre consentement, et vous serez sa femme.

Toutefois, quoique je ne doute pas, ma chère Sydonie, de votre désintéressement; quoique je sois persuadé que vous partagez la tendresse de mon fils et que vous l'aimez pour lui-même, je dois achever de m'expliquer avec vous sur nos affaires d'argent.

Lors de mon mariage, Rodolphe me donna plus de la

moitié de son patrimoine. C'était son droit; j'acceptai sans hésiter. Mais lorsqu'il s'agit de dégager mes terres hypothéquées, il dut donner l'argent qui devait un jour appartenir à sa fille. Si nos premiers projets s'étaient réalisés, cet argent revenait à Marguerite par son mariage avec Henri; mais aujourd'hui que tout est changé, Rodolphe n'a pas plus le droit que je n'ai le pouvoir ni la volonté de laisser cette confusion dans nos affaires. Rodolphe, le fermier, est le propriétaire réel de plus de la moitié des terres du château. Il faut qu'il les réserve pour sa fille, à laquelle elles appartiennent. Henri ne peut pas vous apporter en dot la fortune de Marguerite.

Je le répète, ma chère Sydonie, je vous crois une belle âme; je ne mets pas en doute, un seul instant, que vos affections sont au-dessus des intérêts matériels. Mais j'ai dû tout vous dire. Vous-même, vous n'êtes pas riche M. de Pontaris en mourant a laissé vos affaires dans un tel état, que sa mort seule peut-être vous a sauvée d'une ruine complète. Quand nous aurons rendu à mon frère ce qui appartient à sa fille, nous n'aurons qu'une bien modeste aisance. Il faudra mettre à bas tout ce luxe qui nous entoure; il nous faudra vivre comme ils vivent à la ferme. Mais un esprit élevé comme le vôtre est fait pour le comprendre : ce n'est pas l'argent qui fait le bonheur. Nous vivrons simplement; nous renoncerons à Paris et au monde. La nature avec ses magnificences fera notre luxe, et les douces affections de famille remplaceront ce qui nous manquera sous le rapport de la fortune. C'est dans une honnête médiocrité que les philosophes et les sages de tous les temps ont placé le bonheur.

Albert récita ainsi pendant dix bonnes minutes des lieux communs sur la pauvreté dont Rodolphe lui avait indiqué la plupart.

Sydonie, frappée comme de la foudre, ne l'interrompit pas, et au contraire redoutait le moment où elle serait obligée de parler à son tour. Mais Rodolphe avait tout prévu, et avait recommandé à Albert de lui épargner cet embarras.

— Ma chère Sydonie, dit Albert au moment où elle essayait de balbutier une réponse, pardon si je vous interromps, mais je ne veux pas que vous ajoutiez un mot de plus. Je sais tout ce que l'élévation de votre esprit, la générosité de votre cœur et votre tendresse pour Henri vous feraient dire; mais j'exige positivement que vous ne me répondiez qu'après-demain, ici, à la même heure; pas un mot de plus, je vous en prie; je le veux. Qu'il ne soit fait ni à moi ni à personne aucune allusion à notre conversation de ce matin. Je veux que vous m'en fassiez la promesse formelle.

— Je vous obéirai, Monsieur, dit Sydonie.

— Maintenant, mon enfant, quoique je ne doute pas de votre réponse, je ne veux la connaître que mardi. Si vous agissiez autrement, vous m'offenseriez.

Sydonie se retira.

Rodolphe sortit de sa cachette.

— Eh bien! mon cher Albert, cette fille-là n'aime pas

Henri : elle n'aurait sans cela tenu aucun compte de ta défense, et elle aurait voulu dire sans délai qu'elle l'aimait et l'épousait pauvre comme riche. Peut-être est-ce ce qu'elle fera après-demain. Néanmoins, tu as bien fait de suivre nos conventions et de ne pas lui laisser prendre un engagement à l'improviste. Il faut qu'Henri disparaisse pendant ces deux jours. Imagine une commission à lui donner à Paris. Du reste, nous n'avons rien dit que de vrai à Sydonie, et la probité t'obligeait à lui parler comme tu as fait. Seulement elle a à rendre ce soir une réponse qui pourra bien être influencée par votre conversation de ce matin.

— Que veux-tu dire ?

— Tu sauras cela plus tard.

XXXVIII

Sydonie était rentrée chez elle dans un grand trouble. Tous ses rêves de grandeur, de luxe, de monde, de succès dans les salons venaient de se dissiper comme une légère fumée. Elle se rappelait avec un sourire amer la phrase d'Albert : « La fortune ne fait pas le bonheur. » Elle relut la lettre d'Émile.

Émile, sans parler de ce changement dans la fortune d'Henri, changement qu'il ignorait, semblait cependant faire prévoir à Sydonie que ses espérances au sujet de son mariage avec Henri seraient inévitablement trompées.

« A quelle existence, ma belle Sydonie, lui disait-il, allez-vous vous condamner Dans toute cette famille où vous allez entrer, l'oncle Rodolphe finit toujours par être le maître. Ma sœur, avec sa beauté et tout l'amour qu'elle inspire à son mari; madame de Vorlieu, la tante, avec la finesse de son esprit et l'obstination de son caractère, n'ont jamais pu lutter avec un avantage soutenu contre son influence.

» Or, ledit oncle veut absolument qu'on vive à la campagne et dans la pratique de toutes les vertus champêtres. Votre vie sera une longue et ennuyeuse bergerie, sans même un pauvre loup pour rompre la monotonie de cette berquinade; à moins que je n'aie pitié de vous, et que je ne vienne jouer, à votre égard, ce rôle divertissant, par bonté d'âme. Vous serez riche, mais savez-vous à quoi sert l'argent, dans cette famille, sous le règne de l'oncle Rodolphe premier? on se prive de tout plaisir, on s'habille comme des petits bourgeois, on économise des liards, on remplit des tirelires; avec le produit de ces austérités exercées sur soi-même, on achète un demi-arpent de terre, on en défriche un autre demi-arpent, où on essaye de nouveaux engrais.

» Moi, au contraire, je suis beaucoup moins riche que ne le sera Henri, mais ce que j'ai est à moi. Je vis comme je veux, et ce que je veux, c'est de vous voir heureuse, brillante, adorée de tous les hommes, enviée et haïe de toutes les femmes. Je ne veux plus manger mon fonds, mais avec mes revenus dépensés avec le talent que m'a donné l'expérience, nous pouvons vivre dans le monde avec un éclat suffisant; il s'agit de savoir dépenser son argent.

» Pensez-y donc, ma belle Sydonie : vous n'êtes pas faite pour fleurir, vous épanouir et vous faner à la campagne comme une fleur des champs, dans une plaine déserte. Venez au milieu du monde dont votre beauté, vos grâces, votre esprit, vos talents vous donneront la plus légitime des royautés. Si je n'étais pas amoureux de vous, je vous tiendrais le même langage, par probité, par amour de l'ordre, par respect pour ce qui est beau. Si vous épousez Henri, vous serez sous le joug de l'oncle : avant six mois, vous haïrez ces gens et cette vie, etc. »

Quand arriva le moment fixé pour le rendez-vous, Sydonie ouvrit ses persiennes et dit à Émile : — « Montez. »

Quand Émile fut dans la chambre de mademoiselle de Pontaris, il voulut lui baiser la main.

— Asseyez-vous, lui dit-elle ; ce que j'ai à vous dire est si sérieux, que je n'ai pas pensé avoir à me défendre d'aucun manque de respect. J'allais céder à un entraînement. Cette famille m'a accueillie dans l'abandon où me laissait la mort de mon père. Je m'étais habituée à lui accorder une grande influence sur moi. Ils avaient l'air si heureux tous de me voir épouser ce jeune homme, que je n'avais pas la force de m'y refuser. Cependant, au moment d'un acte aussi important que le mariage, au moment d'engager ma vie tout entière, j'ai réfléchi mûrement ; j'ai pensé que j'aurais trop de temps à me repentir d'une faiblesse. Je n'aime pas M. Henri, et... j'en aime un autre. Ils ont été bons pour moi ; mais cependant je ne leur dois pas le sacrifice de ma vie entière. D'ailleurs, celui que... j'aime leur tient aussi par les liens du sang. Plus tard, après le premier moment de désappointement et de dépit, je me retrouverai dans cette famille, si toutefois celui que j'aime ne m'a pas trompée, si ses protestations, si les serments partent d'un cœur sincère et d'un esprit résolu.

Émile se jeta aux genoux de Sydonie.

— Asseyez-vous ; nous n'avons que quelques instants pour prendre une résolution. Vous m'avez dit que vous m'aimez. Eh bien, je vous aime aussi, et je veux être votre femme. Vous n'êtes pas riche, mais « ce n'est pas la fortune qui fait le bonheur. »

Tous deux se trompaient. Mademoiselle de Pontaris ne donnait la préférence à Émile Golbert qu'à cause de la révélation que lui avait faite M. des Aulnaies sur la fortune de son fils. Elle ne renonçait pour Émile à cette fortune que depuis qu'elle avait qu'elle n'existait pas, et qu'Émile était au contraire plus riche que son neveu.

M. Golbert, de son côté, était plus d'à moitié ruiné ; il ne savait pas à quel point Clodomir de Pontaris avait ébréché la fortune de sa fille. Mais, en tout cas, Sydonie était encore pour lui une bonne affaire qu'il croyait meilleure, Sydonie se donnant bien de garde de le désabuser de l'erreur où il devait être relativement à sa fortune. Chacun d'eux croyait tromper l'autre, le trompait en effet, mais était aussi trompé par lui.

Le résumé de la conversation fut que Sydonie et Émile se promirent de s'épouser sous le plus bref délai. Mais Sydonie ne savait comment se dégager envers les Reynold.

En réalité, il n'était pas bien commode de leur dire : « Ah ! vous n'êtes plus riches ? Alors je n'épouse plus votre fils. » Sans dire à Émile la véritable cause de son embarras, elle lui fit facilement comprendre cependant que les choses étant par sa condescendance aussi avancées qu'elles l'étaient, les parents ravis de ce mariage, Henri lui faisant l'honneur d'être passionnément amoureux d'elle, elle avait à traverser, pour suivre leurs projets, trois ou quatre scènes fatigantes et désagréables, qu'elle ne s'en sentait pas la force, et qu'elle était capable d'épouser qui on voudrait pour les éviter.

Il fut donc arrêté qu'il fallait à tout prix éviter les premiers moments de désappointement de la famille Reynold.

Cela convenu, Émile partit.

Le lendemain matin, mademoiselle de Pontaris se dit indisposée et resta au lit. Elle comprenait que, malgré le délai qu'Albert lui avait imposé pour répondre, si elle avait aimé Henri sérieusement, si le changement apporté dans la fortune qu'elle croyait épouser n'avait rien changé à ses résolutions, elle n'aurait pas accepté ce délai, elle n'aurait pas voulu avoir l'air de réfléchir, elle aurait parlé, elle aurait écrit, elle aurait à tout prix fait connaître sans aucun retard que rien n'était changé. Aussi cette feinte indisposition avait-elle pour but de ne voir personne de la famille, surtout Albert, car elle ne pouvait empêcher Cécile et Isabelle de venir la voir dans sa chambre ; mais elle eut soin d'éviter toute conversation.

— Ce n'est rien, dit-elle : une migraine très-douloureuse qui me brise le crâne quand je parle, mais qui sera complétement dissipée demain. Il ne me faut que du calme, du repos, de l'obscurité. Je suis assez sujette à cette indisposition ; jamais elle ne m'a duré plus de vingt-quatre heures.

Naturellement on la laissa seule.

Le lendemain, de très-bonne heure, Isabelle, qui dormait

peu, était de nouveau chez mademoiselle de Pontaris. Celle-ci n'était pas dans sa chambre.

— Comment, se dit madame de Vorlieu, est-elle déjà sortie? Est-elle allée se promener dans le jardin? Quelle est cette lettre placée en évidence sur la cheminée? « A madame Isabelle de Vorlieu!... » « A madame Cécile Reynold des Aulnaies!... »

Et la tante Isabelle ouvrit la lettre avec émotion, la lut et courut chez Cécile, avec laquelle elle s'enferma.

XXXIX

Dans cette lettre, adressée à madame de Vorlieu et à madame Cécile Reynold, Sydonie leur avouait que depuis longtemps déjà son cœur ne lui appartenait plus ; mais que sa reconnaissance, sa tendresse filiale étaient telles pour Cécile et pour Isabelle, qu'elle n'avait rien trouvé à objecter à un projet qui semblait leur tenir à cœur ; cependant qu'au moment décisif, elle avait pensé que c'était faire son malheur à elle, et ainsi le malheur d'Henri, que de passer outre à une union sans amour ; qu'elle avait dû prendre une autre résolution, mais que, n'ayant pas la force de paraître devant elles pour le leur dire, elle leur écrivait ; que, craignant les reproches, redoutant un simple soupçon d'ingratitude, elle avait pris le parti de s'enfuir et de se cacher, jusqu'à ce que tout fût terminé et que les deux personnes, pour qui elle avait le plus de tendresse et de reconnaissance, lui permissent de venir implorer son pardon et leur demander la continuation de leurs bontés.

— Comment ! s'écria Cécile, elle n'aimait donc pas Henri !

— Comment agit-elle avec ceux qu'elle aime, alors ! dit Isabelle, car, d'après ses propres confidences, elle lui avait donné lieu de croire à un sentiment de préférence. Après tout, ce que nous en faisions, c'était pour elle, et aussi contre ce Rodolphe, et pour éviter que votre fils, en épousant la petite-fille de l'écrivain public, ne continuât les traditions de mésalliance que l'on paraît décidé à suivre religieusement dans notre malheureuse famille.

— Je n'y consentirai jamais, dit Cécile ; jamais il n'y aura un lien de plus entre moi et cet odieux Rodolphe !

— Vous n'y pourrez rien faire, ma chère nièce, et on se passera de votre consentement.

— Henri aime Sydonie.

— Le pauvre garçon, en effet, va être victime de tout ceci. Mademoiselle de Pontaris nous prie d'avertir de sa résolution votre mari et votre fils. Allons trouver Albert.

Les deux femmes se dirigèrent vers l'appartement d'Albert ; mais elles furent frappées de stupeur quand on leur dit qu'il était sorti, il y avait déjà longtemps, avec son frère Rodolphe.

— Rodolphe ! s'écria Isabelle, tout est perdu ! C'est peut-être lui qui a enlevé Sydonie.

— Mais il était en prison !

— Il se sera échappé.

Elles se transportèrent chez Sydonie. L'évasion, il était facile de le voir, n'était pas précisément improvisée : Sydonie avait très-soigneusement fait quelques paquets de ce qu'elle avait de plus précieux, se réservant de faire plus tard réclamer le reste. On prit des informations auprès des domestiques ; personne n'avait rien vu. On trouva les traces d'une voiture à la porte du jardin.

— Et mon pauvre Henri ! dit Cécile.

— Je le plains aussi, dit Isabelle, et j'ai quelques remords d'avoir allumé son cerveau pour les attraits de cette petite pécore. Henri est d'un naturel violent, ardent. Il ne faut pas trop le consoler. Amoureux de Sydonie, il refusera d'épouser la petite-fille de l'écrivain public. Et qui sait ce qui arriverait si nous pouvions arriver à lui donner des preuves que c'est son oncle Rodolphe qui est cause qu'il perd mademoiselle de Pontaris? Et puis, faute de preuves, on peut le lui persuader.

— Oh ! prenons garde ! Rodolphe me tuerait encore celui-là.

— Rodolphe l'aime comme son fils. Tout ce qui peut arriver de ce que je vous disais, c'est qu'Henri rompe le projet de son union avec Marguerite.

— Qui nous délivrera de ce Rodolphe, de ce meurtrier, de cet assassin ?

— Modérez-vous, ma nièce. Vous savez que je vous aime ; écoutez mes conseils : je sais la plaie de votre cœur, je la comprends, mais pour vous, pour Albert, cachez-la ; haïssez

Rodolphe, faites-lui tout le mal possible, détruisez tous ses bonheurs, attaquez-le dans ses affections, mais prenez des prétextes, ne parlez jamais du meurtre de ce malheureux Clodomir, ne donnez pour cause à ce que vous ne pourrez dissimuler de votre haine que ses tentatives opiniâtres de faire mésallier votre fils comme il s'est mésallié lui-même, comme son père s'était mésallié avant lui.

— Ah ! ma tante, que je hais cet homme ! Et il est libre, et dans quelques instants peut-être il me faudra subir son odieuse présence !

— Pensez à ce que je viens de vous dire, Cécile, et ne montrez pas à d'autres qu'à moi les blessures de votre cœur. Mais il faut prévenir Henri, le pauvre enfant ! et sinon le consoler, c'est trop tôt encore, du moins amortir le premier coup que va lui porter la fuite de mademoiselle de Pontaris. Je ne veux pas laisser ce soin à son père, je vais le faire appeler.

— Nous voici sous la fenêtre. Montons chez lui.

XL

Cécile et Isabelle se firent annoncer chez Henri. Il lisait, ou plutôt, la tête entre ses deux mains, les yeux sur un livre, il pensait à Marguerite, qu'il aimait et qu'il allait perdre ; à Sydonie, qu'il n'aimait pas et qu'il allait épouser ; au mépris qu'il inspirerait à Marguerite, à Agathe, à Rodolphe, au père Dauphin. Mais il était engagé d'honneur ; c'était également l'avis de son père et de son oncle. Tout était perdu : Marguerite et le bonheur.

Les deux femmes échangèrent un regard. Ce regard voulait dire : « Il paraît triste. Est-ce qu'il aurait déjà appris ce qui se passe ? »

— A quoi, demanda Henri, dois-je l'honneur et la surprise de cette visite matinale ? Jamais, je crois, ni l'une ni l'autre vous n'êtes entrées chez moi.

Cécile embrassa son fils. La tante Isabelle le prit à son tour par la tête et l'embrassa. Cécile se mit à pleurer. Isabelle se contenta d'essuyer ses yeux secs. Henri, qui, le cœur plein de chagrin, n'attendait qu'un prétexte pour l'exhaler, se prit également à pleurer.

— Ah ! ma tante ! il sait tout ! dit Cécile.

— Qu'y a-t-il donc de nouveau, ma mère?

— N'as-tu rien appris ce matin ?

— Je n'ai vu personne encore d'aujourd'hui, et je ne suis pas sorti de ma chambre.

— Eh bien ! mon pauvre Henri, arme-toi de courage.

— Vous m'effrayez, ma mère ! Est-il arrivé quelque chose à mon père, à ma tante, à mon oncle.... à quelqu'un de la mille ?

Il n'osait pas prononcer le nom de Marguerite.

— Non pas, que je sache ; mais n'as-tu pas d'autres affections? Hélas ! mon pauvre enfant, c'est quand on croit le bonheur le plus assuré, que le sort vient nous l'enlever ; tous les rêves joyeux de ton cœur, il faut y renoncer. Mais sois homme, aie du courage, de la force. Sydonie...

— Eh bien ! Sydonie?

— Allons, sois calme. Sydonie... Sydonie ne t'aimait pas, elle s'est enfuie ; votre mariage est rompu.

— Est-ce bien vrai, ma mère, ce que vous me dites là ?

— Hélas! oui; mais viens pleurer sur le cœur de ta mère.

— Il est bien certain que mon mariage est rompu ?

— Tiens, vois cette lettre.

Henri lut fiévreusement la lettre.

— Viens, mon fils, viens dans mes bras ; j'ai voulu pleurer avec toi.

— Pleurer, ma mère ! il s'agit bien de pleurer ! Cette chère Sydonie ! Oh ! la bonne, l'excellente Sydonie ! Merci mille fois, ma belle fiancée ! et à toi qui me l'enlèves, mon cher rival ! je vous bénis tous les deux ! je veux aller à votre noce ! je veux y danser !

— Ma tante, ma tante, sa raison s'égare !

— Pas du tout, ma chère mère ; embrasse-moi !

Et Henri embrassa sa mère et sa tante.

— Je suis le plus heureux des hommes ! Vive la liberté ! vive la vie ! Ah ! mais, quelle belle matinée !

Et Henri, ivre de joie, à moitié fou, se livra à toutes les extravagances d'un lycéen qui apprend un congé imprévu ; il sauta à pieds joints sur son lit ; il mit la pendule sous le lit, les chaises sur la cheminée ; il prit sa mère et sa tante par les mains, les força de danser en rond avec lui, et les embrassa encore.

— Mais qu'est-ce que je fais? Il faut que je coure à la ferme.

La tante voulut l'arrêter et se mit devant la porte. Henri sauta par la fenêtre et s'élança vers la demeure de Rodolphe.

— Il est fou ! s'écria Cécile ; il court vers la rivière !

— Il n'est pas fou, dit la tante, il est simplement très content.

— Je ne comprends plus rien. Il n'aimait donc pas Sydonie ? Mais pourquoi l'épousait-il ?

— Oh ! cela, je m'en doute : Sydonie avait engagé son

honneur. Mais tout est perdu ; il aime Marguerite, Rodolphe est lâché, il faut nous apprêter à la noce.

— Ma tante, cette noce n'aura pas lieu !

— Rodolphe est libre, je vais préparer ma robe pour la cérémonie.

— Je vous jure, ma tante, comme je l'ai juré aux mânes de Clodomir...

— Chut ! ma nièce, au nom du ciel ! Laissez-moi deviner, mais ne me dites pas de ces choses-là. Vous savez ma discrétion. Heureuse de vous sauver la vie, n'ai-je pas fait semblant de ne pas savoir que c'était du poison que je vous ai arraché des mains et presque des lèvres, le jour de ce duel funeste ?

— Et moi qui venais consoler mon fils !

— Remettons un peu d'ordre dans cette chambre. Il est inutile que les domestiques voient dans quels excès de joie le précipite son malheur.

XLI

Il y avait longtemps déjà qu'Henri avait traversé la rivière; il était entré dans la ferme comme un ouragan; il avait trouvé le père Dauphin dans le jardin, l'avait embrassé et avait failli le renverser; puis il s'était précipité dans une salle où il avait trouvé Agathe et Marguerite. Il s'était jeté aux genoux de Marguerite et s'était mis à fondre en larmes.

Les deux femmes lui demandèrent en vain des explications; son cœur, trop plein de joie et d'amour, débordait enfin, lorsque Albert et Rodolphe entrèrent. Tout ne tarda pas à s'expliquer. Rodolphe, qui avait prévu et vu l'évasion de mademoiselle de Pontaris, avait été tout dire à son frère, et ils étaient sortis ensemble pour s'entretenir du changement que cet événement venait apporter à toutes les situations de la famille.

On ne pouvait guère expliquer à Marguerite pourquoi Henri se croyait obligé d'épouser Sydonie; il fallut qu'elle consentît à croire son père, qui lui affirma qu'Henri n'avait pas cessé de l'aimer, qu'il avait été plus malheureux qu'elle, et qu'elle n'avait pas grand'chose à lui pardonner, même si sa joie de recouvrer sa liberté pour la reperdre à ses pieds ne faisait pas de lui l'homme le plus innocent comme le plus amoureux.

— Je lui pardonne bien, moi, dit le père Dauphin, moi à travers qui il a passé pour venir se jeter à tes genoux.

On passa une heure à faire les plus doux projets. Marguerite alla avec Henri se promener dans leur jardin.

— Monsieur, lui dit-elle, vous ne prendrez plus mes roses pour les donner à d'autres, infidèle et voleur que vous êtes !

Henri baisa tendrement la petite main de Marguerite.

Pendant ce temps, Agathe pleurait de joie : elle avait tant souffert du désespoir morne de sa fille !

— Oh ! j'en suis sûre, disait-elle, Marguerite en serait morte.

Après les quelques instants donnés à la joie, Albert dit :

— Oui, mais Cécile ?

— Et la tante Jésabel ? dit Rodolphe.

— La tante, ça m'est à peu près égal, dit Albert, mais ma femme !

XLII

Les jours qui suivirent se passèrent dans la joie à la ferme. Henri ne quittait pas Marguerite ; il osait maintenant parler de l'avenir, et c'est du passé qu'il évitait de s'entretenir. Marguerite, de son côté, lui avouait son chagrin. Henri appelait Agathe sa mère ; celle-ci s'oubliait quelquefois et l'appelait « mon fils. »

Au château, au contraire, tout était dans le trouble et dans l'agitation. La tante reconnaissait l'ascendant de l'étoile ou du caractère de Rodolphe ; elle était presque résignée et ne doutait pas du mariage de Marguerite avec Henri.

Cécile, au contraire, était dans un état d'exaspération difficile à décrire. Elle eut des accidents nerveux à cause desquels ou sous prétexte desquels elle passa plusieurs jours dans son lit. Rodolphe voulait la voir et causer avec elle. Elle refusa opiniâtrément de le recevoir.

Albert mit tout en usage pour obtenir son consentement au mariage d'Henri. Elle fut inflexible.

— Vous n'êtes ni juste ni bonne, Cécile, lui disait-il ; j'avais bien, moi, consenti à lui faire épouser mademoiselle de Pontaris, et cependant cette union nous causait un vif chagrin, à moi et à des personnes que j'aime plus que moi-même ; et vous, quand tout le monde est d'accord, quand tout le monde est heureux, seule vous venez mettre obstacle à ce qui nous comble de joie !

— Je sais bien que vous passerez outre, que ma volonté sera impuissante ; il suffit d'ailleurs que votre frère le veuille pour que je n'aie qu'à me soumettre. Quand je vous ai épousé, je savais que je me donnais un maître ; mais au moins c'était un maître qui me disait qu'il m'aimait et qui me l'avait persuadé. Je n'aurais pas consenti à en avoir deux, à avoir surtout pour second maître M. Rodolphe, qui me hait, et auquel je le rends bien. J'acceptais un maître, mais je ne savais pas que ce maître était un esclave.

— Epargnez-vous, chère Cécile, ces tentatives pour désunir Rodolphe et moi. Vous avez failli y réussir un moment, grâce à des circonstances mystérieuses et fatales qui sont venues vous aider. Mon frère a été fugitif, exilé, prisonnier, et je n'ai pas été pour lui ce que j'aurais dû être, ce qu'il aurait été pour moi. Il me l'a pardonné.

— Vous lui avez bien pardonné, à lui, d'avoir assassiné votre ami.

— Rodolphe n'a pas assassiné Clodomir : ils se sont battus ; Rodolphe a été blessé ; il prétend avoir de bonnes et sérieuses raisons pour s'être battu avec M. de Pontaris. Je le crois, et j'aurais dû le croire plus tôt : Rodolphe n'a jamais menti. Nous nous sommes promis, lui et moi, de ne jamais parler de cette époque où je me suis laissé emporter par la fureur au point de tirer un coup de pistolet sur mon frère, sur mon bienfaiteur ! Je ne veux pas chercher à quel point vous m'avez poussé à ce crime ; mais ce que je sais bien, ce que je puis vous dire, c'est que si j'avais tué mon frère, je vous aurais tuée, et me serais tué ensuite. Rodolphe m'a presque prouvé que j'étais excusable. J'ai fait semblant de le croire, parce que cela l'affligeait ; mais j'ai commis un grand crime. N'espérez donc jamais séparer Albert et Rodolphe. Maintenant, soyez sûre d'une chose : c'est que ce mariage se fera. J'avais cédé relativement à Sydonie. Ce n'est pas ma faute si cette jeune fille s'est conduite si étrangement. Je faisais, entraîné par vous, le malheur de toute ma famille, d'Henri lui-même. Le ciel m'a épargné ce nouveau crime : Henri épousera Marguerite. Il dépend de vous de mêler des pleurs à la joie, de gâter notre bonheur à tous, mais il ne dépend pas de vous d'empêcher ce mariage.

Les deux époux essayèrent inutilement et par tous les moyens de se vaincre mutuellement. Les prières, les reproches, les menaces, tout fut sans résultat. Cécile employa de plus qu'Albert les larmes, les attaques de nerfs, les convulsions ; elle jura que le mariage ne se ferait pas. Albert jura qu'il se ferait. Elle essaya d'influencer Henri ; Henri se jeta à ses pieds, la conjura de consentir à son bonheur, mais en même temps jura qu'il n'aurait jamais d'autre femme que Marguerite.

Ce qui mettait le comble à l'exaspération de Cécile, c'est que, malgré son opiniâtre résistance, on faisait tous les préparatifs nécessaires pour le mariage. Albert avait eu une sorte de discussion avec son frère. Albert voulait, ce qui eût été tout naturel en d'autres circonstances, que Marguerite et Henri habitassent le château, et il faisait préparer leur appartement. Rodolphe prétendait que jusqu'à ce que Cécile eût pris son parti, il valait mieux que les jeunes époux restassent à la ferme, et il avait, de son côté, tout préparé pour les loger.

Mais un autre obstacle ne tarda pas à s'élever, et il vint cette fois de la douce et timide Agathe, qui avait retrouvé je ne sais où une volonté dont elle ne s'était pas servie une seule fois depuis son mariage, se trouvant si heureuse de ce que Rodolphe lui servait chaque jour sa vie et son bonheur tout préparés et tout faits. Mais elle expliqua qu'il lui serait bien pénible que sa fille épousât Henri sans le consentement de Cécile ; que sa fille aurait à subir trop d'humiliations ; qu'en la mariant, loin de lui donner une seconde mère, elle lui donnerait une marâtre ! qu'elle admettait volontiers que les deux jeunes gens se considérassent comme liés saintement et indissolublement, mais que c'était à Henri et à Albert à obtenir, sinon tout de suite, du moins avec le temps, le consentement de Cécile ; qu'il fallait que Cécile vînt chercher à la ferme la femme de son fils, et non que Marguerite entrât chez la mère de son mari en ennemie et malgré elle. Elle fit tant que Marguerite en pleurant partagea son avis, et que les trois hommes furent assez embarrassés pour lui répondre. Le père Dauphin était de l'avis de sa fille. Albert cependant répondit qu'on n'obtiendrait rien de Cécile, qu'il ne se croyait pas le droit, en obéissant à un caprice opiniâtre dont elle ne daignait pas donner une raison sérieuse, de faire le malheur de ces deux pauvres enfants ; qu'il avait déjà à se reprocher l'entraînement auquel il avait cédé en consentant à un mariage qui les aurait séparés à jamais.

— Cécile, la chose faite, ajouta-t-il, se résignera, et graduellement, à force de soins, de concessions peut-être, nous arriverons à lui faire prendre sa place dans notre bonheur. Si au contraire nous avions la faiblesse de lui céder, par une apparence de déférence et de respect, savez-vous ce qui arriverait ? c'est que nous la haïrions et que nos cœurs lui seraient toujours fermés. Pour moi, j'ordonne à Henri de se préparer à épouser sa cousine. Je supplie ma charmante sœur Agathe de me permettre d'expier mes regrets de ce que j'ai failli faire, et de donner son consentement. Pour le père Dauphin, je lui joue son consentement au piquet ou aux échecs, à son choix. Henri fera encore une tentative auprès de sa mère ; j'en ferai, moi, une dernière.

— Et moi aussi, dit Rodolphe.

— Toi ? elle ne veut pas seulement te voir.

— N'importe, j'essayerai.

— Ensuite, si elle est inflexible, nous passerons outre. Nous marierons nos enfants ; nous serons très-heureux ; et nous garderons dans notre bonheur toujours la place de

Cécile, que nous finirons bien par la décider à venir occuper.

Agathe fut ébranlée, le père Dauphin passa du côté d'Albert, et Marguerite vint embrasser son oncle.

XLIII

D'après l'ordre de son père, d'après le conseil de son propre cœur, Henri fit une nouvelle tentative auprès de sa mère. Il fut repoussé.

Albert n'obtint rien non plus. Il lui dit :
— Eh bien, ma chère Cécile, je vais vous rendre le service de me passer de votre consentement.
— Je maudirai mon fils !
— Comme vous avez beaucoup d'esprit, vous vous épargnerez ce ridicule; en y réfléchissant un peu, vous serez bien vite convaincue qu'aux yeux d'Henri, amoureux comme il l'est de sa charmante Marguerite, le plus grand malheur possible, le seul malheur qui puisse l'atteindre, c'est d'être

séparé de sa cousine. Or, pour éviter votre malédiction, c'est-à-dire la menace de malheurs aléatoires et lointains, il lui faudrait accepter immédiatement le plus grand, le seul malheur qu'il redoute : vous ne vous exposerez donc pas à lancer des foudres de carton. Si je vous cédais, si ma bien légitime tendresse pour vous m'entraînait encore une fois, si j'empêchais le bonheur de cinq ou six personnes, seulement parce que ce bonheur vous déplaît, ces cinq ou six personnes vous haïraient, et moi-même, à force de vous trouver injuste, en voyant leurs larmes et leur tristesse, il me semble que je vous aimerais moins. Si, au contraire, je rends tout ce monde-là heureux, moi compris, très-heureux malgré votre *veto*, nous aurons tous le sentiment que vous êtes fâchée contre nous, que nous avons à nous faire pardonner par vous; nos cœurs vous seront ouverts quand vous voudrez y rentrer; de ce bonheur nous vous ferons votre part, comme, des gâteaux des rois, on fait la part des absents et la part des pauvres.

Vos plaisanteries sont de bien mauvais goût.

— Je ne plaisante pas.

— Moi non plus; et si ce mariage se fait, je m'en irai chez ma mère.

— J'espère que vous ne nous ferez pas à tous ce chagrin. Mais, je vous l'ai dit, ce mariage se fera.

XLIV

Pendant ce temps, on reçut des lettres de faire part du mariage d'Émile de Golbert avec mademoiselle Sydonie de Pontaris.

Albert continua, de son côté, tous les préparatifs du mariage d'Henri et de Marguerite; mais il y avait un retard inévitable, causé par les délais de l'obtention des dispenses entre cousins germains.

Un matin, Cécile reçut une lettre de Rodolphe. Il lui disait qu'il était indispensable qu'ils pussent causer ensemble librement. Voilà, disait-il, plusieurs fois que je me présente chez vous; mais vous êtes malade, ou sortie, ou bien Albert et la tante sont là. Aujourd'hui Albert est à la ville, au moins pour une bonne partie de la journée. La tante déjeune chez des voisins. Henri ne bouge pas de la ferme. Il faut absolument que je vous parle ; je me présenterai chez vous vers dix heures, et je vous demanderai à déjeuner. »

Cécile déchira et froissa la lettre avec colère.

— Cet audacieux personnage ne se rebute pas facilement, dit-elle à la tante Isabelle.

— Que vous demande-t-il?

— Une conversation particulière.

— Si vous êtes décidée, qu'est-ce que cela vous fait? Vous le renverrez comme il sera venu, et de plus vous le renverrez humilié, car il a fort bonne idée de son éloquence et de ses moyens de persuasion.

— Je ne veux pas le voir. Tenez, ma tante, vous qui savez tout, savez-vous quel jour il choisit pour me demander une entrevue? Ah! j'ai pleuré toute la nuit, toute la nuit j'ai appelé sur sa tête la vengeance du ciel!

— Calmez-vous, ma nièce.

— Et pourquoi me calmer? sa visite est une insulte et une cruauté. C'est aujourd'hui, jour pour jour, l'anniversaire de celui où il a assassiné... Probablement il veut me faire peur; il veut me dire qu'il me tuera aussi. Oh! que ne suis-je un homme! cet anniversaire lui coûterait cher! Mais on brave une pauvre femme. Mon Dieu! faut-il donc rester sans vengeance! N'avez-vous donc donné à de pauvres créatures aucun moyen de punir leurs ennemis! Pauvre Clodomir!

— Ma nièce...

— Ah! c'est aujourd'hui qu'il veut me voir! Il veut triompher de moi et de ma douleur! Me croit-il donc une femme lâche et sans énergie? Ne sait-il pas que quelques femmes se sont mises au-dessus de la faiblesse de leur sexe, et... Eh bien! qu'il vienne! Tout le monde est contre moi; Albert est retombé sous le joug de son frère; je n'ai que des ennemis, on me désespère. Soit! j'accepte la lutte. Qu'il vienne, puisqu'il veut me voir. Il s'attend à me voir abattue, écrasée, pleurant... Il se trompe.

— Ma nièce, vous êtes trop agitée, ne le recevez pas. Remettez à un autre moment, à un autre jour surtout cette entrevue.

— Non, non, c'est moi qui veux le voir maintenant; c'est moi qui la demande, cette entrevue!

— Je suis désespérée de déjeuner dehors; je ne voudrais pas vous laisser seule.

— Alors il ne viendrait pas, ma tante; il veut me voir seule, il veut sans doute me raconter la mort de celui qu'il a assassiné! Ah! Il veut me voir? eh bien, qu'il vienne donc! Il veut déjeuner avec moi? je l'attends! Pourvu qu'il ne manque pas. Ce repas me plaît. Que je tâche donc de me rappeler ce qu'il aime. Ah! je veux lui servir de ce vin de Madère... Adieu, ma tante; ne vous mettez pas en retard.

— Au nom du ciel! ma nièce, qu'avez-vous? votre visage est bouleversé.

— Moi? rien. M. Rodolphe Reynold veut me voir et me demande à déjeuner; je l'attends.

— Mais, Cécile, pourquoi ces yeux hagards et pourquoi cette pâleur?

— Ce n'est rien, cela va se passer; cet anniversaire... vous comprenez, ma tante... mais cela va se passer... Il me trouvera calme et souriante.

— J'aimerais mieux qu'il ne vînt pas aujourd'hui.

— Au contraire, aujourd'hui vous sortez, Albert est à Paris ; il veut être seul avec moi : c'est une occasion qu'il ne peut pas laisser échapper. Allez, ma tante, on vous attend déjà. Je serai calme, je vous le promets, allez.

Isabelle embrassa Cécile, la regarda, se retourna au moment de sortir de la chambre, hésita et se mit en route.

XLV

A quelque distance du château, elle rencontra Rodolphe.

— Rodolphe, lui dit-elle, où vas-tu?

— Au château; j'ai demandé à déjeuner à Cécile, j'ai à causer avec elle.

— N'y va pas aujourd'hui.

— Pourquoi, ma tante! Est-ce qu'elle ne veut pas me recevoir?

— D'abord elle ne le voulait pas, puis elle s'y est décidée mais d'une façon singulière. Elle a la fièvre, elle dit des choses étranges... n'y va pas!

— Il est indispensable que je lui parle.

— Cette femme est désespérée, elle est comme folle. Peut-être... sans doute même... mes craintes... n'ont pas le sens commun ; je sais qu'on ne t'empêche pas de faire ce que tu veux, mais au moins prends garde. Tiens, c'est affreux ce que je vais te dire, mais quoique tu aies été toujours mon ennemi, il me semble que tu cours un danger, et, si tu veux absolument y aller, n'y mange pas ; cette femme est folle et désespérée aujourd'hui ; il m'a semblé entendre des menaces entre ses dents ; sa tête est troublée ; rappelle-toi ce que tu faisais il y a un an, le même jour qu'aujourd'hui ; n'y mange pas. J'ai envie de retourner avec toi.

— Allons donc, ma tante, je vous remercie de cette sollicitude, mais il faut que je voie Cécile aujourd'hui. Allez, allez, il ne restera de vos craintes que ma reconnaissance pour les bons sentiments qu'elles vous ont fait me manifester.

Quand Rodolphe arriva, le couvert était mis.

Cécile était pâle, et d'une voix saccadée lui dit :

— Vous voyez que je vous obéis.

— C'est-à-dire que vous avez bien voulu céder à ma prière.

— Vous avez voulu me voir et déjeuner avec moi ; prenez place et déjeunons.

XLVI

On servit le déjeuner. Cécile goûta de deux ou trois choses et ne mangea pas. Rodolphe mangea, mais resta préoccupé : il se rappelait les paroles de sa tante : « Que faisais-tu, il y a un an, à pareil jour ? » et il prenait pour de mauvais augure le hasard qui l'avait amené au château, précisément pour l'anniversaire de son duel avec M. de Pontaris. Le trouble de Cécile était étrange, ses lèvres pâles, sa voix saccadée.

Quand arriva le dessert, Rodolphe lui dit :

— Ma chère Cécile, aurons-nous toujours les domestiques derrière nous ? Il n'y a pas moyen de causer ainsi.

— Je suis décidée à vous obéir en tout, Monsieur, dit-elle;

et s'adressant aux domestiques : Je sonnerai si j'ai besoin de vous.

Si les paroles de la tante Isabelle avaient d'abord paru ridicules à Rodolphe, l'aspect de madame Reynold, le décousu de ses paroles, l'égarement de ses yeux, tout lui vint répéter les paroles de sa tante : « Prends garde ! » Il ne tarda pas à s'apercevoir que les regards de Cécile s'arrêtaient souvent à la dérobée sur une carafe dans laquelle était du vin de Madère, et qui était placée sur une console.

— Ce n'est sans doute pas, Monsieur, sans motif, que vous avez choisi ce jour pour vouloir me voir. Vous avez désiré que nous pussions célébrer ensemble l'anniversaire... Mais vous ne buvez pas, Monsieur !

Cécile se leva, prit la carafe pleine de vin de Madère et la plaça devant Rodolphe. A ce moment, sa pâleur était effroyable ; deux gouttes de sueur glacée roulèrent sur ses tempes.

— Ma chère sœur, dit Rodolphe, je jure, par la vie de mon frère, que je ne savais pas la date de ce jour ; mais si je l'avais sue, peut-être serais-je venu pour vous dire : « Moi seul connais votre secret, il est enfermé dans ma mémoire et n'en sortira jamais. Si vous croyez avoir perdu mon affection, je viens vous faire voir de combien de tendresses vous êtes entourée ; tendresses dont vous pouvez, dont vous devez être fière. Pleurons ensemble, si vous voulez, et votre faute et l'expiation que le ciel en a faite par mes mains. »

— Buvez donc, Monsieur !

Rodolphe remplit son verre de vin de Madère, regarda Cécile et continua :

— Je ne suis pas votre ennemi, Cécile. Si je vous ai fait du mal, ça été pour protéger mon frère, que j'aime par-dessus tout. Si j'étais votre ennemi, voyez ce que j'aurais pu faire et ce que j'ai fait. C'est votre fils qui, le premier, s'est aperçu de votre crime. Il est venu en pleurant me dire : « J'ai vu M. de Pontaris aux genoux de ma mère. Je veux tuer M. de Pontaris. Eh quoi! ma mère ne serait pas la plus pure, la plus honnête des femmes? Je veux tuer M. de Pontaris! » J'ai prouvé à votre fils qu'il se trompait; je vous ai épargné le mépris de votre fils. Est-ce un ennemi qui agit ainsi? Je suis venu vous trouver; je vous ai montré l'abîme entr'ouvert sous vos pas. Je vous ai dit : « Mon frère vous adore, et vous allez le déshonorer, le désespérer. » Je vous ai suppliée d'avoir pitié d'Albert, de ne pas lui rendre l'infamie en échange de sa tendresse. Vous m'avez repoussé. Devais-je laisser trahir mon frère? Je ne lui ai cependant rien dit. Loin de là, j'ai tâché d'épaissir le bandeau qui était sur ses yeux. J'ai supplié M. de Pontaris de ne pas trahir et déshonorer l'homme qui l'appelait son ami. Je n'ai reçu de M. de Pontaris qu'insulte et dédain. J'ai dû venger mon frère, son honneur et le mien. Vous avez irrité mon frère contre moi; vous l'avez exaspéré; vous l'avez rendu fou. Il m'a tiré un coup de pistolet. La balle m'a atteint. Je n'avais qu'un mot à dire pour que cette injuste colère d'Albert devînt légitime en se tournant contre vous. Ce mot, je ne l'ai pas dit. La balle, retirée de mon corps, a été conduite par la Providence : c'est elle qui a tué M. de Pontaris, qui m'a blessé avant de mourir. Alors mon frère m'a trouvé cruel, mon frère a cessé de m'aimer, mon frère m'a chassé de son cœur, moi qui me dévouais pour lui. Je pouvais encore dire un mot, et mon frère se jetait mes genoux et baisait mes blessures ; mais il vous chassait, mais il vous tuait peut-être. Je n'ai rien dit. Est-ce votre ennemi qui a fait cela ! Ensuite j'ai subi l'exil, j'ai quitté tous ceux que j'aime, laissant dans le cœur de mon frère un sentiment d'horreur contre moi. J'ai été arrêté, emprisonné sur votre dénonciation : j'ai subi la prison, et je n'ai rien dit. Voyez, Cécile, suis-je votre ennemi?

Il regarda Cécile, éleva son verre à la hauteur de ses lèvres.

Cécile ne dit rien.

Il reposa le verre sur la table.

— Je ne prétends pas vous faire croire que c'est par tendresse pour vous que j'ai eu ce dévouement. Non, mais mon frère vous aime ; je sais le désespoir où une révélation l'aurait jeté. Je vous aimerais tant de le rendre heureux! Nous serions encore tous si heureux si vous le vouliez! Il me semble qu'une nouvelle vie va s'ouvrir pour moi! Nos enfants amoureux, mariés, heureux! Jamais je ne me suis senti si heureux de vivre. Vrai! j'aurais une grande peur et un grand désespoir de mourir en ce moment.

Et Rodolphe porta encore le verre à la hauteur de sa bouche et posa ses lèvres sur le bord en regardant Cécile.

Cécile détourna les yeux et ne dit rien.

— Ma tante se trompe, pensa Rodolphe ; moi-même je suis fou, ou cette femme est bien cruelle.

Il posa de nouveau le verre sur la table, comme s'il eût été entraîné par la conversation.

— Voyons, Cécile, étiez-vous tout à fait heureuse pendant

vos criminelles amours? Ne frémissez-vous pas en pensant au mépris de votre fils suspendu sur votre tête, à la haine, au mépris d'Albert? Eh bien, cet homme auquel vous aviez tout sacrifié, votre honneur, celui d'un époux qui vous adore, l'estime de votre enfant, cet homme ne vous aimait pas.

Cécile sourit dédaigneusement.

— Lisez cette lettre : elle m'a coûté bien de l'argent et bien des ruses, mais la voici!

Et il tendit à Cécile une lettre que Clodomir avait autrefois adressée à un de ses amis, Antoine Flegent.

Cécile lut la lettre, la laissa tomber et resta immobile et glacée.

Rodolphe la ramassa et la brûla à la flamme d'une bougie que les domestiques avaient apportée avec des cigares.

— Cécile, oublions le passé, n'en parlons plus, revenez à nous. Votre mari est plus amoureux de vous que jamais; nos enfants vous devront leur bonheur; moi, je vous supplie à genoux de revenir au milieu de nous, où tous les cœurs vous sont ouverts. Vous serez aimée, respectée, adorée, et par moi plus que par tous les autres, si vous rendez Albert heureux.

Et Rodolphe s'était mis, en effet, aux genoux de Cécile.

Cécile était émue.

Rodolphe se leva, prit le verre de vin de Madère et le porta à ses lèvres.

Cécile lui mit rapidement la main sur le bras.

— Ne buvez pas! s'écria-t-elle.

— A la bonne heure donc! reprit Rodolphe; vous ne voulez plus que je meure..... je n'avais pas la moindre intention de boire ce vin. Je sais qu'il est empoisonné.

Cécile fut prise d'un tremblement nerveux et fondit en larmes.

— J'étais sûr que vous aviez agi dans un moment de folie, et que vous ne me laisseriez pas boire le poison.

— Je suis un monstre!

— Non, vous avez été folle, mais j'avais été dur. Pardonnons-nous l'un à l'autre, et réunissons-nous pour rendre Albert heureux.

— Comment saviez-vous, grand Dieu!...

— La tante Isabelle se doutait de quelque chose. Et d'ailleurs, votre trouble en disait assez.

Et Rodolphe jeta le vin du verre et celui de la carafe par une fenêtre.

— Oh! il faut que ce soit moi qui meure! Vous me haïrez, vous me détesterez tous... Grand Dieu! Isabelle...

XLVII

Isabelle, en effet, n'avait pu maîtriser son inquiétude, elle était revenue aussitôt qu'elle avait pu trouver un prétexte.

Elle jeta un regard d'anxiété sur Rodolphe et sur Cécile.

Rodolphe lui dit :

— Rions, ma tante : vous avez été dupe d'une singulière erreur. Cécile se moquerait bien de vous si je lui disais de quoi vous aviez peur. Cécile est redevenue ma bonne, ma charmante sœur, notre amie à tous. Elle m'a donné un excellent déjeuner ; elle m'a un peu grisé, elle sait que j'aime le vin de Madère. Mais au dessert elle m'a dit de bonnes choses. Et venez avec nous, elle veut aller demander à Agathe la main de Marguerite pour Henri. Cette chère Cécile, comme nous allons tous l'aimer et la bénir! et comme Albert va être heureux!

Isabelle arrangeait son chapeau devant un miroir.

Cécile saisit la main de Rodolphe et la baisa.

A la ferme, Albert était revenu annoncer que tous les obstacles étaient levés, la dispense arrivée, les bans publiés. Agathe renouvelait ses objections, mais Marguerite et le père Dauphin n'étaient plus de son parti. Albert exprimait énergiquement sa volonté.

XLVIII

Tout à coup Marguerite, qui regardait par la fenêtre, se retira, et, pâle, émue, tomba sur une chaise : elle venait de voir Cécile et Isabelle.

— Qu'as-tu? demanda Agathe à sa fille.
— Ma tante Cécile! ma tante Isabelle!

Agathe devint aussi pâle que sa fille.

Tout le monde était au moins embarrassé.

Les deux femmes entrèrent; mais on n'avait pas vu Rodolphe qui les précédait de quelques pas.

Cécile alla droit à Agathe, l'embrassa et lui dit :

— Ma chère Agathe, ma chère sœur, Rodolphe, le meilleur

des hommes, prétend que vous me recevrez en amie et en sœur.

Agathe l'embrassa avec effusion.

— Je viens vous demander pour Henri la main de votre charmante Marguerite. Qu'elle ait vos vertus, comme elle a votre beauté, et Henri sera bien heureux.

Marguerite et Henri s'étaient jetés aux genoux de Cécile, qui les releva et les serra ensemble sur son cœur.

Tout le monde pleurait, tout le monde s'embrassait.

Le père Dauphin, dépareillé, voulut embrasser la tante Isabelle.

Celle-ci recula de deux pas.

— Ah! c'est juste, dit le père Dauphin, la tante, à force de détester le bonheur chez les autres, a fini par ne plus l'aimer nulle part.

— Allons, dit Rodolphe, la tante veut bien être heureuse et aimée aussi; on l'y habituera tout doucement et à petites doses. — Eh bien! Cécile? dit-il tout bas à la femme de son frère...

Cécile se jeta dans les bras de son mari, en tendant la main à Rodolphe.

Puis les femmes, le père Dauphin et Henri s'assirent en groupe serré, et parlèrent tous à la fois sans écouter.

Albert et Rodolphe disparurent. Ils étaient allés sur la tombe de leurs parents remercier Dieu et renouveler le serment de s'aimer toujours par-dessus tout.

FIN D'AGATHE ET CÉCILE.

UNE FALAISE[1]

Comme un de ces derniers soirs le vent du sud-ouest avait adouci l'atmosphère, je me promenais avec mon chien sur le haut des falaises assez près de Fécamp. Tout à coup mon chien s'arrêta, dressa les oreilles et fit entendre un sourd grognement. Quelques secondes après j'aperçus dans l'ombre un homme qui s'était également arrêté. J'appelai mon chien, l'homme s'approcha et, à son manteau doublé de peau de mouton, je reconnus un des nombreux douaniers qui passent les nuits en observation dans de petites cachettes construites sur les falaises à plus de trois cents pieds au-dessus de la mer.

— Vous avez là, me dit-il en passant la main sur la tête de mon chien qui le flairait, un bon compagnon pour la nuit.

[1] Imitation de l'allemand.

C'est un terre-neuvien, ajouta-t-il; j'en avais un aussi, mais on m'a forcé de m'en séparer : on ne veut plus nous permettre d'en avoir près de nous. S'ils découvraient avant nous le bruit d'une course furtive, ils nous prévenaient aussi de l'approche des rondes de nuit de nos inspecteurs, et c'est ce qu'on veut éviter. Tout en causant, il me dit qu'il était du pays; que, quoiqu'on ne pût être bien riche avec six cents francs par an qu'il gagnait, il se trouvait heureux de se revoir dans les lieux où il était né. — Et, Monsieur, ajouta-t-il, il n'y a pas longtemps que je jouis de ce bonheur; il n'y a que trois jours que je suis ici, et je ne puis dire à la lettre que j'aie dormi sous le toit de mes pères, car ce n'est que le quatrième jour que le sommeil m'est permis.

Tout en parlant ainsi, il se penchait de temps à autre en dehors de la falaise.

— Avez-vous entendu quelque chose? lui dis-je.

— Non, reprit-il, mais je cherche une cavée au sujet de laquelle ma mère m'avait autrefois raconté une histoire. Les lieux où se sont passés les instants les plus heureux de la vie sont des amis que l'on aime à retrouver. Tenez, me dit-il, la voilà.

Et du doigt il me montra une grotte dans une falaise, qui, tournant à cet endroit, creusait en noir sur son flanc gris.

Je vous ferai grâce de toutes les bassesses que j'employai pour obtenir le récit de l'histoire du douanier. Nous nous assîmes dans sa cahute, et il parla :

— Je vous assure d'abord, Monsieur, que moi, ni ma mère, n'avons vu ni connu aucun des personnages dont il va être question. On avait conté l'histoire à ma mère, elle me l'a contée, je vous la conte à mon tour.

Il y a fort longtemps, un jeune homme nommé Louis Morand fut envoyé par son père à Paris pour y faire ses études, y apprendre le latin, et y recevoir le grade de docteur en la Faculté de médecine. Le père mourut, et le bruit se répandit que c'était du chagrin de la mauvaise conduite de son fils. Quoi qu'il en soit, celui-ci, qui n'en avait pas grand héritage à attendre, se fit seulement envoyer les papiers du défunt, et un soir se mit en devoir de les brûler en en extrayant ceux qui pouvaient être de quelque utilité.

Après plusieurs lectures insignifiantes, il tomba sur une liasse qui contenait des lettres toutes de la même écriture. La première lui donna le désir de connaître les autres, et il lut une assez volumineuse correspondance.

Les lettres étaient d'un ami qui paraissait aimer beaucoup son père. Puisque, lui écrivait-il, tu veux que je réserve pour ton fils le bien que je veux et peux te léguer, envoie-le près de moi dès qu'il aura vingt-cinq ans, et s'il montre un bon naturel, je me chargerai de sa fortune. Autrement je me garderai bien de lui fournir les moyens de développer une nature vicieuse et malfaisante au détriment des autres hommes.

Quand Louis Morand lut le seing, il reconnut le nom d'un homme qui passait ici pour un sorcier et un nécromant. Il rit d'abord de cette protection qui lui était offerte ; mais après qu'il eut dépensé le plus mal qu'il lui fut possible le peu d'argent qui provenait de la succession paternelle, pressé par des créanciers, peu certain de son avenir, il résolut de courir une nouvelle chance, et d'aller se présenter de lui-même à cet homme qui paraissait avoir la volonté et la puissance de le tirer d'embarras.

Il se mit en route, et après de difficiles recherches il arriva chez le nécromancien. Il faut vous dire que ce nécromancien n'était peut-être pas beaucoup plus sorcier que vous et moi. Peut-être était-il seulement plus savant que les autres, et au moyen de quelques secrets de chimie et de physique en imposait-il au *vulgaire*.

A ce dernier mot, je regardai le douanier avec quelque surprise. — Vous croyez? lui dis-je.

— Je ne crois rien, répondit-il; ce que je vous raconte là fait partie du récit comme tout le reste. Ma mère m'a dit cela, comme probablement on le lui avait dit à elle-même. La maison du magicien était au milieu d'un bois, sur le versant d'une colline. Au signal de Louis Morand, un petit homme à visage noir vint ouvrir; cet aspect produisit sur Louis une vive impression. On n'était pas, à cette époque, accoutumé à voir des nègres dans nos pays; et d'ailleurs la taille et le costume de l'esclave avaient une bizarrerie fantastique; tout son petit corps était couvert d'or et de pierreries. A le voir, Louis crut que ce devait être un gnome, un des génies qui, dans les entrailles de la terre, sont préposés à la garde des trésors. Il demanda maître Guillaume, tout en tremblant de s'être adressé à lui-même, car l'aspect de cette petite créature n'était fait pour inspirer qu'une médiocre confiance. Le gnome (je ne puis vous préciser si c'était un nègre ou un gnome véritable), le gnome l'introduisit dans une immense salle, où le maître lisait à la lueur d'un grand feu.

Je ne puis vous dire encore si l'imagination de Louis lui fit voir les choses autrement qu'elles n'étaient, ou si ce feu était surnaturel, ou si cet effet était produit par des moyens naturels ; mais Louis vit ce feu se refléter en lumière bleuâtre sur les sombres murailles.

L'aspect du vieillard était vénérable ; il avait une longue barbe blanche ; ses cheveux blancs étaient cachés en partie sous une toque violette ; le reste de son costume ne convenait pas moins à un nécromancien. Aussitôt que Louis se fut nommé, il l'embrassa et lui parla de son père avec des larmes dans les yeux ; puis, après ce moment d'effusion, il fit servir le dîner. Ce dîner était d'une recherche exquise, les vins surtout étaient délicieux. Louis but et mangea de son mieux. Il crut se rappeler cependant plus tard que maître Guillaume, qui ne mangeait que du riz et ne buvait que de l'eau, fronça deux ou trois fois le sourcil en le voyant remplir et vider son verre ; mais c'était un souvenir si vague, qu'il ne le donna jamais lui-même pour bien certain. Mon fils, dit maître Guillaume, votre père était mon meilleur ami, ses goûts simples et son ennui des choses terrestres l'ont empêché toute sa vie de profiter de mon amitié ; si vous n'avez pas dégénéré d'un si honnête homme, vous en hériterez comme il le désirait ; et ce n'est pas un héritage à mépriser, ainsi que vous pourrez juger par la suite. Nous allons descendre dans mon laboratoire ; là, nous causerons, et je verrai ce qu'il convient de faire pour vous.

Alors, Guillaume et Louis descendirent par un étroit et sombre escalier pendant plus d'une heure. Après ce temps, ils se trouvèrent dans une salle richement tendue de pourpre ; des lampes l'éclairaient d'une lumière violette, qui donnait à ce séjour souterrain quelque chose d'extraordinaire, qui acheva de frapper la tête de Louis.

Quand ils furent assis l'un et l'autre sur de moelleux coussins, maître Guillaume tira une sonnette, dont le fil d'or était caché dans un des plis de la tenture. Le gnome parut subitement. Louis fut effrayé de l'apparition de ce petit être qui, en moins de deux secondes, avait franchi une distance qui leur avait coûté une heure à parcourir. Le gnome se tenait debout, silencieux, il attendait les ordres de son maître. Zano, lui dit maître Guillaume, j'ai oublié une chose importante; peut-être sera-t-il tard quand nous sortirons d'ici, qu'on prépare deux perdrix pour notre souper, à chacun la sienne ; mais on ne les mettra à la broche que lorsque je l'ordonnerai.

Zano disparut.

Après une longue conversation, dans laquelle maître Guillaume interrogea Louis sur sa vie passée, sur ses habitudes, sur ses goûts, il lui dit : Mon fils, en considération de l'amitié que je porte encore à votre père, même au delà du tombeau je vous ferai le don que vous me demanderez ; mais je ne puis vous en accorder qu'un seul ; ainsi, pensez-y mûrement. C'est tout ce qu'il m'est permis de faire pour vous. —Maître, répondit Louis, j'ai souvent cherché ce qu'il y avait de plus utile dans la vie, et je suis tellement convaincu que le bien le plus réel et le plus fécond en jouissances est une grande fortune, que je n'hésite pas à vous en faire la demande. — Qu'il soit fait ainsi que vous le désirez, dit le vieillard ; mais auparavant laissez-moi vous avertir des dangers que vous attirez sur votre tête. Les hommes sont comme les navires, ils sont submergés plus facilement à proportion qu'ils sont plus chargés de richesses. Quelque honnête homme que l'on se sente, il faut éviter d'avoir dans les mains des armes trop puissantes et trop efficaces. Le mouton serait peut-être aussi féroce que le loup s'il avait des dents aussi fortes et aussi aiguës que celles de son ennemi.

Le vieillard joignit à ceci une multitude de réflexions et d'exemples que je ne vous répéterai pas, parce que ma mère, à laquelle probablement on n'en avait rien dit, ne me les a pas répétés. Seulement Louis a assuré depuis que l'éloquence du vieillard ne lui avait pas paru amusante, et qu'il avait passé tout le temps qu'il avait plu à maître Guillaume de pérorer, à songer à l'emploi de ses richesses futures, aux plaisirs qui allaient l'assaillir.

Maître Guillaume termina son long discours comme il l'avait commencé : Qu'il soit fait ainsi que vous désirez. Voici une petite cassette pleine d'or ; chaque fois qu'elle sera vide vous viendrez me voir, et je la remplirai. Je ne vous adresserai aucune question sur l'emploi que vous aurez fait de votre argent ; seulement, je vous prie de ne venir que toutes les fois que l'argent de la cassette aura été dépensé ; des visites plus fréquentes me dérangeraient inutilement de travaux qui me sont chers ; et d'ailleurs vous n'avez nul besoin de thésauriser. Si je meurs avant vous, la cassette continuera de se remplir d'elle-même à mesure que vous l'aurez vidée.

Maître Guillaume lui donna encore quelques conseils.

. . . .

Louis venait assez souvent remplir la cassette. Un jour, il

crut voir que le maître avait encore froncé le sourcil. Il songea alors que peut-être un caprice du vieillard lui enlèverait d'un instant à l'autre les richesses auxquelles il s'était facilement accoutumé, et il avisa de venir dès que la moitié de l'argent contenu dans la cassette était dépensé, afin de pouvoir amasser un trésor et rendre son avenir indépendant des fantaisies du nécromant. Du reste, il passait sa vie au jeu et dans les orgies de toutes sortes. Il n'était rien qu'il ne se crût permis, et malheureusement l'immense fortune dont il disposait lui faisait de ceux qui l'entouraient autant d'esclaves qui n'épargnaient rien pour le confirmer dans cette idée. Despote emporté, il ne connaissait aucun frein, et bientôt, blasé sur les plaisirs qu'il ne pouvait beaucoup varier par l'obligation de ne pas s'éloigner de la source de ses richesses, il ne trouva plus de distraction que dans le mal qu'il faisait aux autres.

Il avait pour compagnon de débauches un jeune homme bon et spirituel qui, partageant une partie de ses plaisirs, ne laissait pas d'en blâmer quelques-uns, et s'était par cela seul attiré l'animadversion de Louis. Un incident vint changer ce mécontentement en haine profonde et envenimée.

Louis avait une maîtresse qui logeait à une lieue d'ici. C'était le plus souvent chez elle que se faisaient ces parties de plaisir et de débauche qui remplissaient la vie de Morand, sauf la place qu'y tenait l'ennui. Il lui sembla un jour surprendre entre elle et Rechteren des regards d'intelligence qui allumèrent dans son cœur la plus funeste jalousie. Il ne cessa pourtant pas pour cela d'accueillir Rechteren de son mieux ; mais un jour, comme ils quittaient ensemble la maison...

Ici le douanier s'arrêta.

J'attendis quelque temps ; puis, craignant qu'il ne se fût endormi, je fis un peu de bruit pour l'éveiller ; mais il ne dormait pas.

— C'est singulier ! dit-il, je ne puis me rappeler le nom de la maîtresse de Louis Morand. — Supposez-en un autre. — Je vais me le rappeler tout à l'heure. Je veux vous conter l'histoire comme elle m'a été contée...

Elle s'appelait Hortense.

Comme ils quittaient ensemble la maison d'Hortense, Louis Morand dit à son ami : Si tu m'en crois, nous profiterons de la marée basse pour faire route sous la falaise. Nous verrons le soleil se coucher dans la mer.

Il faut croire, ajouta le douanier, que Louis Morand ajouta encore quelque autre chose pour le décider ; car ce n'est pas spectacle si rare que de voir le soleil se coucher. Il faut bien qu'il se couche tous les soirs, puisqu'il se lève tous les matins.

C'était à peu près dans cette saison et vers la pleine lune ; conséquemment c'était la *grande mer*, et la marée commençait à monter vers quatre heures. Comme vous vous en apercevriez si la mer était moins haute, et comme vous avez probablement eu occasion de vous en apercevoir d'autres fois, c'est un chemin rude et fatigant que de marcher sur des pointes de roche et sur des galets qui roulent sous les pieds. Ils cheminaient au-dessus de la place où nous sommes présentement. A l'heure qu'il est, l'eau s'y élève de dix brasses au-dessus de l'endroit où posaient leurs pieds.

Ils s'amusèrent à regarder coucher le soleil et à deviser. Le vent soufflait du nord-ouest, et blanchissait un peu les vagues. Il y a des gens qui resteraient une semaine à regarder la mer, sans faire autre chose. Il y a onze ans que c'est ma principale occupation, et je suis encore à comprendre le plaisir qu'ils y trouvent.

Tout à coup Rechteren avisa que la mer montait depuis une heure, que le vent poussait la marée, et qu'il serait plus prudent de revenir sur leurs pas, d'autant qu'ils n'avaient guère marché plus d'un quart de lieue. Mais Louis Morand se prit à rire, lui demanda s'il avait peur, et d'ailleurs l'assura qu'il ne leur fallait pas plus d'un quart d'heure pour retourner à Fécamp.

— Eh bien ! dit Rechteren, avançons.

Mais on ne pouvait avancer bien vite : il était déjà presque nuit, et l'on risquait à chaque instant de se casser une jambe entre les pointes des roches. Louis trouvait toujours quelques prétextes pour ralentir la marche ; tantôt il faisait remarquer à Rechteren les teintes jaunes que le soleil avait laissées à l'ouest, tantôt c'étaient les premières étoiles qui paraissaient à l'est.

On n'approchait guère du but, et la mer grondait sourdement. Chacune des lames qui venaient se briser sur le roc s'avançait un peu plus loin que celle qui l'avait précédée. La nuit arriva tout à fait, et derrière la falaise des lueurs blanches annoncèrent le lever de la lune.

Rechteren s'arrêta. — Louis ! s'écria-t-il, retournons ; nous pouvons faire en une demi-heure le chemin que nous avons parcouru depuis notre départ, et nous ne savons pas combien il nous faudra de temps pour gagner le terme de notre route. Nous n'avons même pas la lune pour nous conduire, elle se cache sous les nuages que le vent pousse du large ; retournons. — Retourne si tu veux, répondit Louis Morand ; pour moi, j'irai jusqu'au bout. — Je te suivrai alors, dit Rechteren.

Et ils se remirent en route sans échanger un mot.

Quelques centaines de pas plus loin, Rechteren s'arrêta encore. Le galet était noir sous ses pas, il se baissa pour le toucher de la main. Il vit alors qu'il n'était noir que parce qu'une lame plus forte que les autres avait couru jusqu'à la falaise et l'avait mouillé. Il ne dit cependant rien, car, au point où ils étaient arrivés, s'ils n'étaient pas plus près de Fécamp que de leur point de départ, ils étaient noyés.

Un peu plus loin, une lame glissa et lui mouilla les jambes en se brisant.

— Louis, dit-il, nous sommes perdus !

Louis ne répondit pas et doubla le pas. Rechteren ne voulait lui faire aucun reproche, mais c'était cependant son obstination qui les mettait ainsi en danger de la vie. Ils finirent par courir tous les deux vers une partie de la falaise qui s'avançait. Peut-être derrière cette pointe trouvait-on un sentier pour monter.

Mais, arrivé à la pointe, la mer battait en mugissant contre la falaise.

— Louis, répéta Rechteren, nous sommes perdus.

Alors Rechteren mesura de l'œil ce que la nuit lui permettait de voir de la falaise. Aussi loin que la vue pouvait s'étendre, elle ne présentait qu'une muraille haute de trois cents pieds, droite comme un mât. Ils retournèrent en courant sur leurs pas ; mais de temps à autre la fatigue les forçait de s'arrêter tout haletants. Rechteren prenait une gorgée dans une gourde pleine de genièvre, et la passait à Louis Morand ; puis ils se remettaient à courir. Au bout d'un quart d'heure, ils furent encore arrêtés par la mer qui battait la falaise. La route était fermée des deux côtés. Il ne leur restait plus qu'un espace de deux cents pas que la mer ne couvrait point encore, mais chaque lame dévorait du terrain, et avant une demi-heure il devait y avoir dix brasses d'eau à l'endroit où posaient encore leurs pieds.

Rechteren ici s'arrêta, regarda des deux côtés la mer qui s'avançait : en face, l'Océan ; derrière lui, les falaises lisses et unies.

— Ce n'est plus le moment de courir comme des lièvres, dit-il ; c'est encore moins le moment de se désespérer. Il faut se résigner et attendre. Allons, Louis, tout est fini.

Louis se remit en marche, et gravit une roche qui, tombée de la falaise et appuyée contre elle, s'élevait à sept ou huit pieds du galet. Là, il s'assit sans rien dire. Rechteren le suivit, et resta debout près de lui.

— Mon bon ami Louis, dit-il, sais-tu ce qui me fâche le plus de tout ceci? C'est que deux ou trois imbéciles de ma connaissance, qui m'ont souvent fait la guerre de ce que je ne sais pas nager, et qui m'ont prédit que je mourrais dans l'eau, me feront une oraison funèbre avec un impertinent :

Je l'avais bien dit! C'est, je l'avoue, un plaisir que je n'étais guère disposé à leur faire.

Après un moment de silence, il continua :

— C'est une mort horrible ! Je ne crains pas la mort, mais je crains la souffrance. Ces pointes de roches sur lesquelles la mort va nous briser !... C'est une voix effrayante que ces vagues qui mugissent et ce vent qui siffle. Mais, quelque effrayant que cela soit, ce spectacle élève l'âme, agrandit l'homme, et donne la force de mourir d'une manière convenable. Il vaut mieux mourir ainsi décidément que de tomber pour un démenti sous la balle d'un sot qui a peur...

Mais, Louis, tu ne dis rien.

Il se fit encore un moment d'un silence solennel, pendant lequel on entendait toujours s'approcher la mer : une lame vint qui, de son écume blanche, toucha la roche, leur dernier asile.

— Il vient de passer en moi, dit Rechteren, encore un mouvement de désespoir et de rage. J'ai failli m'élancer contre la falaise pour la gravir avec les ongles ; mais, Dieu me damne, si un chat en serait capable.

Il m'échappe, ajouta-t-il, une bizarre expression ; ce juron, si près de la mort, m'épouvante. Tu riras si tu veux, mon cher Louis, quoique tu ne sembles pas y être fort disposé ; mais je sens comme un besoin de prier un Dieu, quel qu'il soit. Cette voix de la mer et du vent, cette mort qui semble s'avancer sur les lames écumantes, tout semble commander de se mettre à genoux. Si ma prière n'est bonne à rien pour l'autre vie, elle servira toujours dans celle-ci à me mettre un peu de sérénité dans l'esprit. D'ailleurs, quelque douteuse qu'elle puisse être, c'est une chance, et il ne nous en reste pas assez d'autres pour que nous la négligions.

Rechteren, en effet, se mit à genoux sur le roc. Il me serait fort difficile, dit-il, de me rappeler toutes les prières que l'on m'a serinées autrefois; mais celle que je ferai sera aussi bonne.

Après quelques instants il se releva.

— A ton tour, Louis, dit-il; je t'assure que cela ne fait pas de mal. — Non, dit Louis sourdement. — Tu me parais un peu abruti. Je ne te tirerai pas de ton engourdissement; c'est une manière comme une autre d'attendre la mort, peut-être même vaut-elle mieux qu'une autre. Seulement, si je t'ai offensé en quelque chose, je t'en demande pardon.

Ici Louis Morand fixa sur son ami ses yeux étincelants.

— Je m'accuse envers toi d'avoir séduit ta belle Hortense, et d'avoir usurpé des joies que tu t'étais avaricieusement réservées. Mais je meurs de froid... je voudrais bien, dans les quelques minutes que j'ai encore à vivre, souffrir le moins possible... Ah!....

Et dans une petite cavité de la roche il versa le genièvre qui restait dans sa gourde; puis, tirant de sa poche le briquet qu'il portait toujours en sa qualité de fumeur, il y mit le feu, et une flamme bleuâtre brilla sur le roc. — Voici une bonne pensée, dit-il. Sais-tu qu'il est bien malheureux de n'avoir pas de sucre? il serait fort spirituel d'attendre la mort en buvant du punch. En tout cas, ceci me réchauffe admirablement les doigts en attendant que la mer vienne l'éteindre; mais alors je n'en aurai plus besoin. — Malheureux! dit

Louis Morand, ne vois-tu pas que la mer brise sur la roche où nous sommes ; que la vague qui roule là-bas est peut-être celle qui doit nous engloutir ? — Je le vois comme toi, mon bon ami Louis, et je voudrais que cela fût déjà fait ; car il y a un moment qui m'effraie un peu. — Mais, Louis, pourquoi donc quittes-tu tes vêtements ? — Pourquoi ! parce que tu as avoué ton crime, ton crime que je connaissais déjà ; parce que je t'ai amené ici pour me venger. Songe maintenant à tes amours et à la perfide Hortense.

Il descendit alors de la roche, il avait de l'eau jusqu'au ventre. Comme Rechteren l'appelait en criant : Louis ! Louis ! m'abandonneras-tu ainsi ? une lame énorme s'avança au-dessus de la tête de Louis Morand ; il plongea par-dessous, et reparut de l'autre côté de la lame qui se brisa au pied de la roche. Louis Morand nagea péniblement, plongeant sous chaque lame. Rechteren cria, il ne l'entendit plus, car la lame faisait un horrible bruit jusqu'au moment où il fut hors de la marée. Alors il se retourna. Le feu brillait encore violet dans la nuit. Un peu après il se retourna encore. Le feu était éteint. Trois heures après, il arriva à Fécamp.

— Tenez, me dit le douanier en me désignant la grotte qu'il m'avait déjà montrée, si la marée était basse, vous pourriez, en descendant la plage, voir encore dans la roche le trou dans lequel Rechteren fit brûler son genièvre.

Louis conta la mort de son ami comme il lui convint de le faire ; ils avaient été surpris par la marée ; malgré ses efforts désespérés, il n'avait pu sauver Rechteren, et avait eu grande peine à se sauver lui-même. Il mena un grand deuil de la mort de celui qu'il avait assassiné, et tout le monde s'accorda à louer son excellent cœur et sa sensibilité. Mais ce qu'il redoutait, c'était la présence de maître Guillaume et son regard sévère et pénétrant. Cette fois il attendit que la cassette fût tout à fait vide pour se décider à retourner chez le sorcier. A la porte, il hésita, et faillit retourner sur ses pas ; mais à force de se répéter que maître Guillaume n'avait pas mis de condition à ses bienfaits, et que d'ailleurs il serait abusé comme tout le monde par le récit qui avait couru, il reprit courage et entra. Maître Guillaume, comme de coutume, remplit la cassette sans prononcer un seul mot. Mais son regard avait quelque chose de cruellement sardonique : et quand Louis Morand lui avait, comme de coutume, tendu la main en entrant, le maître n'avait pas tendu la sienne.

Louis sortit pâle et horriblement agité ; le maître avait évidemment refusé de presser la main d'un assassin. Un sourire ironique avait un moment contracté ses lèvres. Louis avait tout à redouter ; non-seulement il ne tarderait pas à ne plus recevoir d'argent du sorcier, mais il était encore à craindre qu'il ne voulût pas borner là sa punition. Il fut plus de trois mois sans oser se présenter chez lui : il passa tout ce temps livré aux plus sérieuses inquiétudes. Il avait épuisé tous les plaisirs que peut offrir la province ; semblable à une chèvre qui, après avoir tondu l'herbe dans le cercle que la longueur de la corde qui l'attache lui permet de parcourir, la tond encore aussi ras que du velours, puis se couche découragée. Louis aussi vivait au milieu de l'ennui. Ses plaisirs se réduisaient le plus souvent à celui-ci, le plus niais de tous, à savoir : dans un café, au milieu des cris, des jurons, de la fumée du tabac, de l'odeur de la bière et des quinquets, au bruit du choc des verres et des plus sottes discussions politiques, déployer tous ses talents au billard ou aux dominos pour faire payer à un autre les quelques verres de punch et de bière que l'on boit sans avoir soif.

Une funeste pensée tomba un jour dans son esprit. Elle s'y attacha, y prit racine; elle l'occupa tout entier, le jour, la nuit; il roula dès lors son dessein dans sa tête, les difficultés s'évanouirent, les dangers s'effacèrent.

Quand tout fut préparé pour l'exécution de son projet, il alla chez le vieillard. Zano lui ayant ouvert la porte, il se jeta sur le noir, lui enveloppa la tête de son manteau pour étouffer ses cris, et le livra à des hommes qui l'emportèrent, puis, suivi de ses complices, il pénétra, le pistolet à la main, jusqu'à la chambre de maître Guillaume, que l'on garrotta. — Louis Morand, demanda le sorcier, que veux-tu de moi?

Personne ne répondit. On laissa Louis seul avec le maître, auquel il dit : — Je veux que tu me livres le trésor que tu possèdes. — Louis Morand, répondit le maître, tu as fait des richesses que je t'ai prodiguées un trop mauvais usage pour que j'aie la folie d'alimenter plus longtemps tes vices. Avec ce que tu as eu jusqu'ici, tu as été sot et méchant; si tu possédais les trésors que je cache, tes vices deviendraient des crimes, ta méchanceté croîtrait avec les moyens de la satisfaire.

Pendant ce temps, les acolytes de Louis fouillaient toute la maison, depuis les caves jusqu'aux combles. Ils revinrent dire que ce qu'ils avaient trouvé ne valait pas dix écus. Alors on emporta le vieillard, et on l'enferma dans une prison que Louis avait fait construire.

C'était une grande tour toute revêtue au dedans de lames de fer poli. Sept fenêtres étroites y laissaient tomber un peu de lumière pendant le jour; à cette heure, la lune y jetait une faible clarté.

Maître Guillaume, toujours calme, ne tarda pas à s'endormir d'un profond sommeil.

Quand il ouvrit les yeux, il faisait jour. Il regarda autour de lui. Chose étrange! il n'y avait plus que six fenêtres à la tour. En levant le bras, il touchait presque le plafond, dont la veille sa main restait à une grande distance. Du reste, il trouva près de lui du pain et de l'eau. Il but et mangea.

Vers le soir, une voix se fit entendre, et en même temps, à une des fenêtres, parut la figure de Louis Morand. Il employa tous les moyens que son imagination put lui fournir pour décider le sorcier à lui livrer son trésor. Maître Guillaume fut inflexible.

Le lendemain, quand il s'éveilla, la tour n'avait plus que cinq fenêtres, et de la main il en pouvait toucher le faîte. Plus de doute, la prison, par un art affreux, se rétrécissait et s'abaissait sur lui. Elle ne tarderait pas à l'écraser entre ses murailles de fer.

Maître Guillaume but et mangea, pria et s'endormit.

A son réveil, il n'y avait plus que quatre fenêtres, et le plafond touchait ses cheveux. Le rétrécissement était visible. Louis Morand parut à une fenêtre; le maître le menaça des vengeances célestes. Louis Morand répondit par un sourire insultant, et l'engagea à lui abandonner ses richesses.

Maître Guillaume s'enveloppa la tête de son manteau, et s'endormit sans manger.

Le lendemain, quand il voulut se lever, il se frappa la tête au faîte de la tour. Trois fenêtres seulement restaient encore; de ses bras étendus il touchait les deux côtés de la tour; il but et mangea un peu, puis passa tout le jour à prier. Le soir parut Louis Morand.

— Au nom du ciel! lui cria le maître, ne tue pas aussi cruellement un vieillard qui ne t'a jamais fait que du bien! — Donne-moi donc tes trésors, dit Louis Morand.

Le vieillard baissa la tête sans répondre. Louis disparut.

Cette nuit, maître Guillaume ne dormit pas; il priait sans pouvoir ramener le calme dans son esprit; la prison se resserrait d'une manière tellement visible qu'il se sentait étouffer; son cœur avait peine à battre.

Il fut bientôt forcé de se tenir courbé, puis à genoux. Deux fenêtres seulement restaient à la prison.

Il essaya de se pratiquer un passage par une des deux fenêtres; il se déchira les ongles contre le fer poli.

Il appela Louis Morand, Louis Morand parut.

— Mon fils, dit-il, que t'ai-je fait pour me condamner à une mort aussi horrible? Aie pitié de mes cheveux blancs! aie pitié de l'ami de ton père! Ne broie pas mes os entre ces murs de fer; grâce de la vie, ou donne-moi une mort contre laquelle mes sens se révoltent moins.

— Livre-moi donc tes trésors, répéta Louis.

Le vieillard ne répondit pas; mais la prison se resserrait toujours.

— Grâce! grâce! criait-il.

Mais Louis répétait toujours :

— Livre-moi tes trésors.

Maître Guillaume appuya son dos et ses pieds aux deux extrémités de la prison, en se roidissant pour l'empêcher de se rétrécir encore; mais par une force invincible, elle continua toujours à se resserrer, et elle lui plia les genoux sur la poitrine. Les os commencèrent à craquer.

— Grâce! grâce! cria-t-il d'une voix étouffée.

Mais Louis, inflexible, répéta :

— Tes trésors! tes trésors!

Alors maître Guillaume tira une sonnette d'or.

Une épaisse vapeur se dissipa aux yeux de Louis Morand; avec la vapeur disparut la prison. Louis vit le sorcier, assis en face de lui dans son fauteuil de velours, qu'il n'avait pas quitté. Lui-même se retrouva précisément dans la position où il était lorsque le nécromant lui avait dit : *Il sera fait ainsi que vous le désirez.* La sonnette d'or tremblait encore sur la draperie de pourpre. Le prestige, effet de l'art du sorcier, s'était évanoui.

Zano entra.

— Zano, dit maître Guillaume à son noir, ne mets à la broche qu'une seule perdrix.

UN TÉMOIN

Récemment il est mort témoin. Le témoin avait fini par n'avoir pas d'autre profession. Il n'était heureux que lorsqu'il avait à régler les conditions d'un combat ; et comme il trouvait que l'on se battait assez rarement, il ne se faisait pas faute d'exciter légèrement les instincts plus ou moins belliqueux de ses amis ou de ses connaissances. Il est peu des uns ou des autres qui n'aient dû à M*** au moins une affaire de ce genre. Voici de quelle manière il procédait : Le matin, vous étiez encore au lit, et il se faisait annoncer et suivait votre domestique sans attendre que vous l'y fissiez inviter. « Ne vous dérangez pas, mon bon, disait-il ; je passe dans votre quartier, et je n'ai pas voulu passer sans entrer vous dire un petit bonjour. » Vous répondiez en bâillant : « C'est très-aimable à vous. » Il commençait à jeter dans la conversation, qu'il faisait presque à lui tout seul, toute la menue monnaie de la conversation. « Il fait chaud ou il fait froid, mais moins chaud ou moins froid qu'hier. J'ai un cor qui m'annonce de la pluie. Il y avait beaucoup de monde hier à l'Opéra. Il y a un journal qui a dit que mademoiselle*** chante faux ; ce journal avait bien besoin de dire cela ; c'est vrai, elle chante faux, mais il n'y a pas vingt personnes dans la salle qui s'en seraient aperçues. Je suis partisan de la liberté de la presse, mais il y a des choses qu'elle devrait respecter ; elle ne devrait jamais parler ni des princes, ni des grands seigneurs, ni des gens auxquels leur fortune donne dans le monde une grande position ; ni d'une foule d'autres choses dont elle s'occupe sans cesse. Je ne puis souffrir d'être nommé dans un journal ; si cela m'arrivait de voir mon nom imprimé, j'irais trouver ce journaliste... Et vous, mon bon ? Vous ne me répondez point ; peut-être est-ce que vous dormez ? Vos rideaux sont si épais ; on ne voit pas clair ici.

— Non, pardon, je ne dors pas... Au contraire, répondez-vous en vous réveillant en sursaut.

— N'êtes-vous pas de mon avis ?

— Oui certes.

— Vous le feriez comme moi ?

— Oui.

— J'en étais sûr ; on connaît les gens de cœur, et tout homme de cœur ferait comme moi en pareille circonstance, n'est-ce pas ?

— Du moins je le suppose.

— Comment, vous le supposez ? Mais c'est certain ; je mépriserais un homme qui se conduirait autrement que nous. Donc vous feriez comme moi, vous iriez le trouver.

— Qui ?

— Comment, qui ? vous.

— Oui, mais qui j'irais trouver ?

— Eh parbleu ! le journaliste.

— Quel journaliste ?

— Celui qui aurait mal parlé de vous, par supposition. Je répète qu'il faudrait être un lâche, un gredin, pour faire autrement.

Vous acheviez de vous réveiller. Vous ne compreniez pas très-bien, si ce n'est que M*** faisait blanc de votre épée et de la sienne. Vous ne vouliez pas demeurer en reste. Vous excitant l'un l'autre, vous arriviez graduellement aux théories les plus terribles à l'égard du journaliste qui parlerait de vous. C'était, selon vous, une escrime innocente contre des fantômes, et vous ne voyiez aucune raison de céder à M*** en esprit chatouilleux. Quand il vous voyait bien engagé, alors il tirait un journal de sa poche et disait : « Tenez, voici un journal où on vous arrange joliment. Puis il vous lisait avec des commentaires irritants, quelques lignes sur votre dernier livre ou votre vaudeville.

— Est-ce assez provocant ? vous disait-il. — Certes, je suis patient, et je ne cesse de conseiller la modération à mes amis ; mais il y a des bornes qu'il ne faut pas laisser passer.

Vous écoutiez en vous même, et restiez fort surpris de ne sentir s'élever en vous aucune colère. — Mon bon, disait-il, vous savez que je suis votre ami ; — je ne suis pas de ces amis en l'air qu'on ne trouve jamais sur la terre quand on a besoin d'eux. Vous pouvez compter sur moi ; reposez-vous sur moi de toute cette affaire. J'y vais de ce pas.

Vous vouliez faire une observation, demander à lire vous-même l'article dont vous vous étonniez toujours de ne pas vous sentir offensé. Mais il partait sans vous écouter, et une demi-heure après, fort inquiet et de fort mauvaise humeur, vous le voyiez revenir.

— Soyez tranquille, mon bon, criait-il de la porte, on a des amis ou l'on n'en a pas. Quand je suis l'ami d'un homme, il peut compter sur moi. Votre affaire est arrangée ; c'est à quinze pas.

— Comment ! à quinze pas ?

— Je n'ai pas besoin de vous dire, ajoutait-il en souriant, qu'il ne s'agit pas de l'épée. Vous tirerez le pistolet à quinze pas. Demain matin, à huit heures, je viendrai vous prendre. Je crois que nous irons à Meudon. Ne vous occupez de rien, c'est moi que ça regarde, je serai chez vous à sept heures. J'aurai une voiture. A demain. — Et il se souvint.

Il est mort d'une pleurésie.

LE TESTAMENT NORMAND

PERSONNAGES.

Mme URSULE RIGOIS. M. RIGOIS.
REGINE SAPHYR. LE TABELLION.
Mme BRÉMONT. Un Domestique.
PHILIPS. Voisins.
M. SAPHYR.

La scène se passe en Normandie. Le théâtre représente l'intérieur d'une ferme.

SCÈNE PREMIÈRE.

PHILIPS, LE TABELLION.

LE TABELLION. — Mais d'où vient, monsieur Philips, que vous ne vous mettez pas sur les rangs avec votre jolie ménagère? Voici trois jours que je passe entre vous deux, et je puis dire que je n'ai jamais vu un ménage aussi parfaitement d'accord sur tous les points.

PHILIPS. — La raison en est bien simple, monsieur le tabellion : l'oncle dont nous héritons et chez lequel j'ai été élevé jusqu'à mon mariage, l'auteur du testament bizarre dont la difficile exécution vous retient ici depuis trois jours, — avait épousé, après de longues traverses, une jeune fille dont il était ardemment épris, et qui de son côté l'aimait à en perdre la tête. Ils n'étaient pas mariés depuis trois mois que l'amour avait disparu. Il n'y a pas de haine aussi terrible que celle dont l'origine est de l'amour gâté. — Au bout de six mois, ils étaient séparés, et ils plaidaient. Mon oncle a passé le reste de sa vie à faire des épigrammes contre les femmes et contre le mariage. — Sa dernière a été écrite sur une page de son testament ; c'est moi qui l'ai écrite sous sa dictée pendant les derniers jours de la maladie dont il est mort. — Cherchez-la, vous avez le testament.

LE TABELLION, *lisant de place en place...* — « Ordonne que la ferme des Aulnes, avec la terre en dépendant et une poularde grasse soient délivrées en toute propriété... » — Ce n'est pas cela ; c'est le fameux article que je commence à désespérer d'exécuter... Ah ! voici, c'est en vers :

> A son second matin, d'Eden le premier hôte,
> A ses côtés, en place de sa côte,
> Vit « la chair de sa chair et les os de ses os, »
> Et son premier sommeil fut son dernier repos.

PHILIPS. — Je devins amoureux de Sydonie. — Mais comment avouer à mon oncle que je songeais à me marier ? — Il me prit un tel chagrin, que j'en tombai malade. Il était bon, il me questionna; je lui avouai la vérité. — « C'est juste, me dit-il, voilà assez longtemps que tu es garçon et heureux; il est temps de payer ton tribut. Je te rendrais peut-être service en te laissant mourir de ton ridicule chagrin. — Et moi aussi, dit-il avec amertume, j'ai failli mourir; bien plus, j'ai voulu me tuer parce qu'on ne voulait pas me laisser marier. Fais ce que tu voudras. » Je ne me le fis pas répéter deux fois. J'épousai Sydonie, mais je m'aperçus bientôt que la vue de notre tendresse et de notre bonheur ou le chagrinait profondément ou l'exaspérait. Il s'était résigné à un malheur commun et inévitable. Il ne pouvait supporter la pensée qu'il aurait pu être heureux. — Il s'aigrissait et se fâchait au moindre prétexte; je voyais qu'il ne tarderait pas à se séparer de nous. J'aimais mon oncle qui m'avait élevé. — De plus, je ne me souciais pas de perdre son héritage. Nous prîmes le parti, Sydonie et moi, d'abord de cacher notre amour, ensuite de feindre de nous aimer moins, — puis de nous quereller quelquefois. Mon oncle était enchanté, nous accablait de bons mots, et reprenait sa sérénité. — «Avoue, me disait-il, que tu me prenais pour un homme bizarre et un peu maniaque; tu te croyais sans doute plus habile ou plus heureux que moi. »

Il est mort, nous croyant tous deux désespérés de notre union. Comme cela a duré assez longtemps, le bruit s'en est répandu, et nous ne trouverions nulle part les deux voisins qui voudraient affirmer par serment que jamais il n'est venu à leur connaissance que nous ayons eu un seul différend depuis notre mariage, et c'est une clause nécessaire.

LE TABELLION. — Oui. (*Lisant.*) « La ferme des Aulnes et la terre qui en dépend, avec une poularde grasse, aux deux personnes mariées depuis au moins un an et un jour qui affirmeront par serment qu'elles ne s'en sont jamais repenties ni l'une ni l'autre; — deux voisins devront également jurer... etc., etc. » C'est fâcheux pour vous de perdre cette jolie petite ferme, surtout avec tous les droits pour l'obtenir.

PHILIPS. — Grâce à mon oncle, nous sommes aussi riches que nous le désirons.

LE TABELLION. — Après tout, si aucun des candidats ne remplit les conditions exigées, vous garderez la ferme. Nous n'avons plus que deux prétendants, et nous avons dû repousser douze couples depuis trois jours.

PHILIPS. — Mais M. et madame Rigois ont à peu près rempli les conditions; ils ont prêté le serment avec enthousiasme, et ils ont fourni quatre voisins au lieu de deux pour témoins de leur union.

LE TABELLION. — Ces Rigois ne m'inspirent pas de confiance; ils sont trop doucereux; j'attends avec impatience le résultat des informations que j'ai fait prendre, et pour lesquelles je les ai fait revenir après déjeuner.

SCÈNE II.

PHILIPS, LE TABELLION, RIGOIS, URSULE RIGOIS, UN DOMESTIQUE.

LE DOMESTIQUE. — Voici, monsieur le tabellion, la réponse à la lettre que vous avez envoyée à la commune voisine.

LE TABELLION. — C'est bien.

LE DOMESTIQUE. — M. et madame Rigois montent l'escalier; ils disent que vous les attendez.

LE TABELLION, *après avoir lu la lettre*. — Fais-les entrer. (*A Philips.*) On ne sait rien si ce n'est que c'est un excellent ménage.

PHILIPS. — Alors la ferme est à eux, avec la terre et la poularde grasse.

LE TABELLION. — Cela m'en a tout l'air.

M. RIGOIS *entre, donnant le bras à sa femme*. — Prends garde, ma biche, il y a un pas; pose doucement tes chers petons.

URSULE RIGOIS. — Mille remercîments, mon cher mari; je suis toujours bien sensible à vos attentions.

RIGOIS. — N'est-ce pas mon devoir, ma poule, et un devoir bien doux, de veiller sans cesse sur toi, d'écarter de ton chemin la moindre épine?

URSULE. — Et moi, mon doux ami, ne voudrais-je pas me mettre entre vous et le moindre chagrin?

LE TABELLION, *à Philips*. — Ces gens m'agacent les nerfs.

RIGOIS. — Je ne passe pas un jour, ma chatte, sans remercier le ciel de vous avoir donnée à moi, et...

LE TABELLION. — Monsieur et madame, vous avez accompli le vœu du testateur; il ne me reste plus qu'à rédiger l'acte qui vous constitue propriétaires de la ferme et de la poularde grasse. (*A Philips.*) Mon clerc n'arrive pas; voulez-vous avoir l'obligeance d'écrire sous ma dictée?

PHILIPS. — Volontiers.

Le tabellion et Philips se mettent à une table au fond du théâtre; le tabellion dicte à voix basse, Philips écrit. M. et madame Rigois restent sur le devant du théâtre.

MADAME RIGOIS. — Ne trouvez-vous pas, mon bien-aimé, que cette clause d'une poularde ajoutée à la ferme est très-singulière?

M. RIGOIS. — Le testateur était un homme bizarre, ma colombe, comme le prouve assez cet article de son testament; mais il est d'usage dans ce pays d'ajouter aux redevances en argent quelques provisions en nature. Beaucoup de pièces de terre sont louées pour vingt écus, par exemple, et un cent d'œufs, ou bien pour dix écus et un poulet gras à chaque grande fête de l'année.

URSULE. — Je vous remercie, mon fidèle ami, de cette explication.

RIGOIS. — Je suis trop heureux, mon chou, de vous faire un plaisir quelque petit qu'il soit.

LE TABELLION, *à Philips.* — Je ne peux plus les supporter! Allons finir l'acte dans la pièce à côté!

Le tabellion et Philips emportent le papier et les plumes. M. et madame Rigois restent seuls.

URSULE. — Il m'est avis, mon bon mari, que nous ferions bien de planter la crémaillère dans cette ferme, qui nous appartient désormais; et la poularde grasse pourrait bien y jouer son rôle.

RIGOIS. — Pensée ingénieuse, ma déesse, et à laquelle j'applaudis avec enthousiasme. Cette poularde au riz...

URSULE. — Y pensez-vous, mon bon ami? une poularde grasse au riz!...

RIGOIS. — Certes, oui, j'y pense, ma chère fée, j'aime beaucoup la poularde, et j'aime beaucoup le riz. Il me semble alors difficile de ne pas faire un mets exquis avec les deux réunis.

URSULE. — Mais on se moquerait de nous!

RIGOIS. — Et pourquoi cela, ma tourterelle, se moquerait-on de nous?

URSULE. — Parce qu'on ne met au riz que des vieilles poules, mon bon.

RIGOIS. — Hé! s'il nous plaît, à nous, d'y mettre une belle poularde grasse, ça n'en ser que meilleur.

URSULE. — Ça ne se fait p s.

RIGOIS. — Il est bien sûr, a nymphe, que ça ne se fait pas soi-même et tout seul mais, quand nous l'aurons fait, on le trouvera excellent.

URSULE. — Pourquoi faire rire à nos dépens?

RIGOIS. — Et qui se permettrait, ma rose, de rire à nos dépens?

URSULE. — Mais... tout le monde.

RIGOIS. — Il n'est pas probable, chère vigne dont je suis

l'heureux ormeau, que tout le monde sache que nous aurons mangé une poularde au riz avec trois ou quatre amis.

URSULE. — Quand on dit tout le monde, c'est une manière de parler.

RIGOIS. — Et une assez mauvaise manière, mon adorée.

URSULE. — Nous ne sommes pas ici à l'Académie, cher Edouard.

RIGOIS. — C'est pour cela que nous sommes forcés de parler correctement, chère compagne de ma vie. Tout ce qu'il plaît à un académicien de dire est français après qu'il l'a dit, s'il ne l'était pas auparavant.

URSULE. — Je ne sais rien, cher ami, de plus ridicule que de parler ainsi un langage plissé à petits plis et empesé !

RIGOIS. — Je vous demande humblement pardon, ma reine, mais vous confondez la correction avec le pédantisme.

URSULE. — Mettons que je ne sais pas le français, et que c'est le bas breton que j'ai appris au Sacré-Cœur.

RIGOIS. — Vous parleriez la langue la plus barbare, lumière de ma vie, que le son de votre voix suffirait pour me ravir.

URSULE. — Vous prenez peut-être cela pour un compliment ?

RIGOIS. — Mais j'estime que les femmes les plus difficiles ne le laisseraient pas traîner et s'empresseraient de le ramasser.

URSULE. — Joli compliment, qui veut dire que le babil des femmes est comme celui du perroquet, qu'on ne daigne pas faire attention à la pensée qu'il exprime, ou plutôt qu'on croit qu'il ne veut rien dire.

RIGOIS. — Parlons d'autre chose, chère idole. Tout bien

considéré, il faudra faire la poularde au riz. Il n'y a pas là de quoi hausser vos charmantes épaules.

URSULE. — Si fait bien, il y a de quoi, et mes épaules ne seraient pas les seules qui se hausseraient.

RIGOIS. — Je ne professe pas comme pour les vôtres, dame de mes pensées, un culte respectueux pour toutes les épaules, et je trouverais plaisant qu'à ma table quelqu'un se permît de se moquer de moi. Je l'aurais bien vite mis à la porte.

URSULE. — N'allez-vous pas faire de cela une grosse affaire? — Ne vous mêlez donc pas, mon chéri, des choses du ménage. Rien ne déplaît plus aux femmes qu'un homme-Catherine, qui s'immisce dans les casseroles et la marmite. — On fera la poularde à la sauce blanche, comme cela doit se faire.

RIGOIS. — Mais pourquoi cela se doit-il?

URSULE. — Parce que!

RIGOIS. — Oh! c'est là la grande raison des femmes... parce que! Il semble qu'à cette raison triomphante il n'y ait plus rien à répondre.

URSULE. — Les femmes sont si bêtes!

RIGOIS. — Je n'ai pas dit cela... mais elles sont quelquefois bien entêtées!

URSULE. — Vous les appelez entêtées quand elles résistent à votre entêtement.

RIGOIS. — Sexe charmant, mais têtu, mais plein de préjugés! Vous savez, cher amour, comme j'ai horreur des préjugés!

URSULE. — C'est-à-dire que vous aimez à vous singulariser.

RIGOIS. — Disons tout de suite que je suis un idiot. Voyons... ma céleste aimée, soufflons sur ce nuage qui obscurcit votre beau front.

URSULE. — Voulez-vous dire que je suis en colère?

RIGOIS. — Ma foi, si vous voulez savoir la vérité, chère beauté, vous en avez furieusement l'air.

URSULE. — Mais c'est qu'aussi une sainte manquerait de patience!

RIGOIS. — En voilà assez, n'en parlons plus.

URSULE. — A la bonne heure! et ne vous mêlez plus de ces choses-là. La poularde sera excellente à la sauce blanche.

RIGOIS. — Quand j'ai dit qu'il n'en fallait plus parler, ma charmante, c'est que j'entendais bien que l'on ferait ainsi que j'ai dit.

URSULE. — Vous êtes fou!

RIGOIS. — Et vous la créature la plus opiniâtre!

URSULE. — C'est bien heureux que je m'obstine quelquefois à vous empêcher de faire des sottises!

RIGOIS. — Merci!

URSULE. — Il y a de quoi, si ça peut vous corriger.

RIGOIS. — Me corriger! Ah çà! je suis donc tombé en enfance! je suis donc un crétin! Eh bien! ça ne m'arrive pas souvent, mais j'aurai fait une fois ma volonté... on mangera la poularde au riz.

URSULE. — Non

RIGOIS. — Au riz.

URSULE. — Quel jour comptez-vous donner ce dîner?

RIGOIS. — Mais... après-demain.

URSULE. — Eh bien! j'irai dîner chez ma mère.

rigois. — Je vous le défends !

ursule. — Vous me défendez d'aller dîner chez ma mère ? L'obéissance a des bornes, et ceci les dépasse.

rigois. — Ah ! c'est comme cela ! Vous croyez empêcher le dîner d'avoir lieu ! Eh bien ! je le donnerai au restaurant ; au plus cher : à trente francs par tête, sans le vin.

ursule. — Fou et prodigue !

rigois. — Sarpejeu ! madame Rigois, je vous ai aussi par trop gâtée ! Il est donc à dire que je ne serai pas le maître chez moi ? Je le serai, madame Rigois ! Je vous le ferai voir ! Vous n'irez pas dîner chez votre mère ; vous resterez ici, et vous ferez les honneurs à nos amis ; et vous leur servirez la poularde... au riz... avec beaucoup de riz !

ursule. — Je sais bien que la femme n'est qu'une esclave. J'obéirai, mais je ne mangerai pas, et je ne cacherai pas mes larmes.

rigois. — Oh ! vous voudriez me faire passer pour un despote, pour... un brutal ! Pourquoi ne dites-vous pas que je vous bats ?

ursule. — Si vous ne le faites pas, je ne vous en sais pas gré, c'est que vous ne l'osez pas.

rigois. — Je ne l'ose pas ?... Et qui m'en empêcherait ?

ursule. — Mais croyez-vous que mon frère le capitaine de dragons...

rigois. — Votre frère ! est-ce à dire que vous me menacez de votre frère ? Parce qu'il est soldat, croyez-vous me faire peur ?... Je proteste contre le despotisme du sabre ! si long qu'il soit, qui m'empêchera d'être le maître chez moi. Ah ! votre frère ? Eh bien ! qu'il vienne se mêler de mes affaires, il trouvera à qui parler! Je ne suis qu'un pékin, mais, sarpejeu! il n'y a plus de pékin! je suis caporal dans la garde nationale, et j'ai mon sabre aussi!... Votre frère! mais je me moque pas mal de votre frère!

ursule. — C'est facile à dire, il est à cent lieues d'ici.

rigois. — Mais écrivez-lui de venir, que je lui dise à son nez, à ses moustaches, que je me moque de lui!... Ah! j'ai peur... Oui, je suis bien de ceux qui ont peur!... Mais qu'il vienne donc!

M. Rigois, hors de lui, prend une chaise et la brise par terre. Madame Ursule Rigois jette un cri et s'évanouit sur une autre chaise. Le tabellion et Philips accourent au bruit.

philips. — Mais, grand Dieu! qu'est-ce qu'il y a?

ursule. — Ah! messieurs, vous faites bien d'arriver. Vous me sauvez peut-être la vie!

rigois. — Ah! c'est que je n'ai pas peur, moi! je l'attends, votre capitaine de dragons! je lui ferai manger son casque et ses bottes... et au riz, encore!

philips. — Calmez-vous, monsieur Rigois.

rigois. — Me calmer! mais je suis calme, très-calme; heureusement que je suis calme, car je ne sais sans cela où la fureur me porterait!

ursule. — Messieurs, ne me laissez pas seule avec ce furieux.

rigois. — Hypocrite!

ursule. — Enragé!

SCÈNE III.

LES MÊMES, UN DOMESTIQUE.

LE DOMESTIQUE. Messieurs, une dame, qui s'appelle madame Régine Saphyr, demande à vous parler. Elle est accompagnée de quatre voisins qui la connaissent depuis son enfance. Elle vient, dit-elle, pour la ferme et pour la poularde.

LE TABELLION. — Elle arrive à propos, car je n'ai pas besoin de dire à M. et à madame Rigois qu'ils ont perdu tous leurs droits à l'aubaine.

URSULE. — Eh bien! tant mieux, on ne mangera pas la poularde au riz!

RIGOIS. — Ah! vous croyez cela, madame Rigois? Eh bien! c'est ce qui vous trompe : on en mangera tous les jours, le matin et le soir; on ne mangera plus autre chose à la maison. *Ils sortent. — Entrent par une autre porte Régine Saphyr et deux de ses voisins avec leurs femmes.*

LE TABELLION. — C'est vous qui êtes madame Saphyr, madame?

RÉGINE. — Oui, monsieur.

LE TABELLION. — Vous venez pour la ferme?

RÉGINE, *regardant une lettre qu'elle a entre les mains*. — Et pour la poularde, monsieur.

LE TABELLION. — L'une ne va pas sans l'autre. Quels sont ces messieurs et ces dames?

RÉGINE, *consultant toujours sa lettre.* — Les voisins exigés par la clause du testament, et ma mère.

LE TABELLION. — Depuis combien de temps êtes-vous mariée, madame?

RÉGINE. — Il y aura trois ans à Noël, monsieur.

LE TABELLION. — Et depuis deux ans et demi il ne s'est pas élevé une seule discussion entre votre mari et vous, et vous ne vous êtes repentis ni l'un ni l'autre?... Mais où est votre mari, madame?

RÉGINE. — Je l'attends, monsieur; il ne va pas tarder à venir.

PHILIPS. — Veuillez vous asseoir, mesdames et messieurs. On va vous faire servir des rafraîchissements. Quand M. Saphyr sera arrivé, vous sonnerez ici, un domestique se présentera, et vous n'aurez qu'à lui ordonner d'avertir M. le tabellion et... votre serviteur.

SCÈNE IV.

RÉGINE SAPHYR *et* MADAME VEUVE BRÉMONT, *mère de Régine, sur le devant du théâtre; les voisins et les voisines, assis dans le fond.*

MADAME BRÉMONT. — Pourvu que ton mari arrive...

RÉGINE. — Sa lettre est bien claire : « Mardi, 22 mai, à deux heures après midi, j'arriverai à la ferme des Aulnes, soyez-y avec votre mère et deux voisins. Soyez habillée en blanc avec des rubans bleus, je vous dirai pourquoi. » Le rose me va beaucoup mieux. Cependant je n'ai pas osé lui désobéir. Quelle peut être sa raison pour me faire mettre une couleur qui ne me va pas ?

MADAME BRÉMONT. — La raison est bien simple : c'est pour être sûr de te reconnaître.

RÉGINE. — Ce serait trop fort.

MADAME BRÉMONT. — Écoute donc, Régine, Saphyr n'est pas de ce pays : il était en relâche avec son navire quand il a été amené chez nous par feu ton père ; puis il est reparti, ne t'ayant vue qu'une fois. Il nous a écrit de New-York qu'il te demandait pour femme, en nous priant de lui répondre à Philadelphie ; puis, ayant reçu notre réponse favorable, il nous a écrit du banc de Terre-Neuve, en nous envoyant ses papiers, pour nous prévenir de faire publier les bans et de tenir tout prêt pour trois mois après. Trois mois après, il arrivait. On vous a mariés à la municipalité.

RÉGINE. — Puis il m'a dit : « Ma chère femme, il faut que dans quatre heures je sois au Havre, d'où part mon navire demain à midi. Il y a une heure de route ; mais j'irai vite, si vous voulez qu'on nous marie à l'église. — Si je le veux ! m'écriai-je ; mais je ne me crois pas mariée du tout jusque-là. Vous ne me faites pas l'effet d'être mon mari, et je ne saurais vous appeler autrement que M. Saphyr. — Eh bien ! dit-il, arrivez au Havre demain matin à huit heures. La messe sera toute prête et les cierges allumés. » A neuf heures, la cérémonie de l'église était prête au Havre ; à dix heures, il m'avait quittée pour veiller à ses préparatifs de départ, et je ne l'ai plus revu. Je comprends qu'il ait peur de ne pas me reconnaître. Pourvu qu'il ne me trouve pas trop laide !

madame brémont, *souriant*. — Sois tranquille : tu n'étais qu'une enfant, et tu as aujourd'hui toutes les grâces de la jeunesse. Mais une de nos voisines a mis aussi des rubans bleus.

régine. — Elle est bien laide, ma mère!

madame brémont. — C'est vrai. Sais-tu qu'il a eu là une excellente idée de concourir pour la possession de la ferme des Aulnes? Mais comment a-t-il appris le testament?

régine. — Par quelques autres marins du pays qu'il aura rencontrés.

Entre le capitaine Saphyr.

régine. — O mon Dieu! ma mère, est-ce que cet homme à grande barbe noire serait mon mari?

madame brémont. — Je crois que oui; il n'avait pas de barbe il y a trois ans; cependant je crois le reconnaître. Il est du reste fort bien.

saphyr. — Pardon, mesdames, entre vous deux qui avez des rubans bleus, laquelle me fait l'honneur de s'appeler madame Saphyr?

régine. — C'est moi, mon cher Saphyr!

Elle va pour se précipiter dans ses bras, Saphyr l'arrête d'un geste.

saphyr. — Chut! ne compromettez pas la position, ma chère épouse.

madame brémont. — Enfin, vous voici, mon gendre! embrassez-nous, et dites-nous...

saphyr. — Chut! ma belle-mère, nous causerons de tout cela plus tard.

RÉGINE. — Il me semble qu'après deux ans et demi de mariage et de séparation...

MADAME BRÉMONT. — Plus tard! quand vous serez aux Antilles, sans doute!

SAPHYR. — Au nom du ciel, mesdames, occupons-nous de la ferme et de la poularde... n'échangeons pas un mot qui y soit étranger, ou tout serait perdu... je vous le demande en grâce. Où est le tabellion?

RÉGINE. — Il nous a dit de sonner quand vous seriez arrivé.

SAPHYR. — Sonnez donc alors. Je suis ponctuel : deux heures moins cinq minutes.

Entre le domestique.

MADAME BRÉMONT. — Prévenez M. le tabellion que M. Saphyr est arrivé.

SAPHYR. — Et part pour la Chine demain matin.

RÉGINE. — Comment!

SAPHYR. — Chut!

MADAME BRÉMONT. — Demain matin? Ça n'est pas possible!

SAPHYR. — Chut!

MADAME BRÉMONT. — En attendant le tabellion, permettez que je vous présente nos voisins et voisines, auxquels vous devez des remercîments.

SAPHYR. — Chut!... Tantôt...

Entrent le tabellion et Philips.

LE TABELLION. — Monsieur Saphyr?

SAPHYR. — C'est moi. Vous êtes le tabellion?

LE TABELLION. — Oui.

SAPHYR. — Et monsieur?

PHILIPS. — L'exécuteur testamentaire du défunt.

SAPHYR. — Très bien. Aux termes du testament, je viens réclamer une ferme et une poularde... grasse. Me voici : Onésime Saphyr, capitaine de navire. Voici Régine Saphyr, ma femme. Nous sommes mariés depuis deux ans et demi. Voici le contrat. Depuis ce temps, pas une discussion, même la plus légère, n'a eu lieu entre nous, pas une plainte, pas un regret, n'a été exprimé. Il faut deux témoins, en voici quatre ; leur moralité est attestée par ce papier.

LE TABELLION. — Ainsi, vous ne vous repentez pas d'avoir épousé votre femme ? Elle ne vous a donné aucun regret ?

SAPHYR. — Non, monsieur.

LE TABELLION. — Et vous l'épouseriez encore aujourd'hui ?

SAPHYR. — Oui, monsieur.

LE TABELLION. — Et vous, madame ?

RÉGINE. — Si ce sont les mêmes questions, monsieur, je n'ai à faire que les mêmes réponses.

LE TABELLION. — Approchez, les voisins. Donnez à monsieur vos noms et prénoms. (*A Philips.*) Ecrivez.

PREMIER VOISIN. — Jean Claiol et Bérénice sa femme.

DEUXIÈME VOISIN. — Noël Dumont et Dorothée son épouse.

LE TABELLION. — Vous êtes prêts à jurer qu'il est à votre connaissance que le capitaine Saphyr et dame Régine sont mariés depuis deux ans et demi ?

PREMIER VOISIN. — J'étais à la noce.

LE TABELLION. — Et que, depuis ce temps, jamais vous ne les avez entendus se plaindre l'un de l'autre ?

DOROTHÉE DUMONT. — J'ai entendu quelquefois Régine se plaindre de l'absence de son mari.

LE TABELLION. — C'est une preuve d'affection. Jamais il n'est venu à votre connaissance qu'il y ait eu entre eux aucune querelle ni discussion?

LES TÉMOINS. — Nous le jurons!

LE TABELLION. — Signez. Signez aussi, capitaine Saphyr. Et vous aussi, madame Régine Saphyr. Signez, maître Philips. A mon tour. Monsieur et madame Saphyr, la ferme est à vous. La poularde grasse va être mise dans le garde-manger.

MADAME BRÉMONT. — Est-ce que vous ne nous ferez pas l'honneur de la manger avec nous?

LE TABELLION. — Impossible : on m'attend et je suis en retard.

PHILIPS. — Je suis pris par la même affaire que M. le tabellion.

LE TABELLION. — Voici les titres de propriété de la ferme. Quant à la poularde, possession vaut titre.

Sortent le tabellion et Philips.

SAPHYR. — Maintenant, ma chère femme et ma chère belle-mère, vous pouvez me faire toutes les questions que vous voudrez. Cependant, vous ferez mieux de faire préparer à souper pour nous et pour les bons voisins que je remercie, et que je n'ai pas l'honneur de connaître.

PREMIER VOISIN. — Nous sommes de notre côté enchantés de faire votre connaissance, capitaine Saphyr.

MADAME BRÉMONT *et* RÉGINE, *ensemble*. — Est-ce que vous repartez demain? Pourquoi avez-vous été si longtemps? Resterez-vous longtemps en Chine?

SAPHYR. — Nous n'avons guère de temps; je vous ai dit de

me faire des questions, si vous y tenez absolument ; mais je n'y veux répondre qu'à mon retour de Chine.

MADAME BRÉMONT *et* RÉGINE. — Mais, mon gendre... — Mais, mon mari...

SAPHYR. — Il est cinq heures ; à neuf heures, je pars pour rejoindre mon navire ; — je me mets en route demain matin, à la marée ; il faut bien une heure pour préparer le dîner, deux heures pour le manger, fumer une pipe et prendre le café. Restera une heure pour causer, avec ma femme, de nos affaires. Vous voyez bien qu'il faut remettre vos questions, ou du moins mes réponses, à mon retour de Chine, époque où nous serons encore, comme aujourd'hui, le modèle des tendres époux et des bons ménages.

L'AUTEUR, *s'avançant sur le bord de la scène, après les trois saluts d'usage :*

MORALITÉ.

Une des causes auxquelles il faut attribuer le grand nombre de mauvais ménages, c'est qu'on apprend aux filles à lacer des filets et non à faire des cages.

UN MÉLODRAME

PERSONAGES

HÉLÈNE.
RAYMOND, vieil époux d'Hélène.
PAUL, voisin de Raymond.
RAMIRE, médecin.
MARC, neveu de Raymond.
STRATON, neveu de Raymond.
NINA, servante d'Hélène.
ANTONIO, domestique de Paul.

ACTE PREMIER.

Le théâtre représente un grand jardin illuminé de lanternes de couleur, des personnages masqués se promènent dans les bosquets; de temps en temps on entend de la musique venant de l'autre extrémité du jardin. Hélène et Nina sont sur le devant de la scène; toutes deux sont vêtues de costumes turcs; celui d'Hélène est d'une grande magnificence, celui de Nina est un costume d'esclave; elles ont leurs masques à la main.

SCÈNE I.

HÉLÈNE. — Ah! Nina, quelle imprudence tu m'as fait faire!
NINA. — Pensez-vous qu'il eût été beaucoup plus prudent de passer vos journées entières à votre fenêtre en face de la

sienne? Croyez-moi, les secrets des amoureux ne courent pas de danger pendant qu'ils sont d'accord; c'est toujours après ou avant que se manifestent les soupçons et la jalousie des époux. Un homme amoureux fait, au moment de nouer un tendre lien, toutes sortes d'imprudences, que fait la femme à son tour lorsque ce lien se dénoue. C'est au contraire la prudence qui nous obligeait à profiter, pour une entrevue qui ne pouvait manquer d'avoir lieu, de la circonstance qui se présente : un voyage subit du seigneur Raymond. Il était trop tard pour contremander la fête qu'il vous donne pour l'anniversaire de votre naissance. La nature de cette fête, un bal costumé dont il vous a prié de faire les honneurs en son absence, vous permet d'entourer de mystère cette entrevue, sans laquelle vous n'auriez pas tardé à vous trahir.

HÉLÈNE. — S'il ne venait pas!

NINA. — On s'approche de nous.

HÉLÈNE. — Remettons nos masques.

SCÈNE II.

POLICHINELLE. — Belle odalisque, permettez-moi de vous jeter le mouchoir.

HÉLÈNE *à Nina.* — Ce n'est pas lui.

Elles ôtent leurs masques et tournent le dos à Polichinelle, qui s'enfonce dans les bosquets. Un grand domino noir passe deux fois devant Hélène et Nina, et les regarde avec attention; elles ont remis leurs masques, mais il les a sans doute reconnues car il disparaît, comme Polichinelle, sous les arbres.

SCÈNE III.

HÉLÈNE. — Que nous veut ce domino? Il m'a fait peur!

Entrent deux personnages : l'un est vêtu d'un riche costume oriental, l'autre est habillé en Pierrot.

NINA. — Madame, reconnaissez-vous ce Pierrot?

HÉLÈNE. — Non, mais je reconnais son compagnon.

NINA. — Attendez pour l'aborder que j'aie emmené le Pierrot; il n'est autre que Straton, le plus méchant des deux méchants neveux de votre mari.

HÉLÈNE. — Je suis perdue.

PIERROT-STRATON. — Beau Turc, voilà sans doute la sultane que tu cherches?

NINA *à Hélène*. — Tenez-vous dans l'ombre.

Nina veut prendre le bras de Pierrot.

NINA. — Seigneur Pierrot, on a deux mots à vous dire.

PIERROT-STRATON. — Est-ce de ta part ou de celle de ta belle maîtresse?

NINA. — D'abord, Pierrot, qui vous dit que je ne suis pas aussi belle que ma maîtresse? — Mais il ne s'agit pas d'un message d'amour. Et aussi bien cela ne vous intéresserait guère : je veux vous parler d'un certain parent et d'un certain testament.

PIERROT-STRATON. — Chut! parle plus bas.

NINA. — Venez donc alors d'un autre côté.

Ils traversent le jardin, et sortent.

SCÈNE IV.

PAUL *à Hélène*. — Je vous devine à mon émotion, aux battements de mon cœur, au charme divin qui se répand autour de vous; mais, de grâce, madame, laissez-moi contempler ce cher visage que j'adore de loin depuis si longtemps!

HÉLÈNE. — Et si vous n'alliez plus me trouver belle?

Elle ôte son masque.

PAUL. — Ah! de loin vous êtes belle; de près, vous êtes la Beauté. Les doux rayonnements de ce charmant visage éclairent mon cœur comme fait le soleil aux fleurs. Je puis donc enfin vous dire une fois à vous-même que je vous aime, il n'y avait plus qu'à vous que je ne l'avais pas dit; je l'avais dit aux étoiles, à la lune, aux arbres, à Dieu. — Ah! madame, vous remettez votre masque!

HÉLÈNE. — Je n'oserai démasquer mon cœur qu'en remasquant mon visage. Asseyons-nous sous ce berceau qui n'est pas éclairé.

Le grand domino traverse le théâtre, s'arrête devant Paul et Hélène, les regarde quelques instants, et s'en va.

SCÈNE V.

PAUL. — Quel est ce domino?

HÉLÈNE. — Je n'en sais rien; mais il m'inquiète. Voilà deux fois déjà qu'il vient me regarder ainsi.

PAUL. — Voulez-vous que je lui arrache son masque?

HÉLÈNE. — Grand Dieu! n'ayez pas de pareilles idées; ce serait me perdre.

PAUL. — Vous compreniez donc l'admiration d'abord, l'amour ensuite, qui faisaient que je ne vivais qu'à cette fenêtre? — Quand vous arriviez à la vôtre, c'était une belle aurore; quand vous partiez, c'était la nuit pour mes yeux et pour mon cœur. Vous ne me parlez pas?

HÉLÈNE. — C'est la première fois que je me trouve auprès de vous. Vous vous contenterez bien que je vous dise que j'en suis heureuse.

Le domino revient et s'arrête devant Hélène et Paul. — Paul porte la main à son poignard. — Le domino paraît chercher une arme, de son côté, et fait un pas vers Paul; — mais Hélène arrête celui-ci d'un geste, et lui dit :

Promenons-nous.

Ils s'éloignent tous les deux. — Le domino fait d'abord quelques pas pour les suivre, puis il s'arrête.

SCÈNE VI.

LE DOMINO. — Il n'est plus temps d'empêcher, il s'agit de punir.

Pierrot-Straton et Nina traversent le théâtre en se tenant par le bras. Le domino les arrête et demande :

Avez-vous rencontré un magicien?

NINA, *à part*. — N'est-ce pas le domino de tout à l'heure?

PIERROT-STRATON, *à part*. — Il me semble que je connais

cette voix. (*Haut.*) Je l'ai rencontré plusieurs fois ; il doit être en ce moment autour des danseurs.

Le domino sort.

PIERROT-STRATON. — Je ne puis deviner qui vous êtes ; mais ce que je sais, c'est que vous connaissez très-bien et moi et mes affaires. De bonne foi, croyez-vous qu'il est bien agréable pour Marc et pour moi, qui avions été élevés par notre oncle Raymond, qui avions toujours pensé, comme tout le monde, que nous serions ses héritiers, de le voir un beau jour épouser cette jeune femme, et tuer d'un coup toutes nos espérances ?

NINA. — Toutes, c'est beaucoup dire. — Hélène n'est ni avide ni ambitieuse, elle ne détournera jamais son mari d'assurer votre fortune.

PIERROT-STRATON. — Mais enfin, supposons qu'elle ne nous fasse pas déshériter : n'est-elle pas venue du moins réduire nos espérances ? ne voyons-nous pas ce vieillard, dans son fol amour, ne reculer devant aucune prodigalité ? Tous les joailliers de la ville cherchent pour lui des perles monstrueuses et des diamants extravagants. Hier, elle avait un patrimoine à chacune de ses oreilles.

NINA. — Rendez-lui la justice de dire qu'elle ne provoque pas ces libéralités, et que, à part quelques bijoux qu'elle aime plutôt à cause du précieux travail de l'artiste qu'à cause de la richesse de la matière, elle ne se pare guère des somptuosités que Raymond rassemble pour elle.

PIERROT-STRATON. — Lui, le vieux fou ! il parlait hier à un poëte, et je disais à Marc : Je parie qu'il marchande une étoile pour la donner à sa femme. Mon Dieu, je le crois encore. Comme vous me le dites, Raymond nous laissera de quoi vivre dans l'aisance ; mais qu'est-ce que cela auprès de l'une des plus grandes fortunes de l'Italie qui nous échappera en détail? Tenez, rien que dans ce grand coffre que cette femme a dans sa chambre, et où elle renferme ses étoffes et ses bijoux, il y a la valeur de deux principautés.

Paul et Hélène reviennent. Nina entraîne Pierrot-Straton, et ils disparaissent.

SCÈNE VII.

HÉLÈNE. — Et moi aussi, je t'aime! Je t'aime, mais écoute-moi bien ; je t'aime sans restriction. Fortune, famille, réputation, je te sacrifierai tout, s'il le faut ; quand tu l'exigeras, je fuirai ma maison, mon époux, et j'irai où tu me conduiras, dans l'exil, dans la misère, si tu le veux. Mais un tel amour ne meurt pas de vieillesse au bout de quelques jours ; il faut aussi que tu sois tout à moi, que ta vie m'appartienne, que tu renonces pour moi à tout le reste du monde, que mon amour soit tout ton bonheur ! Le veux-tu ?

PAUL. — Je le veux !

Un magicien entre, Paul et Hélène vont sortir; il les arrête avec sa baguette.

SCÈNE VIII.

LE MAGICIEN RAMIRE. — Je ne vous retiendrai pas longtemps, vous n'avez pas de temps à perdre, mes beaux amoureux. — D'ailleurs si je vous parlais du passé ou de l'avenir, ils vous intéresseraient médiocrement, toute votre vie est dans l'heure présente, — et le présent, vous le savez encore mieux que moi, quoique je le devine. — Allez donc, profitez de ce moment rapide, — mais cachez votre bonheur, soyez heureux tout bas.

Paul et Hélène sortent.

SCÈNE IX.

NINA *et* STRATON, *puis* MARC-POLICHINELLE.

LE MAGICIEN. — Arrivez près de moi, Pierrot; voulez-vous que je vous dise si cette belle Grecque vous aime?

NINA. — Il en sait autant que vous; je lui ai déjà dit que non. Mais si vous voulez lui dire *sa bonne aventure,* ce n'est pas d'amour qu'il faut lui parler.

LE MAGICIEN. — Est-ce donc un joueur?

NINA. — Eh quoi! grand magicien, tu fais des questions? tu ignores donc quelque chose? Alors je ne m'adresserai pas à toi pour un souci que j'ai au coin de l'esprit. — Mais je veux bien te dire que tu n'es pas loin de la vérité pour ce Pierrot qui m'accompagne. — Il joue, mais il joue à un jeu auquel il voudrait bien pouvoir tricher.

STRATON *à Nina*. — Promenons-nous encore un peu.

NINA. — Non.

STRATON. — Te reverrai-je

NINA. — Tu me reverras, mais sans me reconnaître.

STRATON. — Ecoute encore.

NINA. — Si tu veux en savoir davantage, demande à ce magicien ; tes intérêts sont dans l'avenir, ça te regarde. Moi, j'ai assez de m'occuper du présent. Adieu.

Elle sort.

SCÈNE X.

RAMIRE *à Marc-Polichinelle*. — Tu n'as guère pris un costume qui te convienne. — A ton air préoccupé et mélancolique, je ne reconnais pas le joyeux compère Polichinelle. — Tu ferais mieux de prendre le carton doré et le manteau rouge des gardes affligés d'Hippolyte, de ces gardes qui imitent son silence, autour de lui rangés.

POLICHINELLE. — Laisse-moi tranquille, tu m'ennuies.

RAMIRE. — De mieux en mieux ! Les bossus sont forcés d'avoir de l'esprit, tu vas ôter ta double bosse avant de me répondre ainsi.

POLICHINELLE *à Pierrot*. — Allons d'un autre côté, j'ai à te parler.

RAMIRE. — Ami Pierrot, je te prédis que ce gaillard-là va fort t'ennuyer : ma science ne me trompe jamais. Tu aurais bien mieux fait de ne pas laisser échapper la jolie Grecque que tu avais au bras tout à l'heure. Je vais la chercher pour mon compte.

Ils sortent tous trois. Le domino traverse le théâtre, voit Ramire et l'arrête.

SCÈNE XI.

LE MAGICIEN. — Laisse-moi, je n'ai rien à t'apprendre ; tu t'ennuies, tu voudrais bien faire partager ton ennui à quelqu'un, je ne suis pas ton homme, j'ai à faire à une certaine Grecque deux ou trois prédictions qu'il dépendra d'elle de réaliser.

LE DOMINO. — Si tu n'as rien à me dire, écoute-moi.

RAMIRE. — Plus tard.

LE DOMINO. — As-tu oublié le 16 octobre?

RAMIRE. — Tais-toi.

LE DOMINO. — Je ne me tairai pas, et tu m'écouteras.

RAMIRE. — Alors, parle plus bas.

LE DOMINO. — Tu n'as pas oublié cette nuit où, sur un soupçon jaloux, tu as empoisonné ta maîtresse et l'amant qu'elle te préférait ; tu sais qu'un homme t'a sauvé et t'a fait échapper aux vengeances de la Justice...

RAMIRE. — Mais je pensais que cet homme seul...

LE DOMINO. — Il faut que cette nuit même tu m'apportes le poison dont tu t'es servi dans la nuit du 16 octobre ; ce poison qui tue par le sommeil, qui ne cause pas de douleur et ne laisse pas de traces.

ramire. — Jamais! mes nuits sans sommeil ont vite expié mon crime, je n'en commetterai pas un second.

le domino *ôte son masque.* — Dans une heure, à cette même place! tu m'entends?

ramire. — Grand Dieu! que veut-il faire? Je serai donc toujours sous la dépendance de cet homme! Dans cette terrible nuit du 16 octobre, j'étais trahi! j'étais jaloux, et cependant j'ai eu, j'ai encore des remords, et aujourd'hui... je commettrais un second crime, sans haine, sans passion, contre quelque créature innocente peut-être? Non, jamais! *(Il reste seul.)*

Mais il peut me perdre! — Que se passe-t-il en lui? — Je croyais que le bonheur avait adouci ce cœur. — .....Ah! il me vient une idée! c'est le ciel qui me l'envoie. *(Il sort.)*

Paul et Hélène passent; Hélène s'appuie tendrement sur Paul, qui la regarde avec ravissement.

ACTE DEUXIÈME

Le théâtre représente la chambre d'Hélène. Hélène est dans son lit, pâle, affaiblie, mourante, d'épais rideaux de damas empêchent le jour d'entrer dans la chambre. Nina est auprès du lit.

SCÈNE I.

HÉLÈNE. — Nina, Raymond est parti ?

NINA. — Oui, madame. Il va, dit-il, chercher lui-même un célèbre médecin qui demeure à six lieues d'ici.

HÉLÈNE. — Nina, je vais mourir.

NINA. — Ah ! madame, ne vous frappez pas l'esprit de pareilles terreurs.

HÉLÈNE. — Le prêtre me l'a dit, Nina ; je vais mourir.

NINA. — Souffrez-vous donc beaucoup, madame ?

HELÈNE. — Non, mais je meurs ; mes membres s'engourdissent, mes yeux se ferment malgré moi : je sens que je vais m'endormir pour ne plus me réveiller. Nina, puisque Raymond est parti, il faut que je voie mon amant, que je lui dise adieu. Va le chercher.

NINA. — Ma chère maîtresse, vous avez la fièvre ! calmez-vous ; ne me donnez pas d'ordres impossibles à accomplir.

HÉLÈNE. — Impossibles! et pourquoi?

NINA. — Votre mari peut rentrer.

HÉLÈNE. — Il serait là, que je dirais que je veux voir Paul avant de mourir. — Ah! la mort délivre de toutes les servitudes! — Je n'ai pu donner toute ma vie à celui que j'aime, je veux au moins lui donner mes derniers instants. — Ah! Nina, j'étais trop heureuse!

NINA. — Mais, chère maîtresse, vous n'êtes pas dans le danger où vous croyez être : bien portante hier et fraîche comme une rose, vous pensez mourir aujourd'hui, sans avoir été malade!

HÉLÈNE. — Je te dis que le prêtre m'a avertie : — et d'ailleurs, je sens bien que je vais mourir; — le ciel nous donne ces avertissements, peut-être pour qu'on se repente. — Hélas! je ne puis que regretter, je ne puis me repentir. Va chercher Paul.

NINA. — Mais, madame, si le seigneur Raymond rentre et le trouve ici, il le tuera.

HÉLÈNE. — Eh bien! pourquoi vivrait-il quand je meurs? Ecoute, si tu ne m'obéis pas, je le ferai venir, néanmoins : je vais appeler et charger de mes ordres le premier domestique qui viendra. — J'en chargerai Raymond lui-même; je ne veux pas mourir sans voir celui à qui est ma vie, — je veux que son amour remplisse mes derniers instants.

NINA. — J'y vais, madame; — mais, encore une fois, vous vous trompez, — vous ne mourrez pas, et vous vous perdez. — Êtes-vous bien sûre que cet homme mérite tant d'amour?

HÉLÈNE. — Est-ce que ça se mérite, l'amour? — Je l'aime, je vais mourir, je veux le voir. — Mais que dis-tu?... Nina...

21

saurais-tu quelque chose? Me tromperait-il? Ah! parle... parle donc! tu vas me faire mourir désespérée!

NINA. — Non, non, ne doutez pas de lui, il ne pense qu'à vous; il sait que vous êtes malade. Dix fois déjà il a envoyé Antonio, et lui-même ne cesse de rôder devant la porte.

HÉLÈNE. — Va donc le chercher, car, je te le répète, je vais mourir.

Nina sort. Une autre femme de chambre la remplace dans la chambre d'Hélène, mais se tient loin du lit.

SCÈNE II.

HÉLÈNE. — Oui, je vais mourir, et je suis bien heureuse depuis deux jours. Il vaut mieux mourir au milieu de son bonheur que de mourir après.

Nina rentre; elle congédie la femme de chambre et introduit Paul, qui se jette à genoux auprès du lit d'Hélène.

PAUL. — Hélène, ma bien-aimée! vous êtes souffrante?

HÉLÈNE. — Je vais mourir, mon cher Paul... Ne m'interromps pas. — C'est une étrange chose! ce matin j'ai déjeuné avec mon mari; un quart d'heure après, je me suis sentie si faible qu'il m'a fallu me coucher. Depuis ce temps, je ne souffre pas, mais je sens la vie qui s'éteint. — Mon mari est allé chercher son médecin loin d'ici, — le seul, a-t-il dit, dans lequel il ait de la confiance. — Pendant ce temps, il m'a envoyé un prêtre. Ce prêtre m'a dit que j'allais mourir...

Il voulait me confesser, mais je n'ai pas voulu ; il m'aurait défendu de te voir. — Quand nous devrons nous séparer, si mon mari arrive, — alors, si je vis encore, on appellera le prêtre. — Vois-tu, Paul, ces quelques instants que je prends pour te dire adieu, je les payerai peut-être de ma damnation éternelle! — Mais si j'avais dû mourir sans te voir, je serais morte en blasphémant.

PAUL. — Non, tu ne mourras pas; et si tu meurs, je ne veux pas te survivre.

HÉLÈNE. — Ah! si c'était vrai! moi, je sais bien que je ne t'aurais pas survécu ; mais toi...

PAUL. — Je te le jure par le ciel, par notre amour! si tu meurs, je mourrai.

HÉLÈNE. — Oh! non, tu es jeune, tu es libre, tu ne dois pas mourir; tu m'oublieras, tu en aimeras une autre! Une autre !...

PAUL. — Veux-tu que je te précède dans la tombe? veux-tu que mon épée...

HÉLÈNE. — Tu m'aimes donc bien?

PAUL. — Mais que ferais-je sans toi dans la vie?

HÉLÈNE. — Si tu m'aimes comme je t'aime, c'est vrai. Eh bien oui, meurs aussitôt que je serai morte; je le veux bien. Dieu aura pitié de nous : il nous réunira dans sa miséricorde, ou peut-être dans sa vengeance ; mais enfin nous serons réunis, c'est l'important. Tu ne me survivras donc pas?

SCÈNE III.

ANTONIO. — Nina, je viens vous avertir de deux choses : la première, c'est que le seigneur Straton rôde autour de cette chambre ; la seconde, c'est que Raymond arrive à cheval au bout de la rue.

NINA, *à Paul.* — Ciel ! sauvez-vous.

HÉLÈNE. — Donc, mon bien-aimé, — au revoir. — Oh ! je n'ai plus peur de mourir. — La mort, c'est un rendez-vous ; je vais t'attendre.

ANTONIO. — Il n'y a pas moyen qu'il se sauve, Straton est devant la porte.

NINA. — Morte ou vivante, il ne faut pas qu'elle soit déshonorée. Il faut vous cacher ! — Mais où ? — Ah ! dans ce coffre.

ANTONIO. — On marche.

Paul se blottit dans le coffre, dont Nina retire des robes et de riches étoffes pour lui faire de la place ; — puis elle l'enferme, et met la clef dans sa poche.

ANTONIO. — Attendez, Nina, vous le feriez étouffer. (*Avec son poignard il fait un trou dans le coffre.*) Il faut lui donner un peu d'air.

NINA. — Et vous, Antonio?

ANTONIO. — Expliquez ma présence comme vous pourrez. Le maître de la maison entre.

SCÈNE IV.

Entre Raymond. Il jette autour de la chambre un regard inquiet.

RAYMOND *à Nina.* — Quel est cet homme ?

NINA. — Le domestique d'un de nos voisins qui venait chercher des nouvelles de madame, et qui a eu l'obligeance de monter ici quelques objets trop lourds pour moi.

Antonio salue, et sort en faisant signe à Nina de surveiller le coffre.

SCÈNE V.

RAYMOND, *à part.* — Straton s'était donc trompé ! il n'y a personne. (*A Nina.*) Comment va-t-elle?

NINA. — Elle est un peu assoupie. Elle dit qu'elle se sent mourir.

RAYMOND. — C'est vrai, elle va mourir !

NINA. — Ah ! ne parlez pas ainsi, monsieur.

RAYMOND. — Sortez. — Oui, elle va mourir! Qu'elle est encore belle ! quel terrible poison ! pas de douleurs, pas de traces ! Ramire ne m'a pas trompé. Oui, elle va mourir, je vais rester seul, mais vengé ! Je cherche dans mon cœur, et je n'y trouve pas de regrets. Ah ! si : par moments je regrette qu'elle ne souffre pas. Je souffre tant, moi ! je l'aimais tant

Mais que me disait donc Straton, que son amant était ici ? Ah ! je l'aurais tué devant elle. Elle meurt, elle se croit aimée, regrettée, elle ne souffre pas autant que moi ! (*Il s'approche du lit.*) Hélène, vous dormez ?

HÉLÈNE. — Non, je meurs. — Mes membres sont morts, mes idées s'éteignent. — On ne peut donc pas me sauver ?

RAYMOND. — Vous n'êtes pas aussi mal que vous le croyez ; il va venir un habile médecin, que je suis allé chercher. — Vous vivrez, vous aurez une longue vie encore de plaisirs, de fêtes et d'amour.

HÉLÈNE. — Oh ! ne me trompez pas, je sais ce que le prêtre m'a dit, et je sais aussi ce que je sens. (*A part.*) Il ne me survivra pas, — il va venir me rejoindre dans la mort !

RAYMOND. — Folies ! Vous vivrez ; et je gage que vous danserez, d'ici à quinze jours, à la noce d'un de nos voisins qui était hier ici, et qui ne peut manquer de nous inviter. — Ce sera un beau mariage et un beau couple. — La fiancée a dix-huit ans, et est charmante. — L'époux est charmant. — Quel âge peut-il avoir ? Quel âge peut avoir M. Paul ?

HÉLÈNE, *comme réveillée en sursaut*. — Paul ! qui parle de Paul ?

RAYMOND. — Moi. Je vous dis qu'il se marie dans quinze jours, et j'espère bien que vous danserez à sa noce.

HÉLÈNE. — Se marier ! Paul ! dans quinze jours (*A part.*) Je sais où il sera dans quinze jours : au ciel ou dans l'enfer avec moi.

RAYMOND. — Lui-même. C'est son oncle qui vient de me le dire : il épouse cette charmante Isabelle que vous connaissez. — Il a fait quelques façons, dit l'oncle ; il avait une amourette, une intrigue, une femme mariée, — mais il a compris que ces choses-là ne durent pas. — Et d'ailleurs, il n'a pu voir Isabelle sans en devenir amoureux.

HÉLÈNE, *se relevant sur un coude.* — Écoutez, Raymond ; vous m'avez aimée, je le sais. Je vais mourir, ne me trompez pas. — Au nom de l'affection que vous avez eue pour moi, au nom de notre salut éternel, au nom de ma mort, dites-moi la vérité. Est-il vrai que Paul Vermondi va épouser Isabelle ?

RAYMOND. — Rien n'est plus vrai. Mais quelle importance cela a-t-il ?

HÉLÈNE. — Vous ne voudriez pas, vous n'oseriez pas tromper une femme mourante. Oui ou non, Paul épouse-t-il Isabelle ?

RAYMOND. — Je vous le jure par mon amour pour vous.

HÉLÈNE. — Ah !

Raymond monte dans la chambre et paraît chercher quelqu'un ou quelque chose, ou du moins quelques traces. Pendant ce temps, Hélène est en proie à la fièvre du délire.

SCÈNE VI.

HÉLÈNE *dans son délire.* — Ah ! il se marie ! il attend que je sois morte ! Il me disait de l'attendre là-haut ou là-bas, et je l'attendrai toujours pendant... toute l'éternité. Horrible trahison !... Eh bien ! non, il ne l'épousera pas !... Eh bien ! non il ne manquera pas au rendez-vous ! il y viendra !... il y viendra en même temps que moi !

Raymond rentre dans la chambre.

HÉLÈNE. — Raymond, écoutez-moi : j'ai en ce moment un accès de force, mais, après cet accès, je vais mourir; écoutez-moi bien. Vous m'avez aimée, vous m'avez donné votre nom, vous m'avez entourée d'affection; si je n'ai pas répondu comme vous l'espériez à ce que vous avez fait pour moi, pardonnez-moi. Je meurs... je meurs à vingt-deux ans... je meurs malheureuse, désespérée. Dites si vous me pardonnez, et si vous tiendrez une promesse que je vais vous demander.

RAYMOND. — Vous pardonner? Et quoi donc, ma belle, ma chère, ma fidèle épouse? — (*A part*.) Ce coffre, ce trou qu'on y a fait! Straton avait raison! — Que voulez-vous que je vous promette?

HÉLÈNE. — Ecoutez : si vous ne teniez pas la promesse que je vais vous demander, — songez que je vais mourir, — que vous seriez puni. — Ah! je donnerais mon paradis en échange de votre punition. — Eh bien! — aussitôt que je serai morte, — je veux qu'on enterre avec moi ce coffre où j'ai renfermé tous vos présents, — tout ce que j'ai de précieux. — Je ne veux pas que rien de tout cela appartienne jamais à une autre femme.

RAYMOND, *se levant exalté*. — Ah! cela, je vous le promets. — Je vous le jure sur ma damnation éternelle! Oui, si vous mourez, ce coffre sera enterré avec vous.

HÉLÈNE. — On ne l'ouvrira pas.

RAYMOND. — Soyez tranquille, on ne l'ouvrira pas.

HÉLÈNE. — Ah! comme vous dites cela! Vous savez donc!

RAYMOND. — Oui, je sais tout!

HÉLÈNE. — Alors, vous tiendrez cette promesse?

RAYMOND. — Je le jure... à vous et à Dieu!

HÉLÈNE. — Ah! je meurs!

Elle retombe sans mouvement.

RAYMOND. — Est-elle donc morte? (*Il met la main sur le cœur d'Hélène.*) Non...: pas encore. Quelle étrange passion que la vengeance! Cette haine, faite d'amour aigri, elle vaut l'amour; je ne la changerais plus contre de l'amour. Ah! oui, je la tiendrai ma promesse!

HÉLÈNE. (*Elle revient à elle, mais le paroxysme de fièvre est passé; elle regarde autour d'elle avec étonnement.*) — Où suis-je?... Je ne suis donc pas encore morte?... Non!... Oh! mon Dieu! je me rappelle... Raymond, Raymond, ce n'est pas vrai... ne le faites plus, c'est un crime affreux... Dites-moi que vous ne le ferez pas... Enterré vivant!

Hélène retombe sur son lit et reste étendue.

RAYMOND. (*Il met la main sur le cœur d'Hélène.*) — Cette fois elle est morte. A l'autre, maintenant; à celui qui me l'a enlevée, qui m'a enlevé tout le bonheur de ma vie. Holà! quelqu'un? Appelez, Nina, appelez mes neveux, que tout le monde entre.

Entrent Nina, Marc, Sraton et plusieurs domestiques.

SCÈNE VII.

RAYMOND. — Hélène est morte, morte à vingt-deux ans. Elle a exprimé une dernière volonté, qui sera respectée. Elle veut qu'un coffre, où elle a renfermé ce qu'elle avait de plus précieux, soit enterré avec elle sans être ouvert. Elle sera obéie. Jusqu'au moment de l'inhumation, je ne quitterai pas cette chambre; je ne veux, je ne dois confier qu'à moi-même l'exécution de la dernière volonté de ma chère morte. Vous, mes neveux, faites tout préparer pour la cérémonie funéraire, et hâtez-la. Et vous autres, priez pour celle que nous avons perdue.

Nina éperdue, les mains levées au ciel, s'échappe en courant.

STRATON. — Mon oncle...

RAYMOND. — Que personne ne me parle!

STRATON. — Mais, mon oncle, ce coffre...

RAYMOND. — Ah! ah! je comprends... Mais soyez sans crainte : il vous restera encore assez de mes richesses. Ames viles et mercenaires, n'augmentez pas le dégoût que vous m'inspirez, et exécutez mes ordres. Laissez-moi!

Raymond tombe assis sur un sofa, met sa tête dans ses deux mains; des sanglots s'échappent de sa poitrine.

SCÈNE VIII.

Changement. — Le théâtre représente le jardin. — Il fait nuit. Straton et Marc sont seuls.

MARC. — C'est un peu avant le jour, c'est-à-dire dans une heure, qu'on viendra enlever le corps.

STRATON. — Et le coffre?

MARC. — Quelle folie! il y a dedans pour un million de diamants et de pierreries de toutes sortes.

STRATON. — Avoir passé toute notre jeunesse dans l'esclavage de ce tyrannique vieillard, et nous voir ainsi dépouillés, ruinés par ses folles prodigalités !

MARC. — C'est dur de voir enterrer ce coffre ; mais nous n'en serons pas moins comptés parmi les plus riches de la ville, et nous rendrons à qui nous voudrons les mépris et les humiliations que nous avons reçus.

STRATON. — Et que nous ne recevrons pas longtemps à présent. Raymond ne survivra pas beaucoup à sa femme : nous ne tarderons pas à le pleurer. *Entre Ramire.*

SCÈNE IX.

MARC. — Qui va là ?

RAMIRE. — Où est Raymond ?

STRATON. — On ne peut lui parler.

RAMIRE. — Il faut cependant que je le voie.

MARC. — Impossible.

RAMIRE. — Qu'est-ce qu'on me dit, qu'Hélène est morte ?

MARC. — On vous a dit vrai, nous l'avons perdue, il y a deux heures.

STRATON. — La cérémonie est pour demain.

RAMIRE. — Il faut que je parle à Raymond, que je lui parle tout de suite. (*Il veut sortir, Straton et Marc l'arrêtent avec violence.*)

RAMIRE. — Mais il s'agit d'empêcher un malheur, un crime affreux.

STRATON. — Vous ne passerez pas.

RAMIRE.—Ecoutez: Hélène, qu'on croit morte, n'est qu'endormie.

MARC. — Vous rêvez, elle est parfaitement morte.

RAMIRE. — Je vous dis qu'elle n'est pas morte, et qu'il faut que je parle à Raymond. (*Il veut encore forcer le passage, il en est empêché par Marc et par Straton.*)

RAMIRE. — Ah! votre oncle punira votre conduite! Hélène n'est pas morte, c'est moi qui ai donné le poison, et ce n'est pas du poison, ce n'est qu'un narcotique; elle dort, on l'enterrerait vivante!

STRATON, *à son frère.*—Que dit-il?

MARC. — Diable! et notre héritage?

STRATON. — Retardé d'abord, et perdu ensuite.

RAMIRE. — Ainsi vous voyez bien qu'il faut que je voie Raymond!

STRATON. — Nous ne le laisserons pas déranger par un fou.

RAMIRE. — Mais vous voulez donc que cette malheureuse femme soit enterrée toute vive! Ah! je cours tout dire au magistrat... Je me perds, mais je ne serai pas complice de cet horrible forfait.

MARC, *à son frère.*—Hein?

STRATON. — Oui... il le faut.

Marc poignarde Ramire.

RAMIRE, *mourant.* — Raymond! Raymond! ta femme n'est pas morte!... tu vas l'enterrer vivante! Raymond, à l'assassin!... je meurs!..

SCÈNE X.

RAYMOND, *entre en courant*. — Que se passe-t-il ? J'ai entendu la voix de Ramire.

MARC. — Nous sommes perdus !

STRATON. — Non, pourvu que tu te taises.

RAYMOND. — Ce corps... mais c'est un cadavre, c'est Ramire !

STRATON. — C'est moi qui l'ai tué, mon oncle ; — il criait d'horribles calomnies, et voulait aller prévenir un magistrat que ma tante Hélène était morte empoisonnée....... par vous.

RAYMOND. — C'est bien, — faites disparaître ce corps avant le jour.

MARC. — Mon oncle, la cérémonie aura lieu aux premières lueurs du jour, et on va les voir paraître.

RAYMOND. — Tant mieux, il est temps que tout cela finisse ma tête va éclater, mon cœur est mort depuis hier.

On entend les cloches de l'enterrement.

ACTE TROISIÈME

Le théâtre représente le caveau mortuaire de la famille Raymond.— On y a déposé le cercueil d'Hélène et le coffre où est renfermé Paul, — Des maçons sont occupés à sceller l'ouverture de ce caveau, qui n'occupe qu'une partie de la scène; de façon que le spectateur voit le dedans et le dehors, — Raymond se promène au dehors de long en large.

SCÈNE PREMIÈRE.

PREMIER MAÇON. — Dépêchons-nous pour finir avant la nuit.

DEUXIÈME MAÇON. — Voilà de l'ouvrage bien payé; mais on pourra dire aussi que ce sera de l'ouvrage bien fait : chaux et ciment, ce sera solide comme un roc.

PREMIER MAÇON. — On n'enferme pas aussi bien les prisonniers, et pourtant ils ont plus envie de se sauver que la pauvre femme qui est là dedans.

DEUXIÈME MAÇON. — Pauvre femme! dis-tu. On prétend qu'elle garde avec elle, dans la tombe, des pierreries de quoi faire la fortune de cinquante familles.

PREMIER MAÇON. — M'est avis qu'elle aurait mieux fait, pour son salut éternel, de faire distribuer aux pauvres ces immenses richesses, que de les faire enterrer ainsi avec elle.

DEUXIÈME MAÇON. — Qui sait si on lui a bien obéi, et si on n'a pas un peu allégé ce coffre avant de l'apporter ici?

PREMIER MAÇON. — Je gagerais que non : la douleur de Raymond est trop vraie et trop profonde, pour qu'il ait voulu ainsi la tricher. Il a voulu qu'on respectât religieusement les volontés de sa femme, et il a fait apporter ce coffre devant lui. Le voilà qui se promène pendant que nous travaillons, et il ne quittera la place que lorsque nous aurons fini.

DEUXIÈME MAÇON. — On doit, dit-on, mettre une sentinelle pendant la nuit. Au bout de vingt-quatre heures, ce ciment sera endurci de façon à ébrécher le fer et l'acier.

PREMIER MAÇON. — Comme il est changé depuis vingt-quatre heures! Ses cheveux et sa barbe, qui n'étaient que grisonnants, sont devenus blancs comme la neige depuis hier. Qui aurait cru que l'amour eût tant de puissance sur le cœur d'un vieillard?

DEUXIÈME MAÇON. — Il y a dans ce même cimetière la tombe d'un autre vieillard, qui est mort de douleur de la perte de sa maîtresse ; sur cette tombe on a écrit deux lignes :

> Des chaînes de l'amour, non, rien ne nous délivre !
> Jeune, on vit pour aimer ; vieux, on aime pour vivre.

SCÈNE II.

RAYMOND. — Hâtez-vous, le jour est près de sa fin. (*Au premier maçon.*) Ainsi que nous en sommes convenus, vous passerez la nuit ici. — Vous serez armé. *Il s'éloigne.*

SCÈNE III.

DEUXIÈME MAÇON. — Tu n'es pas plus sournois que ça, toi? — Tu ne me disais pas que c'était toi qui devais monter la garde cette nuit? (*A Raymond qui revient.*) M. Raymond, votre neveu Straton m'avait donné l'ordre de passer la nuit devant ce monument.

RAYMOND. — Eh bien! vous veillerez tous les deux.
Il s'éloigne.

SCÈNE IV.

PREMIER MAÇON. — Tu n'es pas mal dissimulé non plus. — Je vais aller gâcher de la chaux, celle-ci se durcit.

DEUXIÈME MAÇON. — Non, j'y vais moi-même.

PREMIER MAÇON. — Puisque je te dis que c'est moi. — Allons! le voilà parti. — Comment faire? — Ah! bah! je vais renverser celle qu'il apportera, et j'irai en faire d'autre.

SCÈNE V.

RAYMOND. — Vous êtes sûr que, dans l'espace de vingt-quatre heures, ce ciment aura durci?

PREMIER MAÇON. — Si bien qu'il sera plus dur que les pierres qu'il scelle.

RAYMOND. — Avez-vous bientôt fini?

PREMIER MAÇON. — Nous allons sceller la dernière pierre aussitôt que mon camarade aura apporté la chaux qu'il est allé gâcher. Pour la solidité de l'ouvrage, il n'en faut pas faire beaucoup à la fois.

Le deuxième maçon revient, pose la chaux à terre, et s'éloigne.

SCÈNE VI.

PREMIER MAÇON, *à part*. — Quelle chose singulière! ce n'est pas de la chaux, c'est du plâtre. D'où vient qu'il a fait lui-même ce que je voulais faire? Il n'y a plus besoin de renverser l'auge. Voilà un hasard que je ne comprends pas.

SCÈNE VII.

RAYMOND. — Eh bien?

DEUXIÈME MAÇON. — C'est fini. Je suis allé chercher mon fusil pour la nuit.

premier maçon. — Je vais aller chercher le mien, et apporter de quoi souper.

raymond. — Enfin ! *Il s'éloigne.*

SCÈNE VIII.

deuxième maçon. — C'est bien étonnant qu'il ne se soit pas aperçu que j'avais mis du plâtre en place de chaux pour sceller la dernière pierre. Seulement ça n'est pas commode qu'il passe la nuit avec moi. Si je pouvais voir M. Straton, il trouverait quelque moyen... Peut-être en trouverai-je un moi-même.

SCÈNE IX.

premier maçon. — Voilà mon fusil pour les autres, — et mon souper pour moi.

deuxième maçon. — Je suis sûr que tu m'en offriras la moitié quand tu verras cette bouteille de vin que j'ai cachée sous le chèvrefeuille qui ombrage cette tombe.

premier maçon. — Asseyons-nous.

Ils s'asseyent, mangent et boivent en causant.

deuxième maçon. — La nuit ne sera pas chaude.

premier maçon. — J'ai une bonne veste.

deuxième maçon. — Oui, mais tu tousses depuis quelques jours.

premier maçon. — C'est un restant de rhume.

DEUXIÈME MAÇON. — Ce n'est pas bien bon pour le rhume, de passer une nuit d'automne à la belle étoile.

PREMIER MAÇON. — On m'a toujours dit qu'un rhume qu'on ne soigne pas dure trois semaines, et qu'un rhume qu'on soigne en dure six.

DEUXIÈME MAÇON. — Tu as tort, tu n'as pas la poitrine bien forte.

PREMIER MAÇON. — Il faut bien gagner sa vie, dût-on en mourir.

DEUXIÈME MAÇON. — Ce que je t'en dis, c'est par amitié ; — tu pourrais bien aller te coucher, et je monterais seul notre garde.

PREMIER MAÇON. — Merci. — Nous verrons, un peu plus tard. (*A part.*) Comment faire pour le renvoyer lui-même ?

DEUXIÈME MAÇON, *à part.* — Il ne s'en ira pas.

PREMIER MAÇON. — A la santé des morts !

DEUXIÈME MAÇON. — Chut ! — ne plaisantons pas ici.

PREMIER MAÇON, *à part.* — Ah ! il a peur des morts, c'est peut-être un moyen...

DEUXIÈME MAÇON. — Sais-tu ce qu'on m'a dit quand je suis allé chercher mon fusil, pendant que tu scellais la dernière pierre ? On m'a dit que Raymond partait cette nuit, quittait le pays, donnait tout son bien aux pauvres, — sauf un legs honnête à ses deux neveux, — et allait loin d'ici s'enfermer dans un couvent.

PREMIER MAÇON. — N'entends-tu pas du bruit ?

DEUXIÈME MAÇON. — Non... Et toi, est-ce que tu entends quelque chose ?

PREMIER MAÇON. — Il m'avait semblé entendre un soupir...

Mais je me serai trompé : — c'est sans doute le vent dans les feuilles.

DEUXIÈME MAÇON. — Tu te seras trompé. — Décidément il ne fait pas chaud. — Crois-moi, ne joue pas avec ta santé ; — bois un dernier verre de vin, et va tranquillement te coucher. — Pourvu que tu reviennes un peu avant le jour, tu seras récompensé comme si tu avais passé la nuit, — et tu me payeras à boire pour ma peine... Bonsoir.

PREMIER MAÇON, *à part.* — Oui, attends... va... (*Haut.*) Décidément, j'entends soupirer.

DEUXIÈME MAÇON. — Ne me dis donc pas des choses comme ça !

PREMIER MAÇON. — Mais tu t'attends bien sans doute à voir quelque chose ?

DEUXIÈME MAÇON. — J'espère bien que non... Partout ailleurs je vaux un autre homme, mais dans un cimetière...

PREMIER MAÇON. — Le jour il n'y a pas de danger ; mais, si le jour appartient aux vivants, la nuit appartient aux morts, ils aiment à se promener dans ces jardins qu'on plante sur leurs tombes... Tiens, regarde là-bas.

DEUXIÈME MAÇON, *tremblant.* — Où ?

PREMIER MAÇON. — Derrière ce saule pleureur, une grande forme blanche !

DEUXIÈME MAÇON. — Sur une tombe ?

PREMIER MAÇON. — Oui... Si les tombes marchaient...

DEUXIÈME MAÇON. — En effet, il me semble...

PREMIER MAÇON. — Tu en verras bien d'autres cette nuit ! Il m'a dit, — le fossoyeur d'ici, — que parfois les jeunes filles mortes sans avoir été mariées, couronnées de fleurs d'oranger, viennent danser au clair de la lune.— Voici précisément la pleine lune qui se lève. — Il faut les éviter, parce qu'elles vous font tourner jusqu'à ce que vous tombiez mort, ou vous étouffent en valsant. — Tu dis donc que je vais aller me coucher, et que...

DEUXIÈME MAÇON. — Oui... c'est-à-dire... je voudrais... Cependant, oui, va te coucher, mais laisse-moi ton fusil avec le mien.

PREMIER MAÇON. — Non, je reste, tu aurais peur.

DEUXIÈME MAÇON. — Non, pas trop; mais, corps ou ombre, je tire. Ainsi, va-t'en.

PREMIER MAÇON. — Non, c'était une plaisanterie, je reste. Va plutôt te coucher, toi, si tu as peur.

DEUXIÈME MAÇON. — Non, je reste aussi.

PREMIER MAÇON. — Eh bien ! si tu veux t'en aller, je te donnerai une pistole.

DEUXIÈME MAÇON. — Moi je t'en donnerai deux si tu pars.

Tous deux se promènent quelques instants sans rien dire; puis ils se retournent en face l'un de l'autre.

PREMIER MAÇON, *armant son fusil*. —Va-t'en, ou je te tue.

DEUXIÈME MAÇON, *armant le sien*. — J'ai un peu peur des morts, mais pas du tout des vivants.

Ils s'éloignent encore l'un de l'autre, et reviennent.

PREMIER MAÇON. — Il y a quelqu'un qui te paye ?

DEUXIÈME MAÇON. — Oui, et toi aussi.

PREMIER MAÇON. — Eh bien ! expliquons-nous, ça vaut mieux. — Une nommée Nina, servante de la morte, me donne dix pistoles pour la laisser entrer cette nuit dans la tombe de sa maîtresse; — c'est, dit-elle, un ordre qu'elle lui a donné en mourant.

DEUXIÈME MAÇON. — Ah ! c'est pour ça que tu n'as pas vu que j'avais gâché du plâtre au lieu de chaux. — Nina te donne dix pistoles, et moi Straton m'en donne vingt pour la même complaisance.

PREMIER MAÇON. — C'est pour ça que tu as fait semblant de ne pas reconnaître le plâtre d'avec la chaux en gâchant. — Comment faire ?

DEUXIÈME MAÇON. — Gagner les trente pistoles et les partager fraternellement.

PREMIER MAÇON. — Mais Nina et Straton comptent-ils se rencontrer ?

DEUXIÈME MAÇON. — Qu'est-ce que Nina t'a dit ? Qu'elle était amenée par une bonne intention ? Straton m'a assuré de son côté qu'il s'agissait de quelque soin pieux.

PREMIER MAÇON. — Le crois-tu ?

DEUXIÈME MAÇON. — Non, et toi ?

DEUXIÈME MAÇON. — Non, et toi ?

PREMIER MAÇON. — Je fais semblant de le croire, et tu seras sage de faire comme moi. — Si leur projet est criminel... nous le verrons bien... et...

DEUXIÈME MAÇON. — Nous les arrêterons ?

PREMIER MAÇON. — Non... Ça sera plus cher.

DEUXIÈME MAÇON. — On vient...

PREMIER MAÇON. — N'aie pas peur, c'est ton monde, — c'est Straton, — mais il n'est pas seul.

DEUXIÈME MAÇON. — Nina serait-elle avec lui ?

PREMIER MAÇON. — Non, c'est son frère.

SCÈNE X.

STRATON, *au deuxième maçon*. — Pourquoi n'es-tu pas seul ?

DEUXIÈME MAÇON. — Vous n'êtes pas seul non plus.— Mais, soyez tranquille, nous sommes d'accord. — C'est votre oncle qui m'a adjoint mon camarade.

Les deux maçons descellent la dernière pierre qu'ils ont posée.

STRATON. — Éloignez-vous tous les deux, mais à vingt pas seulement ; j'aurai sans doute besoin de vous. Voici les vingt pistoles, j'en ajouterai autant en nous quittant.

Straton et Marc entrent dans le tombeau par l'ouverture que laisse la pierre descellée.

DEUXIÈME MAÇON. — Ça sera quarante pistoles, et les dix de Nina cinquante.

PREMIER MAÇON. — Oui ; mais, si elle vient pour la même chose qu'eux, elle les gênera, et alors adieu les vingt pistoles !

DEUXIÈME MAÇON. — Si nous ne la laissions pas entrer ?

PREMIER MAÇON. — C'est plus prudent. Prêtons attention pour aller au-devant d'elle.

Ils s'éloignent.

SCÈNE XI.

STRATON *et* MARC *dans le tombeau. Ils ont allumé une bougie.*

MARC. — Sais-tu que c'est terrible, ce que disait le médecin? Une femme enterrée vivante!

STRATON. — Il y aurait quelque chose de plus terrible, ce serait de la voir vivante et hors d'ici : nous n'aurions pas un sou.

MARC. — C'est égal, dépêchons-nous. As-tu apporté le sac pour vider le coffre?

STRATON. — Oui. As-tu le ciseau?

MARC. — Le voici. (*Marc essaye de forcer le coffre, mais il n'y peut réussir.*)

STRATON. — Tu trembles, — donne-moi cela.

La serrure cède et se brise. — Straton lève le couvercle. — Marc retire et jette des étoffes. — Paul se dresse. — Marc jette un cri d'épouvante, et tombe. — Les deux maçons se présentent à la brèche.)

STRATON. — Grand Dieu! les morts sortent des tombeaux! (*Il entraîne Marc demi-mort de peur. Les maçons se sont déjà enfuis.*)

SCÈNE XII.

Paul dans le tombeau. — Il regarde autour de lui, porte plusieurs fois la main sur ses yeux, et sort du coffre,

A quelle horrible mort j'étais condamné ! Et c'est elle !.....
Ah ! elle me croyait traître et parjure ! Et d'ailleurs, en mourant, elle suppliait Raymond de ne pas exécuter l'ordre qu'elle avait donné dans le délire de la fièvre et du désespoir. J'échappe à cette épouvantable agonie, mais je ne veux pas échapper à la mort ; je tiendrai mon serment, — j'irai la rejoindre là où elle m'attend déjà, et où elle doit trouver que je suis bien lent à venir. — Ah ! chère morte, ce n'est pas seulement pour tenir mon serment que je veux mourir ! — Que ferais-je ici-bas sans toi ? — Tu étais mon bonheur et ma vie ; — mais ce que je souffrais là dedans est au-dessus du courage et de la force de l'homme : — ce poignard sera plus prompt, et j'aime mieux une mort volontaire, pour te rejoindre, — ô chère moitié de mon âme ! — Elle est là, là ! dans cette froide bière. Pourquoi n'a-t-on pas pu nous mettre dans le même cercueil ? Comment ! elle est là, cette femme si belle ! Je veux mourir en embrassant son cercueil. (*Il tire son poignard.*) Mais, pourquoi non ? je veux la voir encore une fois ; je veux mourir plus près d'elle.

Paul veut disjoindre avec son poignard les planches du cercueil, puis il s'arrête.

Il ne faut pas que je brise ce poignard, je vais en avoir

besoin tout à l'heure. Ah! ces deux scélérats ont laissé un outil.

Il prend le ciseau apporté par Marc. — Les planches du cercueil tombent une à une, puis on voit le corps d'Hélène vêtu de blanc.

O doux et charmant visage! quel calme et quelle sérénité elle a gardés dans la mort! Oh! en exhalant le dernier soupir, elle ne doutait plus de moi, elle savait qu'elle allait m'attendre; elle était sûre que je ne manquerais pas à ce dernier, à cet éternel rendez-vous. Sans cela, elle n'aurait pas cet aspect d'un sommeil paisible. — Pardonne, chère âme envolée, les regrets que je donne à ce corps charmant qui reste ici. — Allons, elle m'attend.

Il s'agenouille près du cercueil; il contemple encore Hélène, il baise une de ses mains, il s'appuie sur le cercueil, et pose le poignard sur son cœur à lui.

Hélène, Hélène, me voici!

A ce moment entrent par la brèche Nina et Antonio. — Nina recule, Antonio avance.

SCÈNE XIII.

ANTONIO. — Ah! mon cher maître, vous êtes encore vivant!

NINA. — Et elle... elle est morte! (*Elle s'agenouille auprès du cercueil.*)

ANTONIO. — Nina était au désespoir; elle n'osait déclarer à Raymond que vous étiez dans ce coffre, il vous aurait tué! —

Moi, on m'avait enlevé et mis à bord d'un navire qui sortait du port ; mais ce navire a été obligé de rentrer à cause du vent contraire, je me suis échappé. — Nina avait déjà pris les moyens de venir vous délivrer, s'il en était temps encore, des horribles tortures auxquelles vous étiez condamné. — Heureusement...

PAUL, *à Nina*. — Voyez, voyez comme elle est encore belle ! — Mes amis, je vous remercie de votre dévouement ; mais il faut que je meure. J'ai promis à Hélène d'aller la rejoindre. Et d'ailleurs que ferais-je sans elle, sans cette chère âme ? Pourquoi traînerais-je mon corps à travers le monde ?

ANTONIO. — Ah ! monsieur !

PAUL. — Ne me dites rien ; vous voyez que je ne suis ni désespéré, ni même exalté. Je vais quitter la vie comme on quitte un logis malsain et délabré, — surtout quand on va en retrouver un... où est Hélène. Retirez-vous tous les deux ; laissez-moi seul avec Hélène ; puis revenez dans une demi-heure ; vous nous enterrerez tous deux ensemble.

NINA, *criant*. — Ah mon Dieu !

ANTONIO. — Qu'est-ce ?

NINA. — Mais, non, c'est une illusion, une cruelle illusion !

PAUL. — Que dites-vous ?

NINA. — Mais non, je ne me trompe pas ! ce visage si pâle a repris un peu de coloris, cette poitrine se soulève, Hélène n'est pas morte !

PAUL. — Silence ! elle vient me rappeler mon serment...

NINA. — Silence à votre tour ! Eloignez-vous un peu ; je vous dis qu'elle n'est pas morte, elle respire ! Tenez (*elle porte la main de Paul sur la poitrine d'Hélène*), sentez-vous son cœur ?

PAUL. — Il bat.

NINA. — Ecartez-vous; que son premier regard ne vous voie pas, ce serait une émotion trop forte.

Nina coupe rapidement les vêtements d'Hélène, puis elle lui fait respirer un flacon qu'elle avait apporté pour Paul. Hélène se réveille, et promène autour d'elle des yeux égarés.

SCÈNE XIV.

HÉLÈNE. — Où est Paul? Il n'est pas encore arrivé! Je ne croyais pas le ciel aussi sombre. Mais je ne suis peut-être pas dans le ciel. Peu importe, pourvu que Paul y vienne! — Ah! mon Dieu! je me rappelle... Pourvu que ce soit ma dernière prière qu'on ait exaucée! Je me souviens du délire qui a précédé ma mort, et de ce que j'ai demandé à Raymond quand je croyais que Paul me trahissait... Oh! on n'aura pas obéi à cet ordre cruel et insensé! D'ailleurs je l'ai révoqué, je l'ai maudit, cet ordre. Mais si Paul... s'il me trompait! Si c'était vrai, ce mariage! s'il ne venait pas! Eh bien! je l'attendrai. Dans l'immortalité, on peut bien attendre la fin naturelle de la vie d'un homme.

NINA, *à voix basse*. — Ma chère maîtresse!

HÉLÈNE. — Eh bien! oui, j'attendrai... S'il en aime une autre, j'attendrai la fin de ce bonheur éphémère; même si mon âme peut s'occuper encore des choses de la terre, je veillerai sur lui...

NINA. — Ma chère maîtresse!

HÉLÈNE. — Et quoi! Nina? elle est donc morte aussi? et elle est arrivée avant lui? — Mais où suis-je?... ce caveau... ces planches... ce cercueil!... je suis enterrée!... ah!

Elle tombe évanouie dans les bras de Paul et de Nina. — On lui fait encore respirer le flacon. — On lui frotte les tempes avec la liqueur qu'il contient. — Hélène rouvre les yeux.

HÉLÈNE. — Paul! Paul!... Vivants... vivants tous les deux! Nina! Antonio! Mais, dites-moi vite... Je vais devenir folle... je veux savoir... je veux comprendre... car j'étais morte.

PAUL, *aux genoux d'Hélène et les tenant embrassés.* — Oui, tu vis, chère Hélène! cher ange! tu vis pour mon bonheur! tu vis, puisque je vis. Quand je t'ai crue morte, j'allais te rejoindre. Tu es morte pour tout le monde, mais tu vis pour moi, pour moi seul, pour moi qui t'adore, et qui ne vis que pour toi et par toi!

HÉLÈNE. — Mais... ce cercueil!...

NINA. — On vous dira tout, chère maîtresse. Remercions Dieu d'abord, et ensuite fuyons d'ici.

PAUL. — Mais où aller?

ANTONIO. — Ce navire qui m'avait emmené, et qui est rentré dans le port, il partira dans trois heures; allons nous y cacher.

HÉLÈNE. — Ah! Paul, nous ne nous quitterons donc jamais!

PAUL. — Jamais!

NINA. — Antonio, va chercher la voiture que nous avons laissée à la porte du cimetière. Elle nous conduira promptement au navire. Elle contient des provisions dont vous avez grand besoin tous les deux. — Buvez d'abord quelques gouttes de ce cordial.

HÉLÈNE. — Mais, Nina, tu savais donc que je n'étais pas morte?

NINA. — Non. Mais je savais que M. Paul... dans ce coffre.

HÉLÈNE. — Grand Dieu ! je me rappelle...— Horrible ! horrible ! et c'était moi !

PAUL, *la serrant dans ses bras.* — Le ciel a tout conduit : sans cet accès de délire, qui vous avait fait donner cet ordre, sans la scélératesse des neveux de Raymond, c'est vous qui auriez subi la plus épouvantable agonie. — Ah ! chère Hélène, les méchants mêmes, et ceux qui offensent Dieu lui obéissent encore sans le savoir, et leurs crimes concourent souvent aux desseins de la divine Providence.

ANTONIO. — La voiture est là.

NINA. — Maintenant, Antonio, aide-moi à tirer du coffre les diamants et les pierreries ; nos amants les oublieraient, et ils en auront besoin dans la solitude où nous allons cacher notre bonheur.

alphons Karr

FIN.

TABLE

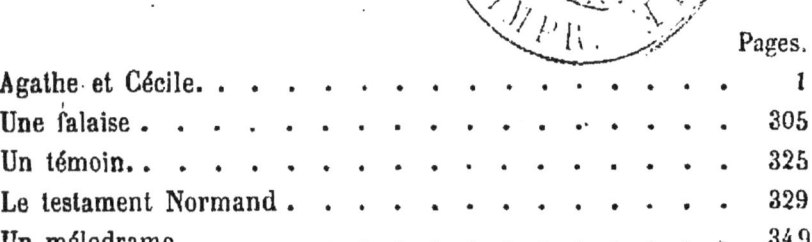

	Pages.
Agathe et Cécile.	1
Une falaise	305
Un témoin.	325
Le testament Normand	329
Un mélodrame	349

FIN DE LA TABLE.

POISSY. — TYPOGRAPHIE ARBIEU.

www.ingramcontent.com/pod-product-compliance
Lightning Source LLC
Chambersburg PA
CBHW052035230426
43671CB00011B/1657